改訂5版

個人間 利益移転の 税務

kojinkan
riekiiten-no
zeimu

?をQ&A形式で わかりやすく解説

| 共著 | 税理士 **小林 磨寿美** ／ 税理士 **佐藤 増彦** |
| | 税理士 **濱田 康宏** ／ 税理士 **大野 貴史** |

一般財団法人 **大蔵財務協会**

はじめに

　相続税法９条の本を書こうと思いました。

　同条前段は、「対価を支払わないで、又は著しく低い価額の対価で利益を受けた場合においては、当該利益を受けた時において、当該利益を受けた者が、当該利益を受けた時における当該利益の価額に相当する金額（対価の支払があつた場合には、その価額を控除した金額）を当該利益を受けさせた者から贈与（当該行為が遺言によりなされた場合には、遺贈）により取得したものとみなす。」となっています。無償又は低額で利益を受けた場合は贈与税の課税関係が生じるのだという、問答無用の条文、この条文の意味するところを解明したいと願いました。

　会社は利益追求団体として行動する。法人税法はその前提で成り立っている。しかし、個人は必ずしも利益が行動の原動力となっているわけではない。個人についての税制には、基本的にその考え方がある。これらが税務に関わっている者の共通認識です。しかし、相続税法9 条の前段規定には、そのような含みは感じられません。これをどのように理解するか、それが本書のテーマとなりました。

　同条は、法律的に贈与によって取得したものとはいえないが、実質的にみて贈与を受けたのと同様の経済的利益を享受している事実がある場合に、租税回避行為を防止するため、税負担の公平の見地から、その取得した経済的利益を贈与によって取得したものとみなして、贈与税を課税することとするものです（東京地判平8.12.12・Z221-7829等参照）。ここでいう「租税回避行為の防止」とは、「課税漏れの防止」の意味と解されています。そして、

①実質的にみて、贈与を受けたのと同様の経済的利益を享受している事実があること、及び、贈与である以上、②利益を与えたのは個人であるということ、この2つの要件を充足すれば、みなし贈与規定の適用可能性があるということになります。多くの判例においても、同条の適用に際しては、当事者に贈与の意思や租税回避目的の有無を問わないとされています（東京地判平19.8.23・Z257-10763等参照）。しかし、少なくとも利益を受けさせるというからには、当事者の一方の、何らかの積極的な行為が必要であり、利益を受けた者、利益を受けさせた者に、その経済的利益が移転されるのに対応した相応の特別の関係があることが一般であることとなります（東京高判平27.4.22・Z265-12654、東京地判平26.10.29・Z264-12556）。

　ところで、この経済的利益の享受は、利益の供与者から享受者に対し、直接的に行われるものだけではありません。何かを介して、利益を享受させるケース、例えば、会社、事業体、信託、一般法人、保険契約、金融商品、不動産や動産等を介して、利益を享受させるケースです。このようなケースでは、課税対象である利益の発生形態とその帰属主体との対応関係にズレが存在することになります。本書では、様々な利益の享受、つまり個人間の利益移転において、どのような権利関係の移動が起こるかを明らかにし、それに伴い起こる課税関係に、考察を加えていきます。

　組織再編やグループ法人税制を活用して、事業承継を円滑に進めることができたらということが、実務家の間で関心事の一つとなっています。また、事業体を巡る法制及び税制が整備されたことから、次の世代への財産の移転に利用できないかと模索する動きが具体化してきました。信託や一般法人を活用した財産の承継についても、より応用したスキームで進められるように

なりました。その一方、それが課税逃れと考えられる場合の対応も整備され
つつあります。更にバブル期の相続対策などで、共有とした不動産等につい
て、次の相続が発生する時期となったことにより、その後始末のための対策
が喫緊の課題となっています。この本がこれらのことの解決の為の一助とな
ることを、執筆者として願うものです。

　今回の改訂では、組織再編、グループ法人税制、清算について、より個人
間利益移転というテーマに合致するように再構成するとともに、発行会社を
介在させた自社株式の売買、生前贈与と名義預金、駐車場の使用貸借などの
テーマについて、新たな項目を設けて取り上げています。
　また、従前からの項目についても、税制等の改正や最近の情勢を踏まえて
加筆等するとともに、最高裁判決を含む最新裁判例・裁決例を取り込んでい
ます。さらに、自己株式取引におけるみなし贈与の適用関係について、新た
な考え方にもとづき課税関係を整理しており、相続税法9条における反射的
な利益の取扱いについて、記述しております。

　今回、この「個人間利益移転の税務」という本も4訂版を迎えることとな
りました。初版本は2012年2月発行ですので、かれこれ12年間、このテーマ
を追いかけていることとなります。
　今回の出版におきましても、大蔵財務協会編集局出版編集部からいただき
ましたご厚情と多大なご協力に心から深謝致します。そして、大きな変革期
が到来しつつあるわが国の、真の屋台骨を支えるすべての皆様のご多幸をお
祈り致します。

令和6年1月　　　　　　　　　執筆者を代表して　小林磨寿美

I 会社及び関係者に関する取引

1 資産の移転等

2 持分の移転

3 資本等取引

4 組織再編、グループ法人税制、精算

II 組合・信託・一般法人による移転

1 組合により事業等を行った場合の利益の移転

2　信託の利用による財産と権利の移転

3　一般法人を利用した財産と権利の移転

Ⅲ 保険・金融商品を介する移転

1 保険契約の利用による財産と権利の移転

2 金融商品等の利用

< 凡 例 >

<引用例>　法法22③一　＝　法人税法第22条第3項第1号

法法	法人税法	通法	国税通則法
法令	法人税法施行令		
法規	法人税法施行規則	措法	租税特別措置法
法基通	法人税基本通達	措令	租税特別措置法施行令
		措規	租税特別措置法施行規則
所法	所得税法	措通	租税特別措置法通達
所令	所得税法施行令		
所規	所得税法施行規則	会法	会社法
所基通	所得税基本通達	会規	会社法施行規則
		会計規	会社計算規則
消法	消費税法	民	民法
消令	消費税法施行令	不登法	不動産登記法
消規	消費税法施行規則	登免法	登録免許税法
消基通	消費税法基本通達	LLP法	有限責任事業組合契約に関する法律
相法	相続税法	LLP法規則	有限責任事業組合契約に関する法律施行規則
相令	相続税法施行令		
相規	相続税法施行規則		
相基通	相続税法基本通達	裁事	裁決事例集
財基通	財産評価基本通達	民集	最高裁判所民事判例集
地法	地方税法	集民	最高裁判所裁判集民事編
地令	地方税法施行令	判時	判例時報
		金判	金融・商事判例

※裁決例、裁判例に付されたコードは税理士情報ネットワークシステム（TAINS）コードです。

I 会社及び関係者に関する取引

❶ 資産の移転等

(1) 資産の譲渡・贈与

① 同族会社への金銭による寄附

息子が100％株主として資本金10万円で設立した会社の資金繰りが苦しいので、助けてほしいと言っています。父親である自分ももう高齢なので、現金で1億円、息子の会社に寄附しようと思います。どのような課税関係が生じるのでしょうか。また、貸付や出資とはどのような違いが生じるのでしょうか。

A

寄附者本人には課税が生じませんが、会社には受贈益課税が生じます。更に、この会社が同族会社であることから、株主である息子の出資持分の増加について、贈与税課税が生じ得ます。貸付や出資と異なり寄附は対価（反対給付）がない取引であるため、給付を受けた会社に受贈益課税が生じますが、その株主への課税にも注意が必要です。

解説

1. 取引当事者間での直接的利益移転と背後で生じる間接的利益移転

(1) 取引当事者間での直接的利益移転

寄附とは、「名義のいかんや業務の関連性の有無を問わず、法人が贈与又は無償で供与した資産又は経済的利益、換言すれば、法人が直接的な対価を伴わないでした支出を広く指称するもの」（広島高判昭57.9.30・TAINS Z127-5076）とされ、典型的には、民法上の贈与契約（民法549）を指します。

　本事例では、個人父から同族会社への無償の資産の移転が行われますが、移転資産が金銭であるため、対価（反対給付）のない個人父への所得課税は生じません（移転資産が現物資産である場合は次問参照）。

　これに対して、同族会社側では、対価なく１億円の現金を受入れますから、受贈益が認識されることになります（法法22②）。

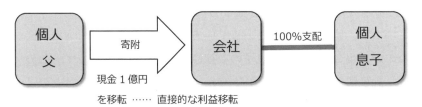

　つまり、直接的な利益移転としては、寄附を行う個人側には課税なし、受贈法人側でのみ課税が生じることとなります。

(2)　背後で生じる間接的利益移転

　では、上記のように、当事者間取引の課税関係だけを考えればよいのかと言えば、実はそうではありません。特に、同族会社の場合、会社を意のままに操作することが可能であると考えられ、本来あるべき対価での取引が行われないことがあるとされるからです。

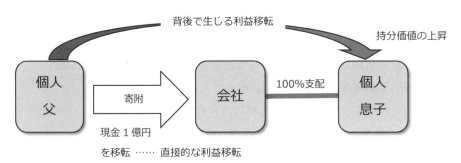

　とりわけ、本事例のようなケースでは、父親が息子に直接贈与を行う代わ

りに、迂回手段として同族会社への寄附（1億円）を行うとも見えます。息子は会社への持分価額が増加する（寄附前の持分価額を10万円とした場合、10万円→1億10万円）ことで利益を得ることになります。

このような、当事者間取引の背後で生じる間接的な利益移転への課税関係に対応しているのが、相続税法9条、いわゆるみなし贈与の規定です。

なお、ここでは説明上、純資産増加額をそのまま受贈額としましたが、実際には、純資産増加額をそのまま認識するのではなく、類似業種比準方式を加味した株式価値の増加額などから受贈額を判断することになります。

(3) 相続税法9条によるみなし贈与の適用〜相続税法基本通達9−2

同族会社における株式の持分価値移転に対して、相続税法9条のみなし贈与規定の適用を具体的に示しているのが、相続税法基本通達9−2（株式又は出資の価額が増加した場合）です。ここでは、利益移転の例として、会社に対する無償による財産の提供、時価より著しく低い価額での現物出資、無償による債務免除等（注）、時価より著しく低い価額での財産の譲渡を挙げており、「(1) 会社に対し無償で財産の提供があった場合」に当該財産を提供した者から、株主は、持分価額の増加に応じた金額を贈与により取得したものとして取り扱うとしています。

(注) ココイチ創造者の資産管理会社が、保有するストラディバリウスを誤って減価償却して経費に計上したことにより、名古屋国税局から法人税約20億円の申告漏れを指摘されたという報道記事の中に、併せて創業者夫妻が同社に貸し付けていた債権のうち約10億円を放棄したことにより、同社の資産価値とともに株価も上がり、それにより利益を得たとして、同社の同族株主7人にみなし贈与が認定され、計約7億円の申告漏れを指摘された旨の記載がある（毎日新聞 2019/6/6 19:02（最終訪問 2023/9/20）等参照）。

ここでの「みなし」とは、実際に取引で利益を得たのは会社であるのに、

会社をいわばトンネルと見て、会社を通じて、財産の間接保有者である株主が直接利益を得たものとみなす、との意味です。実際に直接、取引によって利益を得た者以外のものが課税されるという意味で、強いみなし規定だと言えます。

　この行為計算否認規定は、課税庁側の立証が必要になることから、実務上必ず発動するわけではなく、金額的な重要性がなければ看過されることも少なくありません。むしろ、従来は、伝家の宝刀と揶揄されるくらい、課税庁は発動に抑制的であったとさえ言ってもよいでしょう。しかし、近年は、納税者によるスキーム的な租税回避が増えてきたこともあり、発動のハードルはかなり下がっている印象があります。スキーム的な租税回避防止事案と捉えられる危険性のある取引については、慎重な対応が必要でしょう。

　なお、持分ある社団医療法人の場合にも、この相続税法9条による否認は行われています（平15.3.25裁決・東裁（諸）平14-215・裁事65-743）。医療法人は会社ではなく、同族会社には該当しませんが、同族支配の及ぶ持分移転が生じる点は、同様です。裁決における判断には、次のようにあります。

　「しかしながら、本件法人は、請求人らが主張するとおり株式会社ではないから新株引受権なる権利が社員には存しないものの、持分の定めのある社団医療法人であり、財産権たる出資持分としての価額が現実に存し、本件増資における出資による利益の享受が生ずるのであれば、この利益の享受に対して相続税法第9条の規定が適用されると解するのが相当であり、相続税法上、医療法人を除く旨の規定もないのであるから、医療法の趣旨によりその適用が左右されるものではない。」

　つまり、譲渡や相続等の対象となる出資持分という財産権がある以上、同族会社と同様の財産権の実質権の実質的支配がある状況であれば、相続税法9条の適用がないとは解せないわけです。

2. 各登場人物における課税関係のまとめ

父　：課税関係なし

会社：受贈益課税

息子：みなし贈与の受贈に対する相続税・贈与税課税（9条）

なお、会社は受贈益課税が生じるのが通常ですが、当期の所得状況や青色欠損金の利用可能状況によっては、税額が生じないこともあります。

3. 貸付金や出資との違い

まず、貸付金による場合は、民法上の金銭消費貸借契約（民587）によって金銭を交付することになります。この場合は、返済を約しているわけですから、会社側は資産とともに債務を受入れするに過ぎず、対価性がある取引であり、利益移転は生じないことになります。

ただし、当初から返済を予定していない又は会社の財政状態によって当初から返済能力がないとの事実認定が行われると、先述した寄附によるのと同じことになります。

なお、個人が無利息貸付を行う場合には、利息という対価収入がない以上、貸手である個人側には課税されないのが従来通例でしたが、有名な平和事件判決（最判平16.7.20・Z254-9700）により、この常識は書き換えられました。この事件は、個人が同族会社に対し、多額の金銭を無利息かつ無期限で、担保の設定もせずに貸し付けたことについて利息相当分の雑所得を認定したものですが、不当な税負担減少行為であれば、所得税法157条が発動し得るとされたのです。

判決では、「本件規定は、同族会社において、これを支配する株主又は社

員の所得税の負担を不当に減少させるような行為又は計算が行われやすいことにかんがみ、税負担の公平を維持するため、株主又は社員の所得税の負担を不当に減少させる結果となると認められる行為又は計算が行われた場合に、これを正常な行為又は計算に引き直して当該株主又は社員に係る所得税の更正又は決定を行う権限を税務署長に認めたものである。このような規定の趣旨、内容からすれば、株主又は社員から同族会社に対する金銭の無利息貸付けに本件規定の適用があるかどうかについては、当該貸付けの目的、金額、期間等の融資条件、無利息としたことの理由等を踏まえた個別、具体的な事案に即した検討を要するものというべきである。そして、要旨前記事実関係等によれば、本件貸付けは、3455億円を超える多額の金員を無利息、無期限、無担保で貸し付けるものであり、被上告人がその経営責任を果たすためにこれを実行したなどの事情も認め難いのであるから、不合理、不自然な経済的活動であるというほかはない」としています。

　この事案では、前職及び現職の東京国税局税務相談室長が編集した『昭和58年版・税務相談事例集』に、会社が代表者から運転資金として無利息で金銭を借り受けたという設例について、所得税法上、別段の定め（同法59条等）のあるものを除き、担税力の増加を伴わないものについては課税の対象とならないとして、参照条文として同法36条1項を挙げた上で、代表者個人に所得税が課税されることはない旨の記述があったとして、その解説を信じたとする納税者・税理士側の反発がありました。しかし、実は次のように留保が付されていたということも裁判所は指摘しています。

　「しかしながら、その内容は、代表者個人から会社に対する運転資金の無利息貸付け一般について別段の定めのあるものを除きという留保を付した上で、又は業績悪化のため資金繰りに窮した会社のために代表者個人が運転資金500万円を無利息で貸し付けたという設例について、いずれも、代表者個

人に所得税法36条1項にいう収入すべき金額がない旨を解説するものであって、代表者の経営責任の観点から当該無利息貸付けに社会的、経済的に相当な理由があることを前提とする記述であるということができるから、不合理、不自然な経済的活動として本件規定の適用が肯定される本件貸付けとは事案を異にするというべきである。」

続けての、

「そして、当時の裁判例等に照らせば、被上告人の顧問税理士等の税務担当者においても、本件貸付けに本件規定が適用される可能性があることを疑ってしかるべきであったということができる。」

との指摘は重いと言うべきでしょう。少なくとも、単に税負担軽減のみを目的として行ったわけではなく、会社が業績悪化のため資金繰りに困って代表者から運転資金として無利息で借り入れたなどの合理的理由があるかどうかを検討することになります。

なお、法人側では、無利息貸付により利益を受けたとの認定が生じても、支払利息の認定も行われることになり、受贈益との両建てになるだけであることに加え、そもそも、法人税法22条2項は無償により利益の提供を受けることを収益の額の例に入れていないことから、課税は生じないとの理解がなされています。

次に出資による場合は、株主から言えば、現金を拠出して、株式を取得する行為であり、会社側から見れば、資産とともに資本金等の額が増加するだけですので、利益移転は生じません。

しかし、出資時点から既に会社の財政状態が悪化しており、当該出資が寄附同然であるとの事実認定がされれば、やはり先述した寄附と同様の課税関係が生じることになります。

②　会社への不動産譲渡・贈与

　　娘婿が100％株主である会社が、業績悪化で苦しいようです。その会社に使わせていた私が保有する土地（時価３億円）を、買った時の値段５千万円で娘婿に譲渡しました。会社はすぐにその土地を、３億円で第三者に売却し、資金調達できました。どのような課税関係が生じるのでしょうか。

　　売主であるあなたには、時価である３億円を収入金額とするみなし譲渡所得課税が生じ、会社には土地の取得時に時価と対価との差額である２億５千万円に対し受贈益課税が生じます。更に、この会社が同族会社に該当することから、株主である娘婿に対する贈与税課税が生じ得ます。

解説

1.　取引当事者間での直接的利益移転と背後で生じる間接的利益移転

(1)　取引当事者間での直接的利益移転

　本事例では、個人である義父から、娘婿が100％株主である同族会社へ、低額での資産移転が行われています。所得税法では、譲渡によって得た対価でである収入金額により課税されるのが原則ですが、個人から法人への現物財産移転については特則があります。

　すなわち、所得税法59条によるみなし譲渡所得課税です。無償ないしは著しく低額で、個人が法人に対して現物財産の移転を行った場合に発動する規定で、本問で言えば、移転資産の時価３億円に対して対価５千万円が時価の

2分の1を下回るために、著しく低額であるとされます（所令169）。

(2)　みなし譲渡による課税の理屈

【通常の譲渡の場合】

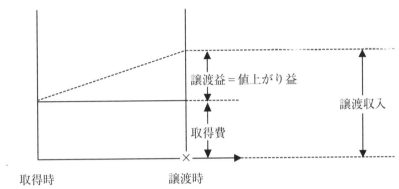

　所得課税では、資産の保有中に生じた値上がり益、いわゆるキャピタルゲインについて、その所有者の手元を離れる、譲渡の際に課税を行うものとされています。しかし、個人間取引では、税務上、原則として当事者間の取引価額が尊重されます。

　個人間における譲渡において、取得費が収入金額を上回る場合、その対価が著しく低額であれば、譲渡損はなかったものとされ、譲渡者の取得費が次の所有者に引き継がれます（所法59②、60①二）。つまり、この段階では、前の所有者である譲渡者の取得費と、譲渡時の価額との差額は未清算のままです。

　しかし、次の所有者である取得者が再譲渡する段階で、前の所有者のキャピタルゲインを含めて、含み損益に対する課税が清算されることになります。

【A→Bの譲渡価額がAの取得費を下回る場合】

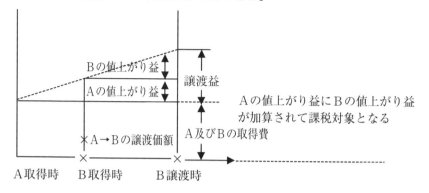

ところが、法人への譲渡では、法人側では時価取引原則があるため（法法22）、資産の取得時にも、時価での取得を行う以外の整理ができません。所得税法・法人税法という異なる税目間を跨がるため、個人間のような取得費の引継ぎという調整を行えず、未精算部分を繰り越せません。そこで、個人から法人への著しく低額での譲渡が行われた場合には、その時点でキャピタルゲインを全て精算させることとしているわけです。対価による収入原則に対する例外として、譲渡する資産の時価での収入で譲渡が行われたものとみなして譲渡収入が擬制されるとともに、譲渡する資産の実際の取得費により、譲渡所得計算が行われることになります。

これに対して、同族会社側では、3億円の土地を時価で取得する際に5千万円の対価しか払いませんから、差額利益2億5千万円について受贈益が認識されることになります（法法22②）。

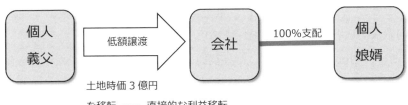

つまり、直接的な利益移転としては、現物寄附を行う個人側にはみなし譲渡所得課税、利益を受ける法人側は、受贈益課税が生じることとなります。

(3)　背後で生じる間接的利益移転（株主課税）

　更に、当事者間取引の課税関係だけでなく、同族会社の場合、株主に対するみなし贈与の適用があり得るというのは、前問で説明した通りです。

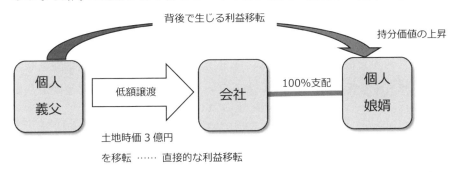

　娘婿は会社への持分価額が増加する（仮に贈与を受けたとみなされる前の娘婿の持分を1千万円とすると土地取得後の持分が2億6千万円に上昇）という利益を得ます。

　ところで、この株主課税に関し裁決例がでています。不動産業を営む同族会社が、不動産の無償譲渡を受けたことにより増加した出資の価額に相当する部分について、贈与税の申告をした納税者が、その後、その増加益は贈与による財産の取得に当たらないから贈与税の納税義務はないなどとして更正の請求をしたのに対し、原処分庁が更正をすべき理由がない旨の通知処分を

　行ったことから、納税者が、その処分の取消しを求めた事案です（平29.12.1裁決・広裁(諸)29-10・F0-3-580）。

　審判所は、相続税法第9条は、贈与契約により取得した財産でなくても、実質的に対価を支払わないで経済的利益を得た場合について「贈与により取得したものとみなす」として贈与税を課税する規定であるところ、納税者は出資する同族会社に対する不動産譲渡によって保有株式の価額の増加益という経済的利益を受けたのであるから、同条が適用されることとなるとして、納税者の主張を退けました。

　さらに、この裁決例では、相続税法基本通達9－2は、相続税法第9条が適用される場合の比較的典型的な事例として同族会社の例を挙げているものにすぎず（前問で紹介した裁決例（平15.3.25）と同旨）、納税者が主張するように同条が適用される場合を同族会社に限定しているものではないし、また、本件通達を根拠として（同族会社限定で（筆者注））本件増加益を贈与税の課税財産とするものでもないとしているところは留意する必要があります。

2.　各登場人物における課税関係のまとめ

　私　：みなし譲渡所得課税（所法59①二）

　　　　収入3億円－取得費5千万円＝譲渡所得2億5千万円（分離課税）

　会社：受贈益課税

　　　　2億5千万円の受贈益計上

　娘婿：みなし贈与の受贈による相続税・贈与税課税（9条）

(2) 配当

① 名義株への配当

　父親が亡くなって相続税の申告を行う必要があります。自社株について、数十年前から私たち兄弟の名義になっていたものがあります。数年前、兄が死んだ際に、名義株であるとして父が取り戻そうとしたのですが、兄の配偶者が名義株ではないと主張して、民事裁判になり、最終的には毎年本人が配当を受領し、確定申告していることから、敗訴しました。相続に当たりそれ以外の自社株について、父親が真の所有者であるとして申告すべきかどうかを悩んでいます。どうしたらよいでしょうか。

A

　名義株として相続財産に含めるべきかは、原資や管理状況・配当受領状況等を総合勘案して決めることになります。

解説

1. 名義株とは

　自社株について、近年調査での指摘が増えてきているのが、この名義株の問題です。

　かつて、商法では会社の発起設立時に発起人として7人を要求していたことから、親族や知人に頼んで、形式的に株主になってもらっていたというケースは多々あります。この場合、資金提供を形式的株主には求めないため、実際には、全て社長一人が資金を出しているということも少なくありません。

　その是非はともかく、このように、名義株とは、本来の資金拠出者として

の株主と、株主名簿ないし法人税申告書別表2における表示とに相違があるもので、他人の名義を借用しているという意味で借名株・仮名株と呼ぶこともあります。元の経緯から言えば、法制上の問題は別としても、このような設立時の借名の必要性が終わった時点で、真の名義に戻すか、法人税申告書別表2での記載は真の株主としておけばよいのですが、そのような処理がなされず、名義株状況のまま放置されているものばかりです。ただ、それが、相続税対策を意識してなのか、そもそも処理を忘れているのかは不明です。

　この名義株については、被相続人名義となっていない資産であることから、相続財産から除外して相続税申告を行うことがありますが、本当にそれでよいのかが問題となります。

2.　名義株の事例

　相続税の税務調査では、課税当局の言うところの「不表現資産」の念査が重視されています。すなわち、当局では、名義預金・名義株や、海外資産などが申告書に表現されていないことへの対応を重視していると言われています。

　ここでは、名義預金・名義株などの相続税申告における除外が問題となった事案として、平成18年9月22日東京地裁判決を挙げておきます（Z256-10512）。この事案では、当事者間のかなり深刻な対立も絡み、当事者の主張が二転三転しました。

　判決は、帰属認定の判断について、次のように述べています。

　「株式や貸付信託・預貯金等の帰属を認定するに当たっては、その名義が重要な要素となることはもちろんであるが、他人名義で株式の取得・口座の開設をすることも、特に親族間においては通常みられることからすれば、株式購入や預入金の原資を誰が負担しているか、株式取得・口座開設の意思決

定をし、手続を実際に行っていたのは誰か、その管理又は運用による利得を収受していたのが誰かという点もまた帰属の認定の際の重要な要素ということができ、実際に株式や貸付信託・預貯金等が帰属する者の認定は、これらの諸要素、その他名義人と実際に管理又は運用をしている者との関係等を総合考慮してすべきものと解される。」

　そして、原資と管理・配当受領状況から、帰属者の判断を行いました。

　「上記で認定した事実からすると、本件有価証券等（原告B名義のR銀行株式3500株を除く。）は、いずれも被相続人D名義によるものではないが、Dが原資を負担して取得し、その後も一貫して、Dがこれを一括管理していたものであり、株式の配当金については、これを自ら取得していたものということができるのであるから、これらは、Dに帰属する相続財産と認めるのが相当である。」

　なお、この裁判例では、上記括弧内で除外している3500株だけは名義株の認定を免れましたが、実際には、供述の不自然さなどを指摘されていました。それでも、裁判所が次のように判示したことは立証責任の分配原則に戻り、取消訴訟における課税処分の根拠に係る立証責任は、課税庁が負うことを確認したとの意味で重要でしょう。

　「ある財産を遺産に属するものと認定し、これを課税価格に含ましめた相続税の課税処分が行われた場合、当該課税処分の取消訴訟において、当該財産が遺産に属することの立証責任は課税庁が負うべきところ、上記3500株がDの遺産に属することについては合理的な疑いが残るのであって、結局のところ、その立証が尽くされていないものというべきである。」

　ところで、名義財産の判定は、結局は事実認定に負うところになりますので、大型課税処分として大きく報道された事案でも、その後、審判所で事実関係が整理され、当初と異なる判断がされることがあります。その例として、

平成30年４月６日裁決（飯田ＧＨＤ事件）をあげます（東裁(諸)平29-106・F0-3-579）。

　事案は、納税者らがした被相続人甲に係る相続税の各申告について、原処分庁が、Ｂ社等の株式を保有する有限会社Ａ社の持分（被相続人の子名義）及びその他財産を被相続人に帰属する相続財産と認定するなどして相続税の各更正処分等をしたのに対し、納税者らが、Ａ社の持分は、譲渡により相続人らに帰属するものであり、被相続人に帰属する財産ではないなどとして、その各処分の一部の取消しを求めたものです。

　審判所は、平成７年10月譲渡契約は、被相続人が所有していたＡ社の持分の全てを被相続人から乙（被相続人の妻）に譲渡するという内容の契約であるところ、平成７年10月譲渡契約書には、被相続人及び乙各本人による署名押印があること、同年12月14日に乙名義預金口座から購入代金が出金され、同日に購入代金が被相続人名義預金口座に振り込まれており、平成７年10月譲渡契約書の内容と符合する資金の移動が認められること及び乙の申述内容により、これが成立していないということはできず、Ａ社の持分全てについては、同契約に基づき、乙に移転したものと認められるとしましたが、平成８年１月譲渡契約により乙の持分が丙（被相続人の子）に譲渡されたとは認められないとしました。つまり、「被相続人―（譲渡１：平成７年10月譲渡）→配偶者」「配偶者―（譲渡２：平成８年１月譲渡）→子」の２段階での譲渡があり、今回、譲渡１は成立を認め、譲渡２は成立を認めなかったことになり、Ａ社の持分は、被相続人の配偶者乙に帰属していたと認められ、Ａ社の持分は被相続人に帰属する相続財産であったとは認められないと認定したわけです。納税者としては、父の相続税申告の更正処分については取消しを得たものの、既に子の名義になっている株式は、将来母に生じる相続の段階では、名義株として相続財産に加算して申告しなくてはならないことも明確化

されたことで、いわば痛み分けのような結果になった事案ともいえます。

　この事案は、株式の名義人である丙が取得資金を実質的には負担していないとして課税処分がされたものですが、異なる事実関係が納税者より示されたことにより原処分が取り消されたものです。前述のように課税庁側に立証責任があるとしても、納税者側の疎明資料の整備が重要であることはいうまでもありません。

3.　名義株への対処

(1)　名義株問題とコクド事件

　名義株について、法人税申告書別表2で連年株主としての申告をしているのだから、課税当局もこの申告を認めて然るべきとの主張をする税理士もいると仄聞します。

　ただし、所得課税上の不都合がなければ、課税当局は特段指摘する必要がないのは言うまでもありません。むしろ、重要と認められる資産家案件については、当局は、内部的に個別情報管理を続けていると言われています。

　この点で注目すべきは、かつて、名義株が問題になったコクド事件です。名義株について、国税庁は実質課税を行っているものの、金融庁にはその実態を知らせない運用をしていたことが国会答弁で明らかになりました。

コクド管理株の発生の原因・経緯等について

H161112　西武鉄道株式会社

https://www.seiburailway.jp/file.jsp?company/ir/disclosure/ka-04-33.pdf

136　柴山昌彦

○柴山委員　この問題については、やはり事実関係をしっかりと確認していくことが必要かなというように思っております。

　続きまして、ちょっと西武鉄道の方に話を戻させていただきたと思うんです。名義株の配当について、実際に株式を保有して収益を享受している者に課税がなされるということが私は大前提だと思っているんですけれども、もしそのように課税処分がなされていたのであれば、なぜ有価証券報告書の記載の誤りを指摘できなかったのでしょうか。これは国税当局の方に伺いたいと思います。

137　村上喜堂

○村上政府参考人　お答えいたします。

　国税の課税関係をちょっと御説明いたしますが、配当につきましては支払い段階で一応源泉徴収がなされております。ただ、その所有者が単なる名義人であるときには実際にその配当収益を享受する方に課税するということで、実質所得者課税と言っておりますが、そういうことで運用させていただいているところであります。

　それで、なぜそういったことがわかった場合に関係当局に話をしないのかということだと思いますが、国税職員には、国家公務員法による守秘義務以上に、各税法で重い守秘義務が課せられております。これは、申告納税制度のもとで税務の執行を円滑に行うためには納税者の皆様方の信頼と協力を得ることが必要でございまして、もし税務職員が職務上知り得た秘密を漏らすとするならば、納税者と国税当局との信頼関係が損なわれ、ひいては申告納税制度の基本とします税務行政の運営に重大

な支障を来すということになりかねません。

　したがいまして、調査の結果、調査内容、有価証券の記載問題等を含めましてそういうようなことを知り得たとしましても、一般的に関係当局に通報することはいたしておりません。

138　柴山昌彦
○柴山委員　そうはいっても、国税庁と金融庁というのは、いわば旧大蔵省のもとではやはりかなり緊密な関係が私は認められていたと思うんですよね。そのような中で、国税庁が虚偽記載を知っていて金融庁が全く知らないということは、私はどう考えてもおかしいと思います。また、刑事訴訟法上もやはり告発義務というものが明定されているところもありますので、今の御答弁はかなりしゃくし定規に過ぎるのではないかなというように思うんですが、もう一度お考えをお聞かせ願いたいと思います。

139　村上喜堂
○村上政府参考人　お答えいたします。

　刑事訴訟法に公務員の告発義務が規定されているわけでございますが、先ほど申しました理由から、税務調査の結果知り得た事実についてそういう当局に対し告発することについても、おのずから消極的にならざるを得ないと考えております。

　なお、この点につきましては、法務省の見解につきましても、守秘義務が設けてある趣旨から考えて、税務の執行上特に支障があるという場合には告発義務は免除される、そういった国会答弁も法務省の方からな

されているところであります。

第161回国会　衆議院　財務金融委員会　第13号　平成16年12月1日
https://kokkai.ndl.go.jp/#/detail?minId=116104376X01320041201&current=26

その後、旧コクド株計933株の所有権をめぐり、創業者の故・堤康次郎氏の子と孫の4人が、名義人であるグループ会社役員ら147人を相手に、持分の確認を求めた民事訴訟を起こしましたが、堤一族側が敗訴するというオチがつきました（東京地判平23.3.28・金判1374-40）。事実認定の結果、借用名義株という手法で自らが株主として支配する方法ではなく、自分が支配できる株主を介して間接的に事業を支配していたと考えるのが合理的と判断されてしまったものです。

なお、ＫＳＫシステムには、「大口資産家管理簿」「大口資産家関係人名簿」というメニューがあり、実際に、これら資産家を管理しているようです（情報公開資料より）。

(2)　中小企業と株主名簿

そもそも、中小企業では会社法が要求する適法な株主名簿が備置されていないことが多々あります。会社法121条3号では、「株主が株式を取得した日」の記載を要求しており、法人税申告書別表2では、株主名簿として不完全なのです。因みに、株券発行会社の場合には、株券番号も記載が要求されています（会法121④）。この点は、過去に株式の移転が真正な譲渡として行われているかどうかに疑念を与えるため、最近中小企業でも増えてきたＭ＆Ａなどの際に、真の権利移転時期等で問題になることがある点も注意しておくべきでしょう。

この株式譲渡については、

① 定款上、株券発行会社であり実際に株券発行されている場合

② 定款上、株券発行会社であるが実際には株券不発行である場合

③ 定款上、株券不発行である場合

のそれぞれで取扱いに差異を生じます。

　まず、③の株券不発行会社では、株主名簿の書き換えが、当事者間の有効要件であると同時に、対会社及び第三者対抗要件になります（会法130①）。しかし、①及び②の場合には、株券発行会社ですから、株主名簿の書き換えで対第三者対抗要件になるのは③と同じですが（会法130①②）、対会社及び当事者間の有効要件としては、株券の引渡しが必要になります（会法128①）。

　M＆Aや株主間での争いが生じない限りは、これまであまり問題になっていない点ですが、注意しておくべき点と言えるでしょう。

　また、近年、株主の高齢化の中で、株券を紛失している事例が増えつつあります。定款変更により、株券不発行会社への変更を提案することも必要でしょう。

　なお、株券発行会社か否かは、会社法施行以後は株券不発行会社が基本とされましたが、従前は株券発行会社が基本であり、登記で確認可能です。

(3)　名義株における権利移転の時期

　ところで、名義株については、取得の原資を別の人間が拠出していれば、何年経とうと、名義株は名義株の筈だとの疑問も生じ得ます。確かに、所有権には時効がありませんので、名義株が勝手に名義人のものになることはありません。しかし、名義人に配当が行われ、その配当金を名義人が受領していると、配当時点で、権利が名義人に移転していることを追認したことになります。ということは、本来なら少なくとも追認した時点で贈与を認識すべきなのでしょう。

(4)　名義株への対処

　そこで、名義株については、真の株主の相続発生まで放置せず、できるだけ早い段階で状況把握しておくべきです。特に、名義株主側の代替わりなどが生じると、真の株主が誰かとの争いが起きることは、ある意味避けがたい面もあります。その株式が名義株であり、真の株主が別に存在していることを、当事者同士での話し合いによる確認可能なうちに、念書・確認書（例「名義株であることの確認書」）等の形で合意文書としておくべきです。そして、株主名簿の書換や法人税申告書別表2の記載を変更しておくことが望ましいでしょう。

　なお、相続税申告に際して、名義株か否かの判定は、上述の裁判例にあるような「総合考慮」が行われるため、容易でないことも少なくありません。また、設問のように、税以前の問題として、当事者の争いになってしまったものも多々あります。実務では、資金拠出者が、真の株主は自分であるとして、配当金は全て自分が受け取っていることもあります。どのような実態にあるのかを、丁寧にヒアリングした上で、判断することが望まれます。

　また、名義株の懸念がある株式について、相続税申告書で被相続人の相続財産ではないとする場合には、裁判例における判断のプロセスなどを踏まえて、慎重に検討すべきでしょう。

(5)　贈与税申告した資産保有会社株式が名義株式であったとされた事例

　名義株式については、最近の報道事例で、相続後に贈与税申告したことが契機となり、本来の相続財産として、相続税申告漏れが指摘されたものがありました。

　日本写真印刷創業家、6.4億円申告漏れ　資産管理会社の株申告せず　大阪国税局（産経 WEST2015.11.11 05：30配信2018.11.18最終訪問）

　http://www.sankei.com/west/news/151111/wst1511110016-n1.html

　上記報道によると、日本写真印刷の創業家出身である元社長の死後、その長男らが資産保有会社の株式を名義人である役員から譲り受け、贈与税を納めたのですが、元々、役員名義の株式は、単なる名義株であり相続財産として申告すべきであったと認定されたものです。

　別途、贈与税の申告をしていたのに、相続税申告に持ち戻しまでさせられたというのは、実務上余り見たことがない処分ですが、認定された事実関係を税法解釈に当てはめるならば、この通りにしかなりません。贈与として申告した時期からも、相続人サイドで、相続税の申告時から、名義株式、つまり相続財産でないかとの疑い、あるいは認識がなかったとは考えがたく、にもかかわらず、贈与として処理したことが、このような課税処分を招いたということになります。

　贈与税は還付されたため、追加納税額は約6千万円とされていますが、過少申告加算税の課税も発生していますので、事実関係の正しい認識とそれに従った申告が重要ということはいうまでもありません。

❷ 持分の移転

(1)　増資による出資持分の変動

①　従業員に対する第三者割当増資

Q

　　当社は、販売拠点拡大に伴い、財務体質の増強のために増資を行うこととしましたが、せっかくの機会なので、新拠点の責任者となる従業員を取締役に昇格させ、彼から出資を募ることとしました。当社株式の1株当たりの時価は1,200円（増資後の相続税評価額900円）ですが、500円で発行しようと考えております。どのような課税関係になりますか。

A

　　出資者は株式の発行価格と時価との差額について、経済的利益を受けたこととなりますが、出資者がその利益を従業員等の立場で受けた場合、給与所得として取り扱われることとなります。

解説

1. 第三者割当増資により受けた利益と所得税課税

　　有利発行により第三者割当増資が行われた場合、出資者は株式の発行価格とその株式の発行時の価額との差額に相当する経済的利益を受けたことになります（所令84③三）。そして、有利発行を受ける権利は、発行法人から与えられたものであるところから、この経済的利益の所得区分は、基本的に一時所得に該当することになります（所基通34-1(5)、23～35共-7）。

　　しかし、設問の場合、有利発行を受ける権利は、従業員を取締役に昇格さ

せることに伴い会社が与えたものであり、労務の対価としての性格を持つものです。したがって、この経済的利益の額は、その株式の取得について申込みをした日（申込みをした日が明らかでないときは、申込期限）において、給与所得として課税されることとなります（所基通23〜35共－6（2）但書、23〜35共－6の2）。

2. 有利発行により利益移転が生ずる場合とその考え方

(1) 株主間の利益移転

　第三者割当増資により新株主が与えられた経済的利益は、新株が時価未満により発行され、それが新株主にとって特に有利となることによる利益です。一方、有利発行による第三者割当増資が行われた場合、株式全体の価値は希釈されることとなります。そして、既存株主の所有する株式の価値減少が、新株主の取得する株式の価値に上乗せされるため、新株主が株式の価値増加分として受ける利益の額は、この旧株主から新株主へ移転した株式の価値と等しくなります。この場合、新株主が受けた利益の源泉は旧株主の持分にありますが、その利益を直接的に供与した者は会社であるところに特徴があります。

(2) 発行法人内部における利益移転

　一方、増資は資本等取引に該当することから、増資により発行法人に損益が発生することはありません（法法22②③三⑤）。

　そこで、有利発行による増資により、発行法人の内部において、どのようなことが生じているか、「持分調整」という仮勘定を用いて、擬制的に内部仕訳をたてて考えてみることとします。実際は、下記②及び③についても資本等取引であることから、損益は計上されません（法基通1－5－4）。

＜発行法人の内部仕訳＞

　単純化のため1株のみ発行している法人を例に取ります。株式価値は2,000
とします。その法人が1株増資をし、その発行価額を1,000とします。

旧株主　　A…1株　　株式価値2,000

新株主　　B…1株　　発行価額1,000

発行法人から見た株式の価値

発行前　　Aが出資した部分　　1株　　株式価値2,000

発行後　　Aが出資した部分　　1株　　株式価値1,500

　　　　　Bが出資した部分　　1株　　株式価値1,500

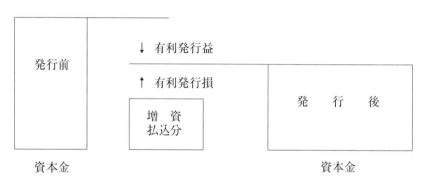

　・有利発行による増資に対応する部分

①現金　　　　　　1,000　　／　　資本金　　　1,000

②有利発行損　　　500　　／　　持分調整　　　500（＝1,500－1,000；内部仕訳）

　Bが出資したことにより株式価値が損なわれることから、擬制的に発行法
人に損が生じると考えます。

　・有利発行による既存株主の持分に対応する部分

③持分調整　　　　500　　／　　有利発行益　500（＝2,000－1,500；内部仕訳）

　株式価値の損なわれた部分は、Aの株式価値により補われるので、擬制

的に発行法人に益が生じたと考えます。

　この有利発行損と有利発行益の金額が同じとなることから②と③の仕訳は相殺され、結果的に有利発行となったとしても、①の仕訳のみが残ることとなります。

3. 給与所得となる場合の法人側の処理

　有利発行による経済的利益が、株主にとって給与所得となる場合、発行法人はその経済的利益の額について、源泉徴収義務が生じることとなります（所法183①）。発行法人は、実際には金銭等を交付していないことから、別途株主から所得税を徴収するか、同額を給与として支給する必要が生じます。

　なお、この場合における経済的利益は、上記 1. (1)の第三者割当増資により受けた利益を対象とします。

4. 有利な発行価額とは

　新株主に所得税が課税されることとなる有利な発行価額とは、その価額が株式と引換えに払い込むべき額を決定する日の現況におけるその発行法人の株式の価額に比して、社会通念上相当と認められる価額を下る金額である場合の価額をいうものとされています（所基通23〜35共‐7）。つまり、設例の場合は、1株当たりの時価1,200円と実際の募集価額500円との比較となります。

　この社会通念上相当と認められる金額を下る金額であるかどうかは、株式の価額と株式と引換えに払い込むべき額との差額が株式の価額のおおむね10%相当額以上であるかどうかにより判定するとされ、また、決定日の現況における株式の価額とは、決定日の価額のみをいうのではなく、決定日前1月間の平均株価等、当該株式と引換えに払い込むべき額を決定するための基

礎として相当と認められる価額をいうとされています（同通達(注) 1）。

　そして、新株主が有利な発行価額により取得したこの株式の取得価額は、その権利の行使日における価額（時価）となります（所令109①三）。

5.　株主間利益移転が贈与とされることについての金額基準

　株主間の利益移転が生ずる場合において、発行法人が同族会社であり、新株主が既存株主の親族等であるならば、上述のように給与所得又は退職所得として所得税の課税対象となる場合を除き、贈与により取得したものと取り扱うものとされています（相基通 9-4）。

　この場合、相続税法基本通達においては「著しく低い価額」等の留保がなく、時価と払込価額との差額は、そのまま相続税法 9 条の対象とされる点、注意が必要です（次問参照）。

② 同族会社の募集株式引受権が変則的に与えられた場合

Q

　当社の株主は創業者である社長のみです。このたび増資をするに当たり、大学生である社長の子に出資を求めることとしました。当社の 1 株当たりの時価は1,200円（増資後の相続税評価額900円）ですが500円で発行しようと考えております。課税関係はどのようになりますか。

A

　同族会社において、有利発行が行われた場合、その出資者が、既存株主の親族等であり、また、発行会社の従業員等でもないときは、その者は有利発行による利益を、既存株主から贈与により取得したものとされます。

解説

1.　同族会社の募集株式引受権

　新株の発行には、原則として、会社の機関である株主総会の特別決議が必要とされており、公開会社の場合は有利発行となるときを除いて、少なくとも取締役会決議が必要とされています（会法309②五、201①）。また、非公開会社であっても株主は当然には新株引受権を有しないとされますが、会社が定款で定めた場合のみ、取締役会にて株主に株式の割当てを受ける権利を与えることができます（会法202③）しかし、いずれの場合も、有利発行の場合は、取締役は株主総会において、その払込金額でその者の募集をすることを必要とする理由を説明しなければなりません（会法199③）。また、株主は、新株の発行により不利益を受けるおそれがあるときは、新株発行の差し止め請求をすることができます（会法210）。以上のように、新株の発行は、あくまでも会社の行為として行われるものとされています。

　しかし、同族会社の場合は、株主が少数で、しかも特定の同族グループで支配されていることから、特別決議による承認も容易であろうし、手続に則らなくても、差し止め請求がなされる可能性も少ないであろうということは推測できます。恣意的な経済的利益の移転が行われやすくなり、税務上はみなし贈与課税の検討が行われやすくなるわけです。

2. 有利発行の場合の裁判例

　同族会社で有利発行が行われた場合、旧株主から新株主へ贈与が行われたとして争われた裁判例が多数あります。そのうちのいくつかをあげてみます。

(1)　新株引受権の贈与（東京地判平 8 .12.12・Z221-7829）

　同族会社であるＴ電機の全株式を実質的に支配するその代表取締役Ｓは、Ｔ電機とＫ農機との資本提携に際し、Ｋ農機より第三者割当増資を受け、その新株のうち300万株を 3 人の子ら（当時各々19歳、17歳、12歳。以下、「原告ら」とします。）に取得させるために、自己の名義により原告らにこれを引き受けさせました。

　判決では、次のように事実関係を認定しました。

　「Ｓは所定の方法で新株引受の申込みをすることによって、本件新株を発行価額で取得しうる地位を得たものであり、その株式の時価が発行価額を上回るものであるならば、その差額分の利益を得ることとなるということができるところ、Ｓは、自ら引受の申込みをせず、本件新株を原告らに取得させるために、原告らの借入金を用いて、Ｓの名義で原告らに本件新株を引き受けさせ、原告らは本件新株を取得するに至ったものである。そして、これによって、Ｓは、結局のところ、本件新株を引き受けたとしたら取得するであろうその株式の時価と発行価額との差額に相当する経済的利益を失い、他方、原告らは、Ｓの名義で新株を引き受けたことにより、何らの対価の支払なくして経済的利益を享受したものと言えることができ、その間に実質的に利益の移転があったことは明らかである。」

　これらのことにより、原告らは、その利益を受けたときにおけるその利益の価額に相当する金額をＳから贈与により取得したものとみなすのが相当であるとしました。

(2)　淡路屋増資事件（大阪高判昭56. 8 .27・Z120-4847、神戸地判昭

55.5.2・Z113-4591)

　相続税の計算における相続開始前3年以内贈与財産の加算の規定の適用において、跛行増資に係るみなし贈与の適用が争点の1つとなった事案です。

　原告ら一族が85%の株式を有する訴外会社の2回にわたる増資において、いずれも各株主の従前の持株の割合に応じて新株式の引受がされたのではなく、第1の増資においては納税者KとMが、第2の増資においては、納税者SとFが、それぞれ増資前の所有株式の割合に応ずる額を超えて、新株式を引受けていました。

　判決では、相続税法9条は、無償または著しく低い価額の対価で利益を受けた場合について、その利益を受けさせた者から贈与により取得したものとみなすことにしており、この「みなし贈与」が相続税法19条の贈与に該当することはいうまでもないとしました。そして、含み資産を有する会社が増資をすれば、旧株式の価額は増資との割合に応じて減少し、新株式の価額が増加することになるので、新株を引受ける者（以下「甲」とする。）がその新株の全部または一部を引受けなかったことにより他の株主（以下「乙」とする。）に割当のあった場合は、相続税の立場から見れば、甲の相続財産がそれだけ減少したことになるのであって、反面乙はその授受した新株割当による利益（新株のプレミアム部分）の授受があったということができ、右利益の授受が無償でなされている場合には、相続税法9条に該当するとしました。

(3)　出資引受権の無償譲受け（名古屋高判昭53.12.21・Z103-4298、名古屋地判昭51.5.19・Z088-3785）

　有限会社の増資に際し、他の社員の出資引受権を無償で譲り受けて払込みをしたものです。判決では、含み資産を有する会社が増資をすれば、増資によつて出資口数が増加しただけ旧出資の価値は減少するのであるが、新出資は旧出資と平均化されることにより一口当りの価額は払込金額を上廻ること

になるとし、この価額が出資引受権の評価額であり、増資前の出資割合を超えて新出資の引受がなされた場合には、その者は増資前の出資割合に応ずる新出資の引受をしなかった者から出資引受権の評価額に相当する利益を取得したことになるとしました。そして右利益は、相続税法9条の贈与により利益を取得した場合に該当するということができるとしました。

(4)　医療法人跛行増資事件（最判平22.7.16・Z260-11480、東京高判平20.3.27・Z258-10932、横浜地判平18.2.22・Z256-10321）

　社団医療法人の定款を変更し、退社時の払戻しや解散時の残余財産分配の対象となる財産を運用財産に限定した後に、出資持分の大半を保有する前理事長を除いた前理事長の子やその配偶者らにのみ引受けをさせるという跛行増資を行った事案です。この増資時点で、法人全体の財産は約7億円あったものの、運用財産と基本財産とに区分すると、運用財産は17億円の債務超過になり、基本財産は24億円の資産超過になる状況がありました。

　最高裁では、このような定款変更を行った場合であっても、法令において定款の再度変更を禁止する定めがない中では、法的にその変更が不可能になるものではなく、また、基本財産と運用財産の範囲に係る定めは変更禁止の対象とされていないから、運用財産の範囲が固定的であるともいえないとしました。そして、新定款下での本件法人の出資につき、基本財産を含む本件法人の財産全体を基礎として評価通達194-2の定める類似業種比準方式により評価することには、合理性があり、被上告人らは、本件増資に係る出資の引受けにより、著しく低い価額の対価で利益を受けたということができ、みなし贈与の適用があるとしました。

3.　なぜ贈与として課税されるのか

　同族会社では有利発行を行うことが比較的容易であるとしても、新株の発

行はあくまでも会社の行為として行われるものです。ではどうして、有利発行を原因として受けた利益が、贈与として課税されるのでしょうか。

　相続税法9条では、「対価を支払わないで、又は著しく低い価額の対価で利益を受けた場合においては、当該利益を受けた時において、当該利益を受けた者が、当該利益を受けた時における当該利益の価額に相当する金額（対価の支払があつた場合には、その価額を控除した金額）を当該利益を受けさせた者から贈与（当該行為が遺言によりなされた場合には、遺贈）により取得したものとみなす。」と定めています。

　有利発行による株主間贈与についての利益の価値は、前問で述べたように、既存株主の所有する株式価値の希釈分と等しくなります。単に経済的利益を受けたから課税するというのではなく、特定者から意思により自己の利益を消滅させ、他の特定者に経済的利益を移転させたことは贈与として課税要件を満たすとの理解です。そして、既存株主がその希釈分を新株主に与える意思を持って、移動させる方法をとったのであれば、上記相続税法9条からも、既存株主から新株主への贈与といえると考えられます。東京高判平8.12.12の例では、自らに与えられた新株引受権を子に譲っているのですから、贈与であることが最もわかりやすい例であるといえます。

4.　同族会社について特に定めている理由

　相続税法基本通達9-4では、「同族会社が新株の発行（当該同族会社の有する自己株式の処分を含む。）をする場合において、当該新株に係る引受権の全部又は一部が当該同族会社の株主の親族等に与えられ、当該募集株式引受権に基づき新株を取得したときは、原則として、当該株主の親族等が、当該募集株式引受権を当該株主から贈与によって取得したものとして取り扱うものとする。」としています。なぜ、同族会社に限り、株主の親族等に付与

された新株引受権をその株主からの贈与により取得したものと取り扱うのでしょうか。

先に述べたように、同族会社の場合は特定の者に有利発行を行うことが、比較的容易に行うことができます。そこで、付与された新株引受権を直接贈与することだけでなく、利益を与えたい者に対して、新株引受権を付与することも容易にできると考えられます。つまり会社を介在させることにより、個人間の利益移転を行うことができるとされています。

相続税法基本通達9-4で同族会社の募集株式引受権について特に定めているのはそのような理由によると考えられます。

もっとも、この通達は、個人間の贈与の意思を認定しているのですから、有利発行による新株引受権を付与することについて、適切な対価の収受があるなど何らかの合理的な理由があるのであれば、形式適用されることはありません。同通達の但し書きにも、「当該募集株式引受権が給与所得又は退職所得として所得税の課税対象となる場合を除くものとする。」としており、何らかの対価性を有するものであるならば、それに従って、付与された者の所得として課税関係を考えることとなります。

5. 贈与とされた場合の具体的な計算

有利発行が贈与とされた場合、今度は誰からどれだけの贈与がされたかということが問題となります。また、贈与とされなくとも、利益供与を受けたとして所得税の対象となった金額について、算出する必要があります。

有利発行がされた場合であっても、既存株主に対して、その保有する株式の割合に応じて新株引受権が付与実行されたのであれば、経済的利益の供与の問題は生じません。そこで、この経済的利益の金額は次の手順により算出することになります。

(1) 持株比率による割り当てられるべき株式数の算定

　既存株主に対して、その保有する株式の割合に応じて新株引受権が付与実行されたとした場合の、各株主の株式数を算定します。

　具体的には、新株発行数にその者の持株割合を乗じて計算します。

(2) 実際に付与された株式数との差額の算定

　実際に付与された株式数と（1）で求めた持株比率に応じた株式数との差額を計算します。持株比率に応じた株式数よりも少ない株式を付与された場合、マイナスとなります。

(3) 親族である株主から贈与された株式数の計算

　上記（2）で計算した結果、プラスとなる株主は、経済的利益を受けたこととなり、マイナスの株主は、経済的利益を与えたこととなります。

　このプラスとなった株主が、親族である株主から贈与された株式数は、親族であるマイナスの株主毎に計算することになります。具体的な株式数の計算は、次の算式により行います（相基通9-5）。

$$\left(\begin{array}{l} \text{その者のその親族等から贈与により取得したものとする} \\ \text{募集株式引受権数} \end{array} \right) = a \times \dfrac{c}{b}$$

　a：他の株主又は従業員と同じ条件により与えられる募集株式引受権の数を超えて与えられた者のその超える部分の募集株式引受権の数、つまり、（2）で計算したプラスの数値

　b：その法人の株主又は従業員が他の株主又は従業員と同じ条件により与えられる募集株式引受権のうち、その者の取得した新株の数が、その与えられる募集株式引受権の数に満たない数の総数、つまり、（2）で計算した結果、マイナスとなったすべての者のそのマイナスの数値を合計したもの（絶対値）

　c：bの募集株式引受権の総数のうち、aに掲げる者の親族等（親族等が

2人以上あるときは、その親族等の1人ごと）の占めているものの数、つまり、(2)で計算した結果、マイナスとなった者のうち、親族である者の一人一人について、(2)で算出された値（絶対値）

(4)　所得税の対象となる株式数の計算

経済的利益のうち、所得税の対象となる株式数は、次により計算します。

その者の所得税の対象となる募集株式引受権数 ＝ $a \times \dfrac{d}{b}$

d：bの募集株式引受権の総数のうち、aに掲げる者の親族等以外のものの占めているものの数、つまり、(2)で計算した結果、マイナスとなったもののうち、親族でない者について(2)で算出された値を合計したもの（絶対値）

(5)　1株当たりの募集株式引受権の価額

1株当たりの募集株式引受権の価額は次の算式により計算した金額となります（相基通9-7注書き）。

新株の発行後の1株当たりの価額（A）＝

｛（新株の発行前の1株当たりの価額（B）×新株発行前の発行済株式数（C））＋（新株の1株当たりの払込金額（D）×新株の発行により出資の履行があった新株の総数（E））｝÷（（C）＋（E））

1株当たりの募集株式引受権の価額＝（A）－（D）

(6)　各人の贈与を受けたとみなされる金額

各人の贈与を受けたとみなされる金額は、贈与を受けた者について、贈与した親族である株式ごとに(3)で算出した株式数に(5)を乗じて計算した金額となります。

(7)　各人の一時所得の収入金額とされるものの金額

所得税（一時所得）の対象となる金額は、(4)で算出した株式数に1株当たりの株式を取得する権利の価額を乗じて計算した金額となります。

　この場合、新株主が供与された権利自体は、元々新株主の親族等である既存株主により付与決定されたものであることから、全て（5）で評価することとなります。つまり、一時所得とされた部分のみを取り出して、所得税法施行令84条5号で評価することはありません（森田哲也『令和2年11月改訂版　相続税法基本通達逐条解説』（大蔵財務協会）170頁）。

6.　計算例

　単純化のため1株のみ発行している法人を例に取ります。株式価値は2,000とします。その法人が1株増資をし、その発行価額を1,000とします。AとBは親族です。

　旧株主　A…1株　株式価値2,000
　新株主　B…1株　発行価額1,000
　株主における持分の価値
　発行前　A　…　1株　2,000
　発行後　A　…　1株　1,500
　　　　　B　…　1株　1,500

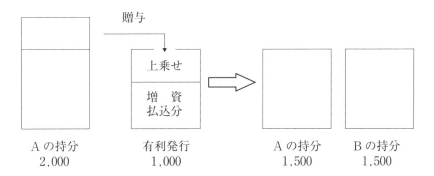

| Aの持分 | 有利発行 | Aの持分 | Bの持分 |
| 2,000 | 1,000 | 1,500 | 1,500 |

（1）　持株比率による割り当てられるべき株式数
　A：　1　　B：　0

(2)　実際に付与された株式数との差額

　A：－1　　B：＋1

(3)　親族である株主から贈与された株式数

　B：　a×c÷b＝1×1÷1＝1

(4)　所得税の対象となる株式数

　B：　a×d÷b＝1×0÷1＝0

(5)　1株当たりの新株引受権の価額

　B：新株の発行後の1株当たりの価額（A）

　＝（（B）×（C）＋（D）×（E））÷（（C）＋（E））

　＝（2,000×1＋1,000×1）÷（1＋1）＝1,500

　1株当たりの新株引受権の価額　＝　（A）－（D）＝1,500－1,000＝500

(6)　各人の贈与を受けたとみなされる金額

　B：(3)　×　(5)＝1×500＝500

③　債務超過状態にある会社への出資

Q

　当社は債務超過状態にあり、財務体質強化のため、増資をすることにしました。当社の株式は取締役3名で持っていますが、今回は代表取締役である私1人で出資する予定です。課税関係はどのようになりますか。

> **A**
> 　出資をしない株主の保有する株式の価値が増加することになり、同族会社の場合、株主間贈与の問題が生じますが、債務超過会社については、相続税法基本通達9-3により特に取扱いが明確化されています。

解説

1. 増資により株式又は出資の価値が増加した場合

　増資を行う際に、1株当たりの時価よりも高い価額で発行価額を定めた場合、時価と払込金額との差額はどのように取り扱われるかという疑問があります。

　発行法人にとっては、増資払込は資本等取引に該当することから、会社法上適法な増資払込がなされたならば、それが高額発行となっていたとしても、資本等取引と損益取引に分解し収益認識することは考えにくいことになります（法法22②⑤）。したがって、高額出資をした株主から発行法人に対する寄附を認定することはありません。また、高額払込をした株主のその株式の取得価額についても、原則通り払込金額に取得費用を加算した金額となります（所令109①一）。

2. 株主間贈与があったとされる場合

　高額発行が他の株主に利益を受けさせる目的でなされた場合、株主間贈与が認定されることも考えられます。相続税法基本通達9-2では、「同族会社の株式又は出資の価額が、例えば、次に掲げる場合に該当して増加したときにおいては、その株主又は社員が当該株式又は出資の価額のうち増加した部分に相当する金額を、それぞれ次に掲げる者から贈与によって取得したものとして取り扱うものとする。」とし、株主間贈与がある例として、①会社に対

する無償の財産提供、②時価より著しく低い価額での現物出資、③無償による債務免除、引受け又は弁済、④著しく低い価額での財産譲渡を示しています。

　特定の株主に対する高額発行は、実質的に②と同様なケースですので、高額出資者からそれ以外の株主に対し贈与が認定されることとなります。なお、同通達において、同族会社に限定しているのは、株式の発行価額と割り当てる相手を任意に決定することが容易なことによります（前問参照）。

●高額払込みの例

　旧株主　Ａ…１株　株式価値1,000

　新株主　Ｂ…１株　発行価額2,000

　株主における持分の価値

　払込前　Ａ　…　１株　1,000

　払込後　Ａ　…　１株　1,500

　　　　　Ｂ　…　１株　1,500

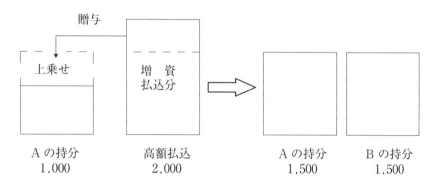

Ａの持分	高額払込	Ａの持分	Ｂの持分
1,000	2,000	1,500	1,500

3. 発行会社が債務超過会社である場合

　同族会社については、株式の発行価額と割り当てる相手を任意に決定することが容易であるとしても、増資後においても債務超過が解消せず、株式等

の価額がプラス評価とならないような場合については、株主間贈与があった
とはいえないこととなります。

　相続税法基本通達9-3では、「同族会社の取締役、業務を執行する社員そ
の他の者が、その会社が資力を喪失した場合において、9-2の（1）から
（4）までに掲げる行為をしたときには、それらの行為によりその会社が受け
た利益に相当する金額のうち、その会社の債務超過額に相当する部分の金額
については、9-2にかかわらず、贈与によって取得したものとして取り扱
わないものとする。」としています。相続税法9条は「当該利益を受けさせ
た」という明確な意思又は積極的行為を前提としていると考えられます。つ
まり、他の者に利益を受けさせるという積極的な立場で高額引受を行うこと
ができる者が、高額引受を行ったとしても、それは会社としての合理的な理
由により行われたものであり、また、具体的な利益の金額も算定できないこ
とから、贈与の認定は行わないということということです。

　ただし、同通達のなお書きでは、「会社が資力を喪失した場合とは、法令
に基づく会社更生、再生計画認可の決定、会社の整理等の法定手続による整
理のほか、株主総会の決議、債権者集会の協議等により再建整備のために負
債整理に入ったような場合をいうのであって、単に一時的に債務超過となっ
ている場合は、これに該当しないのであるから留意する。」としていますが、
これは、一時的に債務超過となったタイミングを見計らって、高額発行を
行った場合は、会社としての合理的な理由もなく、他の者に利益を受けさせ
るという積極的な立場であることも否定できないことから、除外しているも
のと考えられます。

　なお、実質債務超過会社が、資産超過になるような増資を行う場合、予め、
無価値状態の株式を1名の株主に集約しておくのが実務の定石です。株主が
1名しかいなければ、株主間のみなし贈与は生じる余地がありません。

④　ストック・オプションの付与

　　当社は従業員にインセンティブを与えるためストック・オプション
制度を導入しています。また、顧問税理士や協力会社の役員に対して
もストック・オプションを付与しています。当社は同族会社であるこ
とから、権利行使時に株主間贈与が起こることは考えられるでしょう
か。

A

　　従業員等に付与したストック・オプションについては、権利行使に
よって株主間贈与の問題は生じません。

解説

1.　株式等を取得する権利を付与された場合

　個人が新株予約権等を付与された場合の経済的利益の額は、権利行使時の
株式の時価から、新株予約権等の取得価額に権利行使価額を加算した金額を
控除した金額です（所令84③）。この金額については、権利付与時には課税
は発生せず、権利行使時に給与所得等として課税されるのが原則です（所法
36①、所令84、所基通23～35共－6）。

　税制適格ストック・オプション（措法29の2）に該当するものは、権利
行使時において課税が発生せず、取得した株式を譲渡する時まで、課税が繰
り延べられます。従業員等やコンサルタントがその業務に関して付与された
ストック・オプションは、あくまでも、本人への労務あるいは役務提供に対
する対価として支給されるものです。本人への給与所得課税等で課税関係は
完結し、そこから株主間贈与を認識して追加的な課税関係が生じるという考

え方は原則として採られていません。

●新株予約権の発行法人及び付与者についての税務上の取扱い

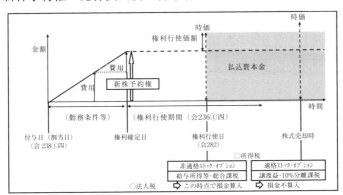

財務省資料「平成18年度改正関係参考資料（法人税関係)」37頁　一部筆者により変更

2. 新株予約権等を付与されたことにより受ける利益の本質

　所得税法施行令第84条3項に規定する新株予約権は、次のような性格を持つものとされています（樫田明他『令和3年度所得税基本通達逐条解説』290頁）。

(1)　令84条3項1号又は2号に規定する各権利を付与するのは、一般的には、被付与者から何らかの見返りを得ること等を目的とするものであると考えられることから、次のとおり、その発行法人の付与目的、被付与者との関係等に応じて所得区分を判定することとなります。

①　発行法人と被付与者との間に雇用契約又はこれに類する関係があり、それに基因して付与されたと認められる場合（例えば、親会社が一定の関係にある子会社の取締役等に付与する場合など）には、従来の新株引受権等と同様に、給与所得（又は雑所得）に該当するものとします。

② 発行法人と被付与者との間に取引関係等があり、有利な取引条件の確保や円滑な取引関係の維持等のために付与したと認められる場合（例えば、融資先や仕入先、経営コンサルタント、顧問弁護士等であることに関連して付与された場合や取引会社の取締役等であることに基因して付与された場合など）には、事業所得又は雑所得に該当するものとします。

また、措置法29条の2《特定の取締役等が受ける新株予約権の行使による株式の取得に係る経済的利益の非課税等》に規定する「特定従事者」に該当する者については、その権利を行使した時点においては所得税を課さないこととされているものの、所定の要件を満たさない場合には、この適用がなく、行使した時点で所得税の課税対象となります。この場合の所得区分については、一般的に特定従事者は新株予約権を付与する株式会社と雇用関係等がなく独立した者であることから、「権利を与えられた者の営む業務に関連して当該権利が与えられたと認められるとき」として、事業所得又は雑所得となります。

③ 上記①及び②以外の場合（被付与者の相続人が権利行使する場合を含む。）には、権利行使時に課税される経済的利益は、実質的に長期間の株式の値上がり益に相当するものであり、一般的には、新株予約権の付与は何らかの見返りを期待して行われるものであるとともに、被付与者においては株価の変動状況等をみて権利行使をするか否かの決定を行うものであることから、臨時・偶発的な所得とは認められず、原則として雑所得に該当するものとします。

(2) 発行法人から取締役、監査役等の役員又は使用人が株式と引換えに払い込むべき額が有利な金額である株式を取得する権利を与えられた場合（第三者割当等を受けた場合）には、その役員又は使用人は発行法人

である使用者から当該役員又は使用人たる地位に基づいて当該権利を与えられたものであることから、当該権利に係る経済的利益は給与所得とし、また、退職に起因してその権利を与えられた場合には退職所得とします。

このように、従業員等が新株予約権等を付与されたことによる利益は、役務提供の対価として生じたものであり、このような新株予約権等の付与については、株主間贈与を認定する余地はありません。

3. 新株予約権の権利行使価額が付与時の時価を下回る場合

新株引受権の権利行使価額が付与時の時価を下回る場合、この権利を付与されたことによる利益の本質は、もはや株価変動による値上がり益とはいえません。単に有利発行により第三者割当増資を受けた場合と同じであるとも考えられます。したがって、役員又は使用人が発行法人である使用者からその役員又は使用人たる地位に基づいてその権利を与えられたものであるならば、その権利に係る経済的利益は給与所得となり、退職に基因してその権利を与えられた場合には退職所得となります。

同族会社等において、このように付与時の時価を下回る権利行使価額でその新株に係る引受権の全部又は一部がその同族会社の株主の親族等に与えられ、その新株引受権に基づき新株を取得したときなどのような場合は、同様に、贈与により取得したといえるような状況にあるとも考えられます。

3. 信託型ストックオプション

2023年5月29日、スタートアップ企業や上場会社に激震が走りました。国税庁が、従来権利行使で取得した株式の売却に対して20％の税金がかかるだけと認識していた信託型ストックオプションを、権利行使時に給与として課

税するとの見解を示したからです。日本経済新聞社（＊１）によれば、信託型ストックオプションは、上場会社を含め約800社が導入しており、企業や取得者に大きな影響を与える可能性があります。

　信託型ストックオプションの概要と、国税庁が示した課税関係は、次のとおりです（＊２）。

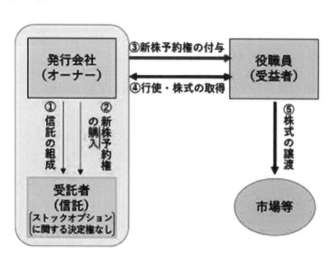

信託型ストックオプションの概要	課税関係
①　発行会社又は発行会社の代表取締役等が、信託会社に金銭を信託して、信託（法人課税信託）を組成する（信託の組成時に、受益者及びみなし受益者は存在しない。）。	組成時に受益者が存在しないことから、法人課税。
②　信託会社は、発行会社の譲渡制限付きストックオプションを適正な時価で購入する。	経済的利益が発生しないことから、課税関係なし。

③　発行会社は、信託期間において会社に貢献した役職員を信託の受益者に指定し、信託財産として管理されているストックオプションを当該役職員に付与する。	課税関係なし（所法67の3②）。役職員は、信託が購入の際に負担した額を取得原価として引き継ぐ（所法67の3①）。
④　役職員は、ストックオプションを行使して発行会社の株式を取得する。	経済的利益は、給与所得（所法28、36②、所令84③）。経済的利益の額＝行使時の株価－引き継いだ取得価額＋権利行使価額発行会社に、源泉徴収義務あり。
⑤　役職員は、ストックオプションを行使して取得した株式を売却する。	株式譲渡益課税株式譲渡益＝譲渡時の株価－行使時の株価

　国税庁は、「ストックオプションに対する課税（Q&A）」で、税制非適格ストックオプション（信託型）を、次のように説明しています。

　「信託が役職員にストックオプションを付与していること、信託が有償でストックオプションを取得していることなどの理由から、上記の経済的利益は労務の対価に当たらず、『給与として課税されない』との見解がありますが、実質的には、会社が役職員にストックオプションを付与していること、役職員に金銭等の負担がないことなどの理由から、上記の経済的利益は労務の対価に当たり、『給与として課税される』こととなります。」

　これに対し、信託型ストックオプションを導入していた企業は、さまざまな対応、追加負担に追われることとなりました。

会社名	各社の対応
ラクスル	信託を放棄。
PKSHA Technology	発行会社が源泉所得税を納付。役職員に対する求償権の一部を放棄。関連損失14億円を計上。
Sansan	役職員の追加的な負担増の一部を発行会社が金銭にて補填、権利未行使の信託 SO には代替的な給与の支給。関連損失499百万円を計上

　日本経済経済新聞（＊3）によると、信託型と呼ばれるストックオプション（株式購入権）の税務処理を巡り、上場新興企業13社が源泉所得税の返還を求める訴訟を検討していると報じています。

　今後の動向が気になるところです。

＊1　日本経済新聞（nikkei.com）2023年5月29日　17：19（2023年5月29日　19：32更新）「新型株式報酬は『給与』　国税庁が説明、税率最大55％に」https://www.nikkei.com/article/DGXZQOUC 295H 10Z 20C 23A 5000000/

＊2　国税庁「ストックオプションに対する課税（Q & A)」（令和5年5月30日）

＊3　日本経済新聞（nikkei.com）2023年8月27日　19：00「新興13社、信託型ストックオプションで税返還訴訟を検討」https://www.nikkei.com/article/DGXZQOUC1015L0Q3A810C2000000/

(2) 種類株式の利用

① 剰余金の配当について異なる基準を定める場合

Q

　私は株式会社を設立して事業を興そうと思っておりましたが、自己資金だけでは運転資金が不足します。そこで、知人に出資を募り、2人で株式会社を設立することとしました。なお、知人に発行する株式については、私に発行する株式の4倍の配当がされるよう設計し定款で定めています。1期目の決算において利益が生じたため、設計通りに配当することになりましたが、この場合の課税関係はどのようになるのでしょうか。

A

　会社法の規定により、同順位の配当優先権を持つ株式であっても、異なる基準による配当を行うことを定めることができますが、出資割合と配当割合が異なることとなる場合、実際に配当がされたときに、株主間贈与が生じたとして課税されるリスクがあります。

解説

1. 配当について異なる基準を設けた株式と相続税評価

　会社法により、配当優先株式や配当劣後株式だけでなく、特定の事業部門や子会社の業績に配当が連動する株式や剰余金の配当について、異なる定めをした内容の異なる2以上の種類株式を発行することができるようになっています（会法108①一）。

　国税庁資産評価企画官情報として、配当優先の無議決権株式、社債類似株式の評価、拒否権付株式については、相続税における評価方法が示されてい

ます（平19.3.9付情報）。

　これによると、配当について優先・劣後のある株式を発行している会社の株式を、①類似業種比準方式により評価する場合には、株式の種類ごとにその株式に係る配当金（資本金等の額の減少によるものを除きます）によって評価し、②純資産価額方式により評価する場合には、配当優先の有無にかかわらず、従来どおり財産評価基本通達185（純資産価額）の定めにより評価するとしています。配当について異なる定めがある株式についても、この情報に従って評価することが適当だと思われます。

　（注）　種類株式の評価については、以後国税庁から指針等は出されていません。しかし、国税不服審判所において、取得条項付株式の評価を巡る課税処分が取り消される裁決がありました（令4.1.20・東裁（法）・令3-51、F0-2-1047）。これは、発行法人の定款に定められた算定式に基づき算出された価格を取得価額とする譲渡が、原処分庁により低額譲渡と認定された事例に係るものですが、審判所は、国が主張する純資産価額を基礎とする算定方法には合理性がないとしながらも、取得条項に定めた算定式による価額（会法171①－イ）が「常に当然に」時価であるともいいえないとし、参考となる考え方として、日本公認会計士協会が公表した「種類株式の評価事例」（経営研究調査会研究報告第53号・平成25年11月6日）と題する報告書を取り上げています。

2.　持分割合に従わない配当基準を定めた場合

　会社法では、公開会社でない株式会社については、配当請求権などについて、株主ごとに異なる取扱いをすることができます（会法109②）。そこで、特定の株式について、持分割合に従わない配当基準を定め、実際にその割合に応じた配当を行った場合、どのような課税関係となるか疑問が生じます。

　株主Ａと株主Ｂがそれぞれ100の出資をしたにもかかわらず、Ａが受け取る配当は50、Ｂが受け取る配当が200であったとすると、Ａの収支は△50、Ｂの収支は100となり、Ａ、Ｂの収支差額は150となります。

　しかし、株主間で平等に配当を行った場合であってもＢは125の配当を受けることから、少なくともＢの受ける配当のうち125（（50＋200）÷200×100＝125）までの部分については贈与税の対象とされることはありません（所法9①十六）（八ッ尾順一著『租税回避の事例研究』（清文社）五訂版53頁参照）。

	出資額	配当額	差引収支	所得税の対象	贈与となる部分
株主Ａ	100	50	△50	50	－
株主Ｂ	100	200	100	125	200－125＝75

3. 配当についての異なる定めとみなし贈与

　相続税法9条のみなし贈与の規定では、「対価を支払わないで、又は著しく低い価額の対価で利益を受けた場合においては、当該利益を受けた時において、当該利益を受けた者が、当該利益を受けた時における当該利益の価額に相当する金額（対価の支払があつた場合には、その価額を控除した金額）を当該利益を受けさせた者から贈与（当該行為が遺言によりなされた場合には、遺贈）により取得したものとみなす。」とあり、課税には、経済的利益の移転における移転元の者について、利益を受けさせるための積極的な行為の認定を必要とします。したがって、会社法上認められている種類株式について、それに従って配当を行ったからといって、直ちに株主間贈与となるとは考えにくいこととなります。少なくとも、これは会社が行った行為であり、株主個人が行った行為ではないからです。従業員持株会に対して配当優先株を発行していた場合に、そちらにだけ配当したから持株会構成員にみなし贈

与が生じるというのは理に適いません。

　しかし、特定の株主により会社の意思が自由に決定できる同族会社等において、特定の株主に利益を与えるため、一時的な定款変更を行うなどをして、種類株式制度を利用したことが明らかであれば、相続税法9条の適用により、個人間の贈与を認定されるリスクがあると考えられます。

4. 属人株により異なる配当基準を定めた場合

　会社法109条2項では、公開会社でない株式会社について、株主ごとに異なる取扱いを行う旨を定款で定めることができるとしています。異なる扱いが認められる事項は、①剰余金の配当を受ける権利、②残余財産の分配を受ける権利、③株主総会における議決権ですので、種類株式と同様に、配当についての異なる定めを置くことができます。これを属人株あるいは黄金株と呼びます。種類株式と属人株との一番大きな違いは、前者は登記を必要としますが、後者は定款の定めでいくらでも変更が可能ということです。したがって、同族会社等では、属人株を利用すれば、種類株式によるよりも、特定の株主に利益を与えることが容易に行うことができます。つまり、みなし贈与の認定リスクが更に大きいということもできます。

②　社債類似株式を発行する場合

　　当社は今年で創業50年を迎えることとなり、創業者社長は経営から
退くことにしました。当社の株式の半数は創業者社長が有しています
が、これを機に、その全てを毎期決まった配当の保証される無議決権
株式に切り替えることにしました。この場合の課税関係はどのように
なるのでしょうか。

A

　　社債類似株式の要件に該当した場合、その種類株式は社債として評
価されることとなります。これにより、その種類株式の評価が変わる
だけでなく、それ以外の種類株式の価値が変動し、評価に影響を与え
ることとなります。

解説

1.　社債類似株式の定義とその評価

　前問で取り上げた「種類株式の評価について」（平19.3.9国税庁資産評価
企画官情報）では、社債類似株式について、「その経済的実質が社債に類似
していると認められることから、評価通達197-2（利付公社債の評価）の
(3)に準じて発行価額により評価するが、株式であることから既経過利息に
相当する配当金の加算は行わない。」としています。この社債類似株式は次
のように定義しています。

【条件】

　①配当金については優先して分配する。

　また、ある事業年度の配当金が優先配当金に達しないときは、その不足額

は翌事業年度以降に累積することとするが、優先配当金を超えて配当しない。

②残余財産の分配については、発行価額を超えて分配は行わない。

③一定期日において、発行会社は本件株式の全部を発行価額で償還する。

④議決権を有しない。

⑤他の株式を対価とする取得請求権を有しない。

　この要件の中では、③がポイントです。社債のように償還を観念できることが前提となっているからです。社債類似株式に係る配当は、次に述べるように、他の株式の評価における利益金額の計算において、費用として控除することができます。

2.　社債類似株式を発行している会社の社債類似株式以外の株式の評価

　社債類似株式を発行している会社の社債類似株式以外の株式は、社債類似株式を社債であるものとして、次の（1）及び（2）により評価することとなります。

（1）　類似業種比準方式

　①1株当たりの資本金等の額等の計算

　社債類似株式に係る資本金等の額及び株式数はないものとして計算

　②1株（50円）当たりの年配当金額（B）

　社債類似株式に係る配当金はないものとして計算

　③1株（50円）当たりの年利益金額（C）

　社債類似株式に係る配当金を費用として利益金額から控除して計算

　④1株（50円）当たりの純資産価額（D）

　社債類似株式の発行価額は負債として簿価純資産価額から控除して計算

（2）　純資産価額方式

　①社債類似株式の発行価額の総額を負債（相続税評価額及び帳簿価額）に

計上

　②社債類似株式の株式数は発行済株式数から除外

　このような方法で評価した場合、社債類似株式以外の種類株式の評価額は、社債類似株式分の内部留保分が上乗せとなります。

3.　社債類似株式の発行とみなし贈与

　社債類似株式への転換により、社債類似株式となった株式について生じていた内部留保の額は、社債類似株式以外の株式に移転したことについて、そのことだけで株主間贈与を認定することは困難だと考えられます。個人間のみなし贈与については、贈与者とされるものの利益を受けさせるという積極的な行為を必要とすることから、機械的に贈与の認定が行われるわけではありません。

　そうであっても、特定の株主により会社の意思が自由に決定できる同族会社等において、特定の株主に内部留保の金額を移転するために、社債類似株式に転換したような場合であれば、相続税法9条の適用による個人間の贈与の認定リスクがあることは否定できません。

❸ 資本等取引

(1) 自己株式の取得等

① 経営権集中の為の自己株式の取得等

Q

　　事業承継のため、株式を集中する意味で、後継者以外の株主から買取りを行おうと思います。全て自己株式として会社が買い取る場合には、どのような課税関係になるのでしょうか。また、どのような買取価格にすれば問題が生じないのでしょうか。

A

　　売主側株主からは法人への資産譲渡となりますので、低額譲渡とならないか課税関係の検討が必要です。買主側法人では、自己株式取得は資産取得でないため、受贈益は生じないと解されていますが、他の株主に対するみなし贈与課税が生じ得ます。

解説

1. 自己株式取得の法制

　会社法では、株式会社における自己株式取得は、手続を遵守すれば、自由にいつでも行え、かつ、保有期間に制限が設けられていません（会法155～178）。したがって、適当な譲受人がいない場合には、会社自身が取得することが考えられます。

　この場合、自己株式取得が会社財産の払い戻しの性格を持つことから、分配可能額による制限を受けることになります（会法461）。ただし、立案担当者解説では、分配可能額が不足であるにもかかわらず行った違法配当であっ

ても、会社法上、有効であるとしています。そして、有効とした上で、会社への債権者からの責任追及を行えることとしたもので、その方が実効性があるとします（「新会社法の解説⑩　株式会社の計算等」相澤哲＝岩崎友彦（商事法務1746号））。

その是非はともかく、債権者が違法状態を訴えることがほとんどない中小企業の実務では、分配可能額が存在せずとも、違法配当として問題視されない以上、自己株式の取得がそのまま有効と扱われることになります。

2. 自己株式取得の税制（発行法人・株主間の基本的な課税関係）

自己株式の取得によって、発行法人である会社と株主に生じる課税関係を考えてみます。なお、価格の問題については次の3. で扱います。

(1) 発行法人による取得の課税関係

自己株式は、発行法人にとって資産ではなく純資産の払戻しであると整理されたため、取得時には、拠出資本相当額と課税済利益相当額とに二分して課税関係を考えます。

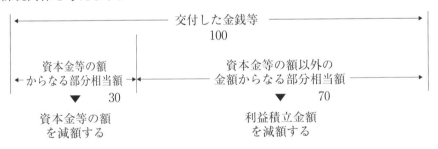

拠出資本相当額つまり資本金等の額に対応する部分については、資本の払い戻しとして、取得する株式数に応じた資本金等の額を減額します（法令8①二十）。そして、対価の額から資本金等の額を差し引いた額を、利益の払い戻しとして、利益積立金額を減額します（法令9①十四）。この場合、株

主側ではみなし配当課税の対象となることから、源泉所得税の徴収を失念しないよう、注意が必要です（所法24・所法25①四・所法181）。

【発行法人】 金銭などを対価として交付した自己株式取得

資本金等の額　30　／　現預金　100
利益積立金額　70　／

- -

現金　　　　　14　／　預り金　14（源泉所得税）

　なお、自己株式取得と同時に適格現物分配を行うことも可能です。この場合には、現物資産の移転が譲渡直前の簿価による譲渡となり（法法62の5③）、みなし配当計算を簿価に置き換えた適格現物分配収益が生じますが、金銭等の分配と異なり、源泉徴収義務は課されません（所法24①括弧書）。

【発行法人】 適格現物分配による自己株式取得

資本金等の額　30　／　現物資産　80（簿価）
利益積立金額　50
（源泉徴収なし）

(2)　株主の課税関係

　発行法人への株式の譲渡を行った株主側では、あくまでも発行法人株式という資産の譲渡です。

　しかし、発行法人側からは上述のように、純資産の払戻しですので、清算による残余財産の払戻しと同様の行為として、みなし配当課税の対象とされます（法法24①四・法令23①五）。

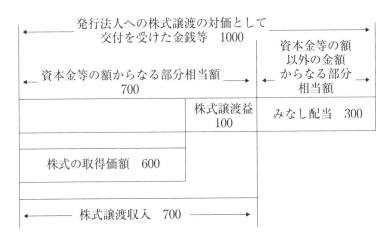

　具体的には、発行法人で利益積立金額の減額とされる部分につき、みなし配当課税が行われ、源泉所得税が課されます。自己株式の対価額から、この利益積立金額減額相当額を差し引いた額が、株式譲渡収入とみなされ、株式簿価との差額が株式譲渡損益課税の対象となります（法法24①四・法令23①五・法法61の2①・措法37の10③四・所法25①四・所令61②五）。ここで、個人株主の場合、配当所得は総合課税とされますが、法人株主の場合、受取配当等の益金不算入制度の対象となります（法法23①一・法法24①四）。

【譲渡側法人株主】金銭などを対価として交付した自己株式取得

株式譲渡損益＝株式譲渡収入－株式譲渡原価

　法人による完全支配関係における自己株式取得については、この株式譲渡損益相当額が資本金等の額となることとされています（法法61の2⑰・法令8①二十一）。

　完全支配関係における株式譲渡損益相当額の仕訳が追加されます。

資本金等の額　　　100　／　株式譲渡損益　　　100　（＝700－600）

　この結果、完全支配関係がある場合には、常に簿価譲渡となり、譲渡損益が計上されないこととなります。

　また、100％関係がない場合でも、当初から予定された自己株式取得によるみなし配当については、益金算入とされるとの対応も同時に追加されています（法法23③）。

　なお、自己株式取得を適格現物分配と組み合わせた場合の適格現物分配の収益については、益金の額に算入されません（法法62の5④）。詳細は、適格現物分配の項をご確認下さい。

【譲渡側法人】適格現物分配による子会社への子会社株式譲渡

現物資産　　　　80　／　　　　　　　　　　　（現物分配法人の簿価）
　　　　　　　　　　／　資本金等の額　　　30
　　　　　　　　　　／　適格現物分配　　　50　（益金不算入・利益積立金額）
　　　　　　　　　　　　収益
資本金等の額　　40　／　子会社株式　　　40　（子会社株式を
　　　　　　　　　　　　　　　　　　　　　　　　資本金等の額に振替）

3.　自己株式取得の買取価格と発行法人・株主間の課税関係

　実務的に問題になるのは、自己株式取得における買取価格です。

　株主が個人である場合と、法人である場合で大きく2つに分かれます。

(1)　個人株主が売主である場合

　自己株式取得において、売主側の個人株主からは常に買手側法人への譲渡

となりますので、譲渡対価を時価の50％未満とすれば、売主側個人には、みなし譲渡所得課税が生じます（所法59①二）。50％以上のときに追加的な課税関係が生じないかは、次の4．で検討します。

　法人側では、自己株式取得が純資産の払い戻しとなりますので、株数按分計算で、譲渡対価額に対応する資本金等の額と利益積立金額を減らします。さらに、自己株式が資産でないことから、時価と実際の対価額との差額についての受贈益課税もないと解されています。

　ただし、この点については、租税回避事案では受贈益課税が生じるとの考え方があり、次のような記述もかつて見られました。

　「自己株式の売買価額を時価より低額としたことが、何らかの利益移転を目的とした損益取引と資本等取引とを抱き合わせにした結果であると認められる場合には、売買価額を時価に引き直したところにより課税関係が整理されることもあるものと思われます。」（『平成19年版税務相談事例集』（大蔵財務協会）44「非上場株式を低額で発行法人に譲渡した場合の取扱い」）

　この設問は、理由は不明ですが、その後の改訂版では削除されています。しかし、何らかの利益移転を企図した行為であり、一種の仮装行為と見られれば、それに従った課税関係が生じるのは当然と言えます。したがって税務相談事例集で消えた点を過大評価すべきではないでしょう。

(2)　法人株主が売主である場合

　法人が売主である場合、法人は時価取引を行うものとされますから（法法22）、売主法人には時価での譲渡しかあり得ません。売主にとっては、発行法人への資産の譲渡ですから、時価との差額があれば、差額が寄附金とされます（法法37）。発行法人にとっては、売主が個人株主である場合と同様、実際の対価額による株主資本の払い戻しとされ、株数按分計算で、譲渡対価額に対応する資本金等の額と利益積立金額を減らします。

(3)　時価（妥当な取引価格）の考え方

①売主が個人で買主が法人である場合

所得税基本通達59-6(1)により、譲渡直前株式数で同族株主の判定がされますので、結果的に、売主側の立場での時価を用いることとされています（措通37の10・37の11共-22）。

例えば、売主が譲渡直前においてオーナー株主であるなど、発行法人の中心的同族株主である場合、財産評価基本通達178から189-7まで《取引相場のない株式の評価》の例によって算定した価額は、小会社としての純資産価額等による原則的評価方法に、所要の調整を加えたものになります。土地（借地権を含む）・上場有価証券については期末時価を用いるとともに、評価差額に対する法人税等相当額控除を認めません。

なお、売主個人が譲渡直前で少数株主第三者である場合には、例外的評価方法である配当還元価額を用いることが可能となります。

②売主が法人で買主が法人である場合

法人税基本通達9-1-14によって評価します。やはり、売主法人が、発行法人の中心的同族株主である場合、財産評価基本通達178から189-7まで《取引相場のない株式の評価》の例によって算定した価額は、小会社としての純資産価額等による原則的評価方法に、所要の調整を加えたものになります。

また、法基通9-1-14は売主の立場で評価するとはありませんが、法人税は、取引から生じる利益に着目して課される税であることから、取引に則した時価評価が求められることにより（法法22）、法人間取引における同族株主か否かの判定は、株式譲渡前の持株割合によると考えることが適当と思われます。

したがって、売主法人が譲渡直前で少数株主第三者である場合には、個人

株主同様、例外的評価方法である配当還元価額を用いることが可能と考えられます。

4.　他の株主に対するみなし贈与課税

(1)　自己株式の取引と相続税法9条の適用

　取引相場のない株式については、評価対象者の議決権割合により、その株式の時価が異なります。このことは、自己株式の取引において、取引当事者ではないいわゆる残存株主について、その有する株式のその者にとっての時価が変動することにより、相続税法9条に基づく課税が生じるかどうかの判断を難しくしています。

　例えば、少数株主が配当還元方式による時価で、保有する株式を発行会社に譲渡した場合を考えてみます。確かにそれにより、支配株主である残存株主の保有する株式の評価額は上昇することになります。また、残存株主のなかには、この自己株式の買取りにより、議決権割合が変動することにより少数株主から外れ、保有する株式の評価額が上昇することになる者もいるかもしれません。この上昇分（以下、「評価差額」といいます。）に相続税法9条、具体的には相続税法基本通達9-2(4)が適用されるかという問題があります。

　東京高裁平成27年4月22日判決（Z265-12654）は、形式的には同族株主に該当しない者が取得した株式の評価方法について、実質的に支配関係が認められることから、評価基本通達188-2《同族株主以外の株主が取得した株式の評価》によることは適当ではないとされた事例に関するものです。その判決のなかで、裁判所は、同通達の趣旨について、次のように述べています。

　相続税法基本通達9-2(4)は、同族会社に対し時価より著しく低い価額の対価で財産の譲渡をした場合、その譲渡をした者と当該会社ひいてはその株

主又は社員との間にそのような譲渡がされるのに対応した相応の特別の関係があることが一般であることを踏まえ、実質的にみて、当該会社の資産の価額が増加することを通じて、その譲渡をした者からその株主又は社員に対し、贈与があったのと同様の経済的利益を移転したものとみることができるから、株式又は出資の価額増加部分に相当する金額を贈与によって取得したものと取り扱う趣旨と解される。

　示された通達の趣旨には、2つの重要なポイントがあります。1つは関係者間に相応の特別の関係があること、もう1つは、残存株主について、「株式又は出資の価額増加部分に相当する金額を贈与によって取得したものと取り扱う」ということ。

　1つ目のポイントについては後述します。ここで、まず検討したいのは2つ目のポイントです。

　先に掲げた例における支配株主である残存株主の保有する株式の評価差額が、上記にいう、「その譲渡をした者からその株主又は社員に対し、贈与があったのと同様の経済的利益を移転した」ものにあたるかということについて疑問が生じます。経済的利益の移転といっても、残存株主は確かに評価差額が生じたことにより経済的利益を受けたのかも知れませんが、売主である少数株主は時価で取引をしたのであるから、経済的損失があったわけではありません。つまり、残存株主が受けた利益は反射的利益にすぎません。

　また、大阪高裁平成26年6月18日判決（Z264-12488）は、歯科医師会共済制度に基づき受領した死亡共済金が、一時所得となるか、相続税法9条のみなし贈与財産であるかが争われた事例に関するものですが、その判決では、相続税法9条の趣旨について、「同条にいう『対価を支払わないで、……利益を受けた場合』というためには、贈与と同様の経済的利益の移転があったこと、すなわち、一方当事者が経済的利益を失うことによって、他方当事者

が何らの対価を支払わないで、当該経済的利益を享受したことを要すると解するのが相当である。」としています。

　このことからも、株式を発行会社に譲渡した者が、それをその者にとっての適正と認められた価額で譲渡した場合については、経済的損失が生じないことから、残存株主の保有するその会社の株式について評価差額があったとしても、相続税法９条の適用はないとする考え方がみられるようになりました（例として、竹内陽一他著「六訂版詳説自社株評価Ｑ＆Ａ」清文社　Ｑ169-3、同趣旨「非上場株式の従業員持分を金庫株とした場合の残った株主の課税関係」https://www.zeiken.co.jp/zeikenpress/column/0019zp20231025/2023.12.15最終訪問 ZEIKENPRESS）

(2)　自己株式の取引における残存株主についての課税関係

　以上を踏まえ、自己株式取引に係る残存株主の評価差額についての課税関係は次のように整理されます（前掲竹内他本441頁参照）。

①　自己株式取引が低額（時価の50％未満）によりされた場合

　自己株式を譲渡した株主が失った利益（時価と取引価額との差額）の範囲内で、残存株主の評価差額について、みなし贈与の適用あり。

②　自己株式取引が通常の取引価額でされた場合

　残存株主の評価差額について、原則として、みなし贈与は適用しない。

③　課税上弊害がある場合

　前掲竹内他本では、「その自己株式取引が、譲渡者と残存株主（の一部又は全部）の間に評価会社の実質支配等の移転などの意図があり、その自己株式の取引によって、譲渡者が評価会社に対する実質支配を失い、残存株主が実質支配という利益を享受しているなどの状況がある場合は、残存株主の評価差額を含めた経済的利益について、みなし贈与又は事情により所得税の課税の可能性がある。」（441-442頁）としています。

　これが先ほど後述するとした１つ目の重要ポイントです。もともと、基本通達9-2(4)が同族会社に株式又は出資を対象としているのは、意図して株式を介して資産価値を移動することが可能であることからです。残存株主が、間接的に取引当事者とも考えられる場合には、やはり、利益の移転を認定されるということになります。

②　従業員による買収（ＥＢＯ）

Q

　　会社の業績はよいのですが、身内に後継者がいません。Ｍ＆Ａを検討していたのですが、従業員出身の専務が、自分に会社をやらせて欲しいと言ってきました。ただし、株式買取り資金がないので、どうしたらよいのか検討しています。

A

　　役員退職慰労金の支給及び剰余金の配当を行って株価を下げた上で、株式譲渡を行う方法があります。配当の代わりに自己株式取得を行うのも一策です。

解説

1.　Ｍ＆Ａ概説

　近年は上場企業が地域の優良企業を買収する例が増加しており、銀行・証券会社などの仲介業者の活動が活発化して、中小企業でもＭ＆Ａの事例を聞くことは稀ではなくなってきています。

　親族内に、適性を持った後継者候補が現れない場合、Ｍ＆Ａは有力な選択肢です。買い手からすれば、優良な事業を時間をかけずに手に入れる好機に

なりますし、売り手からすれば、キャッシュを手に入れる好機です。

　M＆Aに際しては、情報の非対称性があるため、買収契約締結後に、買い手による企業価値査定のための買収監査が行われます。これをデューデリジェンスと呼び、法務・税務・不動産・事業内容などについて専門家による買収対象企業の調査が秘密裏に行われます。この段階で、隠れた瑕疵がないかが非常に大きな問題になり、瑕疵の程度次第では契約が破棄されることにもなります。

　M＆Aには、仲介手数料や買い手に買収監査などの費用がかかり、売り手にとっても、価格面での影響を考慮すれば、それなりの負担になりますが、見知らぬ第三者間での売買契約であることを考えれば、やむを得ないところです。

　ここで、M＆Aの方法として、事業譲渡による方法と株式譲渡による方法の２通りがあります。出資持分の定めのない医療法人などでは、前者の方法によるほかありませんが、株式会社など通常の企業買収では、株式譲渡による方法が多いようです。株式譲渡の方法によれば約20％の分離課税となる譲渡所得課税で済むため、売り手にとって非常に大きなメリットがあります。買い手にとっても、包括的な権利義務の承継を受けられますから、許認可の再取得などを気にする必要がなく、買収後の事業経営への影響面でも意義があります。

　これに対して、デメリットとしては、買い手からすれば、隠れた瑕疵があったとしてもそれを含んだまま包括的な承継となること、つまり選択的な取得ができず、買収後も買収前からの様々なステークホルダーとの関係等をそのまま受け入れざるを得ない面があります。また、事業譲受であれば、買収後にのれんによる買収コストの費用化が可能ですが、株式譲渡ではそれができません。

　なお、中小企業における株式譲渡によるM＆Aでは、過去の株式移転の適法性が問われることがあります。買収後に問題になる可能性を懸念して、買取額がディスカウントされる要素になることもあり、名義書換を平素から適法に行っておくことが大事です。

2．EBOとは

　前述したように、通常のM＆Aでは、情報の非対称性が大きく、どうしてもそれを乗り越えるための手続きが増え、コストも増えがちなのですが、従業員による事業承継であれば、この点がかなり緩和されます。この点で注目されているのが、EBO（Employee Buyout）です。
（エンプロイー　バイアウト）

　EBOも株式譲渡による買収ですが、交渉相手を知るためのコストは格段に下がりますし、仲介手数料の問題は起きません。買収監査は行うにこしたことはないのですが、実務的にはお互いの合意で割り切っているケースも少なくないようです。即座に決済というのではなく、ある程度見守り期間を設けることも可能であり、現実的な解決策になりやすいと言えます。

　ただし、通常、従業員は株式買い取り資金を即金で出せることはありませんので、この資金捻出をどうするかが問題になります。金融機関が事業価値を認めて融資してくれれば簡単ですが、新経営者の人となりの問題や、M＆Aを経て目減りした内部留保をどう評価するかで言えば、過剰な期待はできません。

　そこで、株式価値を引き下げることが課題になります。役員退職慰労金の支給は当然に行うとしても、税務上の制約もあります。そこで、配当を行って内部留保を株式譲渡前に払い出してしまうというのが、実務的な定石です。必要があれば減資や減準備金の手続きを踏んで会社法の分配可能額の制約をクリアして、剰余金の配当を行います。会社法下では、分配可能額の範囲内であれば、年利益をはるかに上回る配当を実施することも可能です。この点

を、自己株式取得によって行うことも可能です。特定の株主を対象に行うという性格を考えると、むしろ自己株式取得でないと行えない場合が少なくないかもしれません。

ただし、会社がキャッシュをそれだけ保有しているかどうかは別問題なので、金融機関からの融資が十分に受けられない場合には、現物配当によって、事業に直接関係ない資産を分配することも検討の余地があります。

また、配当所得は総合課税であるため、最高税率での課税となる可能性もあります。

なお、従業員を後継者とする場合、上記の買取額の問題の他に、保証人の問題が生じることもあります。また、従業員との関係次第では、M＆Aの後も非常勤役員として会社に残って、既存取引先との関係円滑化に努めるという例もありますが、その後の争いの種になる場合もあり、慎重に検討を行うことが必要でしょう。

3.　ＥＢＯの税務

(1)　減資・減準備金の税務

剰余金の配当を行うためには、分配可能額を増やす必要があり、通常、会社法上は、減資・減準備金の手続を行います。この場合、資本金の額あるいは資本準備金が減じられることになり、その他資本剰余金を増加させることになります。

その際、法人税では資本と利益の峻別を基本原則としているため、法人税法上の資本金等の額そのものは、事前事後で変わらないことになります。

なお、資本金等の額については、地方税では、法人住民税均等割計算などで用いられていますが、法人税法の概念と地方税法の概念とが合致しない場合が生じている点、注意が必要です（地法23①四の五）。

(2)　剰余金配当の税務

　剰余金の配当については、会社法における分配可能額規制を充たす必要があります。その上で、注意すべきことは、配当原資の問題です。利益剰余金を原資とする場合には、利益積立金額の配当と扱われます。

　しかし、資本剰余金を原資とする場合には、みなし配当事由に該当し、資本部分と利益部分とに課税関係が分かれることになり、この計算は、いわゆる純資産プロラタ計算によることになります。

　株主側は、資本部分相当額は株式譲渡収入額とみなされ、残額部分が配当額とみなされることになります。

　なお、法人側は、みなし配当部分について、源泉所得税の徴収義務が生じることになります。

(3)　現物配当の税務

　現物配当については、完全支配関係のある法人間における現物配当を除き、時価譲渡と整理されることになります。この場合、源泉所得税の徴収義務を失念しがちですので、注意が必要です。実務的には、源泉所得税相当額の金銭も同時に配当するとの建て付けをとらざるを得ないことも多々あります。

　ところが、完全支配関係のある法人間における現物配当は、適格現物分配として組織再編成税制の対象となり、簿価譲渡と整理されています。配当法人から配当受領法人に現物資産が簿価で移転するとともに、同額の利益積立金が移転することになります。この場合には、源泉徴収義務が生じない（所法24①カッコ書きにより配当所得から除外）こととされています。

　なお、現物配当は、課税資産あるいは非課税資産の譲渡等に該当せず、消費税法における課税対象外取引となります（消基通5-2-8）。

（4）　役員退職金の税務

1）役員退職慰労金の損金算入時期

　役員退職慰労金の損金算入時期は、誤解が多いところです。従業員退職金と異なり、役員退職慰労金については、法人に全く支給義務がないため、役員に対して退職慰労金を支給するには、総会での支給決議を行って、金額を決めることが、必須となります。役員退職慰労金支給規程があれば取締役会決議の支給でよいなどの誤解が絶えません。また、支給額が決まらない限り、法的には債務性が生じません。

　ただし、法人税法では、総会決議が不如意な時期にしか行えない企業、あるいは死亡退職金の支給などに配慮して、総会決議がなくても、支給期に損金経理をしていれば、損金算入を認めることとしています（法基通9-2-28）。なお、受給側の退職所得を認識すべき時期は、基本的には法人の損金算入時期と一致します。

2）不相当に高額な金額の損金不算入

　役員退職慰労金は、不相当に高額とされるとその高額部分は損金にならないことから、金額決定の考え方が重要です。実務的には創業者であっても功績倍率3倍が限界と言われています。

　　　退職金額＝最終月額×勤務年数×功績倍率

3）代表の座を譲り平取締役等として残る場合

　分掌変更退職金を使う際には十分な注意が必要です。給与を減額すれば実質退職になるわけではありません。ポイントになるのは、経営にノータッチであることが実質的に確保されている必要があるということです。裁決例では承認の押印や従業員のヒアリングなどで事実確認されています。その意味で、退任後も非常勤の顧問等に留まり、報酬を貰うのは上記の意味でリスクが残ると考えられます。最近登場した公開裁決例（令2.12.15・大裁（法）令2-28・裁事121「請求人が請求人の元代表者に退職金として支払った金員は、当該元代表者に退職の事実があるから、損金の額に算入されるとした事例」TAINS F0-2-1010）においても、給与支給の停止が、課税処分取消しの決め手になった可能性があります。

　可能なら、いったんきれいに退職してしまうのがすっきりしています。

　仮に、顧問等で残る場合には、経営従事面での配慮をきちんと行わなければ、「議事録・登記をきちんとやったから、退職の事実がある」との主張が、逆に「悪質な仮装行為である」とされる危険性を孕むことになります。

　退職の事実を否認されると、

　①　役員退職慰労金の損金不算入（法人税）

　②　退職所得否認（所得税・給与所得課税）

　③　源泉徴収所得税徴収漏れ（源泉所得税）

というトリプルパンチ課税を生みます。

　役員退職慰労金は、否認による影響が大きいので慎重を期すべきでしょう。

4）退職金か配当か

　オーナーが株式を手放す前に、退職金あるいは配当として純資産を払い出しすることはよくあります。

　ある程度純資産価額を下げないと、そもそも従業員等が株式を取得できな

いという問題があるからです。

　この場合、単なる税務上の損得だけではなく、誰に利益移転を行うかという視点も判断の要素となります。

　株式保有状況次第ではありますが、配当であれば株主プロラタでの交付になりますし、退職金であれば、在職時の功績に応じ、特定の者への支給が可能になります。なお、現物財産を交付する場合、源泉徴収の問題に注意すべきです。

4．M&A の途中で生じた相続に総則6項が適用された事例

　M&A は、秘密保持契約締結後、意向表明、基本合意、株式譲渡の協議を経て、譲渡契約締結、譲渡日といったプロセスを得ることから、最短で2〜3カ月、長ければ半年〜1年の時間がかかります。このプロセスの中途で相続が発生し、総則6項が適用された事例があります（令和2年7月8日仙台国税不服審判所裁決）（＊1）。

　この事例では、基本合意後に相続が発生し、その後、M&A により株式が譲渡されたものです。納税者は、財産評価基本通達（評価通達）に定める類似業種比準価額で相続税の申告をしたところ、課税庁（原処分丁）は、外部鑑定業者の報告書に基づいた評価通達6項を適用した評価額（DCF 法、株価倍率法及び取引事例法等）で評価した価格に基づき更正処分を行ったというものです。財産評価基本通達（評価通達）に定める類似業種比準価額と評価通達6項を適用した評価額は、おおよそ10倍の開きがありました。

　納税者は、相続により取得した取引相場のない株式について、課税庁（原処分庁）が、評価通達6を適用した評価額による更正処分は、①算定報告額に合理性がない、②（相続開始前における）基本合意の事実は、A社ののれん等の無形資産の価値が顕在化したことを示すものではない、③相続株式通

達評価額と基本合意価格との間にかい離があることをもって、評価通達の定める評価方法によらないことが正当と是認される**特別な事情**があるとはいえないと主張しました。

　国税不服審判所は、次のように検討したうえで、税務署の更正処分を認め、請求審査を棄却しています。

　類似業種比準価額は、算定報告額並びに株式譲渡価格及び基本合意価格と著しくかい離しており、相続開始時における相続株式の客観的な交換価値を示しているものとみることはできない。

　評価通達の定める評価方法を形式的に全ての納税者に係る全ての財産の価額の評価において用いるという形式的な平等を貫くと、かえって租税負担の実質的な公平を著しく害することが明らかというべきであり、評価通達の定める評価方法以外の評価方法によって評価すべき特別な事情がある。

　株式譲渡価格及び基本合意価格をもって、主観的事情を捨象した客観的な取引価格ということはできないのに対し、算定報告は、適正に行われたものであり合理性があることから、相続株式の相続税法第22条に規定する時価は、算定報告額であると認められる。

　税負担軽減の意図や取引の異常性はなく、相続税申告に当たって、財産評価基本通達（評価通達）に定める類似業種比準価額によって評価したところ、算定報告額、株式譲渡価格、基本合意価格と著しくかい離したことを理由として更正処分が行なわれたと考えられます。

　細川健税理士は、「国税不服審判所が総則6項の適用基準として『本件相続株式通達評価額が時価と乖離している事実の存在のみならず、その事実を納税者が事実を十分に認識していること』を適用基準として選択することは十分に首肯できるものである」としています。本事案の最大の問題点は、営業権（のれん）が全く反映されていないこととしたうえで、「評価通達165と

166による評価方法は一種のセーフ・ハーバー・ルールであり、納税者が純資産価額方式を選択していれば更正処分を受ける可能性は極めて低かったと考えられる」と述べています（＊2）。

　請求審査棄却を受けて、裁判所へ訴訟が提起されたかは定かではありませんが、今後の成り行きが注目されます。

　＊1　TAINS F0-3-693

　＊2　細川健「営業権（のれん）の評価方法とその本質論との関係―国税不服審判所・令和2年7月8日裁決（のれん相続事件）を題材に―」（租税訴訟学会『租税訴訟第15号租税公平基準』277頁〜313頁）

（参考）　デロイトトーマツ「非上場株式の相続税評価に関する総則6項事案　〜M&Aの途中で生じた相続〜」（ファミリーコンサルティングニュースレター　2023年6月）

　　　　https://www2.deloitte.com/jp/ja/pages/tax/articles/fc/jp-fc-newsletter-june2023.html

③　相続により取得した株式の自己株式取得

Q　当社は設立以後50年超であり、株主の分散化が進み、経営に直接タッチしない親族の保有が半分近くなりました。先日、叔父から、株式を買い取って欲しいと言ってきました。株数がまとまっているので、個人で買い取ることも困難なので、会社で買い取る予定です。ただ、現状で買い取ると、株主に多額の配当課税が行われるので、相続まで待ったらどうかというのが顧問税理士の意見でした。どのような違いが生じるのでしょうか。

A
　相続発生後３年10ヶ月以内に非上場株式を発行法人に譲渡する場合、一定の手続きを踏めば、みなし配当課税がされません。相続税が課された場合には、株式譲渡所得計算において、対応する相続税額を譲渡費に加算できます。生前の買い取りであれば、これらの特例が使えず、株式譲渡所得課税と配当所得課税が行われますが、通常は配当課税の負担が大きくなります。

解説

1. 相続により取得した株式の金庫株取得制度

　相続は包括承継とされていますので、譲渡制限会社であっても、既存株主が死亡すると株式は相続人の準共有状態になります。この場合、新株主は必ずしも会社にとって好ましい人物とは限りません。そこで、会社法では、この相続によって取得された株式を発行会社で買い取る方法を用意しています。もちろん、分配可能額規制はありますが、会社経営に興味のない新株主には、株式換金化の好機でもあり、双方にメリットのある制度だと言えます。

2. 金庫株取得の課税関係

　自己株式取得における課税関係は、譲渡株主側で株式譲渡所得課税と配当所得課税が行われ、買い取りする発行法人側では資本金等と利益積立金という法人税における純資産の払い戻しが行われるのが原則です。このみなし配当は、支払い時に約20％の源泉徴収が行われるのみならず、総合課税であることから、役員等の場合、給与所得と合算され、高率の税額負担を招くことも少なくありません。

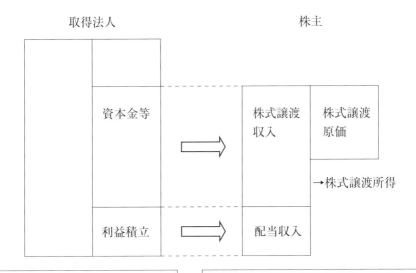

発行法人B／S

現預金　300	
	資本金等　　　　100
	利益積立金額　　200

発行済株式数　　10株
保有株式数　　　1株
保有株式簿価　　15
1株あたり対価　30
@資本金等　　　10

取得法人　　　　　　　　　　　　　株主

取得法人：
　　　　　　／　現金　　30
資本金等　　　10　／
利益積立金額　20　／
現金　　　　　4　／　預り金　4

株主：
現金　　　　　　30　／
　　　　　　　／　株式譲渡収入　10
株式譲渡原価　15　／　株式　　　15
　　　　　　　／　受取配当金　20
租税公課　　　4　／　現金　　　4

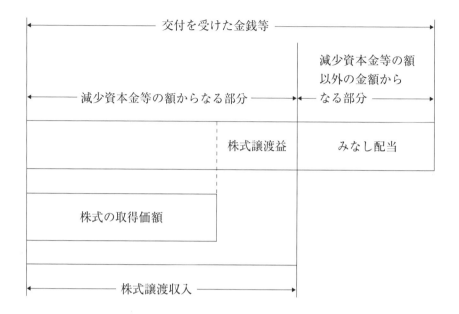

3. 相続によって取得した株式を相続人が譲渡する場合の特例

　　ここで、相続によって取得した株式を、相続人が発行法人に自己株式取得させる場合には、特例として全額を株式譲渡所得として扱える措置を設けています（措法9の7）。この特例の利用には、期限の問題と事前事後の手続きがあることに注意が必要です。

（1）　相続開始後3年10ヶ月以内の買い取りに限る

　　この特例が使えるのは、相続税の申告期限から3年以内の買い取りに限定されています。相続開始から言えば3年10ヶ月以内に限られています。

　　また、相続税の納税があり、その際に課税価格に算入された非上場会社株式であることが求められています。

(2)　事前の手続きと事後の手続きが必要

　本特例の利用には　譲渡前に会社に届出が必要です（措令5条の2第2項・5項）。また、翌年1月31日までに税務署への報告（同項3項）と会社への保存も必要です（同第4項）。

　　一　その適用を受けようとする者の氏名及び住所又は居所並びにその者の
　　　　被相続人の氏名及び死亡の時における住所又は居所並びに死亡年月日
　　二　法第9条の7第1項 の納付すべき相続税額又はその見積額
　　三　課税価格算入株式の数及び当該課税価格算入株式のうち当該非上場会
　　　　社に譲渡をしようとするものの数
　　四　その他参考となるべき事項

(3)　法人税における純資産処理では資本金等の額と利益積立金額を減らす

　この特例措置を使う場合、株主における配当課税がなくなることで、法人における純資産処理でも、資本金等の額だけを減らすのではないかと勘違いがあるかもしれません。しかし、実際には、通常の自己株式取得同様、利益積立金額をプロラタ計算で減額することになります。勘違いのないようにご注意頂きたいところです。

4. 取得費加算

　相続税のうち、対応部分を取得費加算させる規定です（措法39）。申告が必要であること、期限があることに要注意です。

(1)　相続開始後3年10ヶ月以内の買い取りに限る

　この特例が使えるのは、相続税の申告期限から3年以内の買い取りに限定されています。相続開始から言えば3年10ヶ月以内に限られています。

④　発行会社を介在させた自社株式の売買

Q
　　わが社の相談役が引退することとなり、保有する自社株式を社長が買い取ることとなりました。相談役は少数株主に該当するため、買取価額に悩んでいます。いっそ会社が相談役から買い取って、その後社長に売却することにしたらどのようになりますか。

A
　　自己株式の買取りは、会社にとっては資本等取引に該当しますが、譲渡する個人に取っては損益取引に該当することに変わりはありません。

解説

1.　少数株主から支配株主への自社株譲渡における問題点

　取引相場のない株式の評価では、その評価の対象となる者の立場により、評価方法が異なるという性質があります。設例のように、少数株主である相談役であれば、配当還元方式で評価しますが、支配株主である社長であれば、原則的評価方式で評価します。

　そのような状況下で、実際の取引価格をどのように設定するかは、なかなか難しい問題となります。取引の正しい時価というものが、税法で定められているものでなく、取引の各当事者にとっての時価が異なっていることもあります。そこで、その者にとって利益を受けることとなったときに、その者にとっての時価で課税するというのが、税法のスタンスということとなります。

　このようなことを踏まえて、一旦会社がその株式を買取り、必要なときに

会社がその株式を処分するという方法を取ることが少なくありません。会社にとっては、自己株式の買取りも処分も資本等取引に該当するので、会社にとっては資産の譲渡にならず、譲渡となる取引の相手方の時価だけが適正であればいいことになるためです。

　しかし、このことは、AとBとが株式を譲渡する際に、単に会社を間に入れればいいということではありません。

2.　同族関係者間で自社株式を発行会社を介在して売買した場合の課税関係

　令和4年2月14日に、同族関係者間で自社株式を発行会社を介在して売買した場合の課税関係が問われた事件について、2つの東京地裁判決がありました（平成30年(行ウ)359号、364号（TAINZ：Z888-2419・LEX/DB：25603643）、平成30年(行ウ)389、400、401（LEX/DB：25603644））。これらは別個に発生した事案についてのものであり、前者は現代表取締役である父から子への株式の移動、後者は経営に関与しなくなった一族から、経営に関与している一族への株式の移動となります。このうち、後者の事案について、紹介します。

　製造業を営むX社は、亡くなった取締役の妻であるP1、その長男P2、訴外長女及び二女から、自社の株式計7498株を1株3000円で取得し、その取得した全株式を、同じく1株3000円で前代表取締役の長男P3である現代表取締役に対し処分（譲渡）しました。つまり、P1、P2、訴外長女及び二女が経営に関与しなくなった一族であり、P3が経営に関与している一族となります。

　そして、P1及びP2が、所得税等の確定申告書を提出したところ、所轄税務署長Aは、(1)P1らがX社に自社株式を譲渡したことは、所得税法59条1項2号所定の「著しく低い価額の対価として政令で定める額による譲渡」に

該当するなどとして更正処分等をしました。さらに、(2)P3がX社から同社株式を1株3000円で取得したことについて、所轄税務署長Bは、廉価でされたものであり、それによって享受した経済的な利益は所得税法28条1項所定の「給与等」に該当するなどとして更正処分等をし、(3)X社に対してもP3に対する経済的利益の供与による給与所得に掛かる源泉所得税の納税告知処分等をしました。X社及びP1、P2はこれらを不服として訴訟に及びました。

P1らは、保有するX社の株式を同社に譲渡したことは、資本等取引に該当することから、X社に移転した利益がなく譲渡所得は発生しないこと、X社がP3に自社株式を譲渡したことは、自己株式の処分に該当し、資本等取引として整理されることから利益の移転は生じず、たとえ、処分価額と時価との差額に相当する経済的な利益があったとしても、P3の労働の対価であったとは考えがたいなどと主張しました。

判決では、P1らが資本等取引であると主張することに対し、譲渡所得とは譲渡人の下で生じている増加益に対して課税するものであり、譲渡人と譲受人との間で移転した利益を捉えて課税する趣旨のものではないため、所得税法59条1項2号所定の低額譲渡に該当すればみなし譲渡課税が生じるとし、P1らの譲渡時の自社株式の時価は1万6567円／株となるとしました。また、処分時にP3に供与された経済的利益は、所得金額の計算上収入金額に算入するとされ、自社株式の譲渡価額と時価との差額は経済的利益の供与に該当し、P3にとっての自社株式の時価は2万2633円／株であり、P3は代表取締役という地位に基づき自社株式を取得したものであるから、供与された経済的利益は給与に該当するとして、P1らの訴えを退けました。

事案は自己株式取得時に株式を譲渡した側にはみなし譲渡所得課税がされ、自己株式処分時に株式を取得した側には廉価取得として給与所得課税されたものとなります。

3. 低額買取りと配当課税

上述の事案に係る地裁判断では、経営に関与しなくなった一族から会社へ自社株を譲渡する際の時価を1万6567円／株とし、会社から経営に関与している一族への株式を譲渡する際の時価を2万2633円／株としています。そこで、それぞれその時価を取引価額とすべきであったかとなると、税負担の面からは最適とはいえません。

なぜならば、発行会社に自社株式を譲渡した場合、対価の額が資本金等の額を超えるときはみなし配当課税がされます。それは、総合課税されますから、敢えて低額取引としてみなし譲渡となるように譲渡価格を定めて申告すれば、配当所得が生じないことから、20.315％の分離課税で済むということになります。このことについて、税務雑誌上では「怪我の功名」なのかもしれないと品川先生が指摘しています（品川芳宣「最新判決研究・同族関係者間で非上場株式を発行会社を介して売買した場合の課税関係」T&Amaster No. 962 2023.1.16）。つまり、税額を考えるのならば、実際に試算して検討する必要があるということになります。

(2) 事業承継

① 事業承継税制

> **Q**
> 事業承継税制による自社株納税猶予制度特例の基本的な考え方を教えて下さい。

A

　中小企業の自社株と代表権を、後継者に相続または贈与で移転して、中小企業の事業承継を円滑化・促進するための制度です。一定の取組み及び禁止条項を条件に、後継者の相続開始時まで、自社株取得時の相続税あるいは贈与税の納税を猶予し、最終的には免除することを可能とする、時限立法です。

解説

1.　平成30年度税制改正で創設された事業承継税制特例

　事業承継税制は、平成21年度改正で創設以後、従来から存在していましたが、使い勝手の悪さと、取消し時のリスクの大きさから、利用が進みませんでした。途中で、何度かの税制改正による手当がされたものの、抜本的な改正には至らないままでした。

　ところが、近年の調査で、中小企業の事業承継がこのまま進まないままだと、経営者の高齢化による廃業が大部分になってしまうことが判明しました。そこで、早急に、経営者の世代交代、事業承継の促進を図ることが、いわば国是であるとの認識が共有されるに至りました。

　そこで、平成30年度税制改正により、期間限定の時限立法として、事業承継税制の特例制度が創設され、従来の使い勝手の悪さとされてきた点をほぼ解決してくれました。納税猶予期間中の、中長期における管理の手間やコストの問題は依然残るものの、これで利用に弾みが付くというのが、国側の期待であると言われています。

　事業承継税制の特例制度が創設されたことで、適用期限が令和9年12月31日までの期間限定とされている特例制度と、適用期限が設けられていない一般措置が併存しています。ただし、税制上のメリットの違いから、特例措置

を選択する場合がほとんどと考えられます。

2. 事業承継税制による納税猶予と免除

　納税猶予から、最終的に贈与税・相続税の免除に至るまでは長期間を要し、その間の管理と報告が必要になります。平成30年度税制改正で導入された特例制度では、基本、相続・贈与の前に、会社と経営者・後継者が取り組んで、特例承継計画を策定して、都道府県に提出して、確認を受けることが必要になります。

　その上で、実際に、相続・贈与が起きた時点で、制度利用のための要件を満たしているかどうかについての認定を都道府県より受けた上で、相続税ないし贈与税の申告を行い、同時に納税猶予制度の手続を受けることになります。

　これらの手続には、期限が設定されているため、確実に進めていけるように、予め、手続の流れや期限を、当事者や税理士が十分に理解していることが必要です。

　そして、納税猶予手続の後も、定期的な報告を都道府県、税務署に行うことが必要とされます。

　（参考）

　非上場株式等についての贈与税・相続税の納税猶予・免除（法人版事業承継税制）のあらまし（令和5年6月）

　https://www.nta.go.jp/publication/pamph/pdf/0023006-133_01.pdf

　法人版事業承継税制の適用を受けられている方に〜継続届出書の提出について〜（令和5年6月）

　https://www.nta.go.jp/publication/pamph/pdf/0023006-133_03.pdf

　事業承継税制（贈与税・相続税の納税猶予及び免除制度）について（最終

更新平成31年4月3日)

http://www.chusho.meti.go.jp/zaimu/shoukei/shoukei_enkatsu_zeusei.
htm

3.　第1種特例贈与と第2種特例贈与

　特例制度では、先代経営者以外から後継者への贈与も特例対象とすること
ができることとなりました。このため、先代経営者から後継者への贈与を第
1種特例贈与、第1種特例贈与後の先代経営者以外から後継者への贈与を第
2種特例贈与と区別しています。第2種特例贈与では、第1種特例贈与の要
件であった、

　　・筆頭株主であったこと

　　・同族内で過半数の株式を有していたこと

　　・同族内で最も多くの議決権を有していたこと

　　・計画に記載された代表者であること

との要件は不要となります。

　ただし、対象会社要件・後継者要件かつ、一定数以上の株式の贈与が必要
な点は、第1種特例贈与と同じです。

　そして、この第2種特例贈与についても、贈与者に相続が生じた際には、
相続により取得したものとみなされ、贈与者の相続税申告に、この後継者が
参加することになります。事業承継税制を利用すると贈与者の相続税申告に
おいて、2つの問題が生じます。

　【1】贈与者の親族が相続財産を後継者に開示する必要が生じる。

　【2】贈与者の相続人の相続税負担が結果的に増えることになる可能性が
高い。

　贈与者が、これらの点を踏まえた上で、この制度の利用を行うのかどうか、

十分な説明を事前に行っておく必要があります。また、贈与者の相続開始後に、相続人が初めて知れば、トラブルが生じる可能性が高いでしょう。予め、贈与者の推定相続人ともこれらの話ができそうかどうかなどを考えると、第三者からの贈与についての適用を認める第二種特例贈与ですが、同居家族以外でこの第2種特例贈与の利用ができるのは実務的にはレアケースとなりそうです。

4.　税理士としてまずやるべきこと

　本制度の利用については、単に税制優遇だから利用すべき、と単純に言えない面が多々あります。しかし、現実に多額の税額軽減が生じることから、対応を失念あるいは見送ることで、後日、関与先あるいはその遺族からのクレーム、場合によっては、多額の損害賠償請求も生じ得ます。税理士としては、本特例が時限立法であることを意識すべきです。

　まずは令和8年3月末までに特例承継計画を立案して確認を受け、実際に特例承継贈与を実行するかどうかについては、令和9年12月末の最終期限まで様子を見ることも一策です。必要な関与先への計画立案に取り組むことが必要でしょう。

　その上で、実際に認定を受けることができるか、認定取消しを受けずに運営していけそうか、先代経営者・後継者・会社と打ち合わせしつつ、確認を進めていくことになるでしょう。

　また、事業承継税制は猶予取消要件が、将来経営上の足かせになる可能性について、経営者に十分な説明を行っておく必要もあるでしょう。最近では、下記報道があり、本来行うべき対応を出来なかった理由が納税猶予取消懸念であったとして、世間からの批判を招いた事件が記憶に新しいところです。（「ジャニーズ問題、相続税でも注目　納税猶予が補償に影響」日本経済新聞

2023年10月1日　5:00［会員限定記事］https://www.nikkei.com/article/
DGXZQOUB27A3E0X20C23A9000000/）。

　なお、民法改正による成人年齢引き下げに伴い、受贈者年齢要件は、改正
前の「20歳以上」から「18歳以上」に変更されています。また、後述の「③
事業承継税制　資産保有特定会社になって納税猶予取消になる事例」もご参
照下さい。

②　他人への事業承継

Q

　　子供が事業を承継してくれないことがほぼ見えている現在、頑張っ
てくれている従業員を最終的な後継者にすることを視野においていま
す。事業承継税制特例を使うことも可能と聞いていますが、親族内承
継と異なる配慮点はありますか。

A

　　自分の相続開始時に、遺贈により、後継者が自社株を取得したこと
とされますので、自分がいなくなった後の相続税申告で混乱を招かな
いよう、事前の調整・準備が重要になります。このあたりが難しけれ
ば、特例を利用しない事業承継も視野に入れるべきです。

解説

1. 事業承継税制対象者の拡張

　導入当初の事業承継税制では、後継者となれるのは推定相続人に限られて
いましたが、後継者難の中小企業も多い現在、事業承継では、むしろ、親族
外への承継を視野に入れるべきとの意見も増えてきています。

　平成25年度税制改正では、この点を踏まえ、事業承継税制において、推定相続人以外への承継を可能としました（措法70の7②三、平成27年度以降適用）。従業員などを後継者として事業承継税制の適用を可能とすることで、事業承継の選択肢を増やした意味があります。

2.　相続時精算課税制度の対象者要件の拡張

　平成30年度税制改正により、事業承継税制利用時には、推定相続人以外の者が孫以外であっても、相続時精算課税制度の受贈者となれることとされました（措法70の2の7）。

　ただし、単純贈与の場合であっても、事業承継税制を利用することにより、贈与を受けて取得した受贈額は、先代経営者の相続開始時に、相続又は遺贈により取得したものとみなされ、先代経営者の相続財産に加算されることになります。

　何故、相続時精算課税制度の利用が要請されるのか、それは、暦年贈与と異なり、相続時精算課税制度の利用は、単一税率での計算であることから、自社株評価額が当初申告と異なってしまった場合のリスクヘッジの意味があります。暦年課税であれば、累進税率での計算ですので、税額がより多額になりますが、相続時精算課税制度であれば、より追加の税額を抑えることが可能になります。最終的に、猶予・免除になるのは本税部分だけですので、延滞税額を抑える手段をとることは、顧問税理士として重要でしょう。

　なお、相続時精算課税制度について、将来、業績悪化による株式譲渡となったときに暦年課税のように贈与時時価を譲渡時時価等に置き換えて再計算する処理の適用が及ぶかどうかが議論になりましたが、令和元年改正で相続時精算課税適用時においても再計算するが明確化されました（措法70の7の7①括弧書き）。

3.　第三者承継の問題点

　ところで、事業承継税制の利用により、贈与を受けて取得した受贈された株式の価額は、先代経営者の相続開始時に、相続又は遺贈により取得したものとみなされ、先代経営者の相続財産の価額に加算されることになります。この時点まで、事業承継税制の納税猶予要件を満たしており、かつ、猶予税額免除の要件を満たすことができれば、その時点で猶予された贈与税額は免除されます。

　しかし、相続税申告時において、相続人ではない後継者が、相続税申告に参加することになります。先代経営者に相続が生じた際には、相続により取得したものとみなされ、先代経営者の相続税申告に、この他人である後継者が参加することになります。結果、先代経営者の相続税申告において、2つの問題が生じます。

　（1）　先代経営者の親族が相続財産を他人である後継者に開示する必要が生じる。

　（2）　自社株式がある分だけ、先代経営者の他の相続人の相続税負担が相対的に高く感じられることになる可能性が高い。

　先代経営者が、これらの点を踏まえた上で、この制度の利用を行うのかどうか、十分な説明を事前に行っておく必要があります。また、先代経営者の相続開始後に、相続人が初めて知れば、トラブルが生じる可能性が高いでしょう。予め、先代経営者の推定相続人ともこれらの話ができそうかどうかなどを考えると、本制度の利用ができるのは実務的にはレアケースとなりそうです。

③　事業承継税制　資産保有型会社になって納税猶予取消になる事例

Q

法人版事業承継税制の特例を利用して贈与を行い、納税猶予を受けています。人員整理を行った結果、従業員数が大幅に減少しました。税務署への定期提出書類提出後に照会があったようなのですが、何か不都合があったのでしょうか。

A

人員整理により資産保有型会社となり、
納税猶予取消事由が生じてしまう場合があります。

解説

1.　資産保有型会社への該当による納税猶予取消

　法人版事業承継税制には、幾つかの取消事由があります平成30年度改正により特例事業承継税制が導入される以前、納税猶予が取消される最大の問題点として指摘されていたのは、適用後の5年間平均80％以上の雇用維持要件でした。特例事業承継税制の導入により雇用維持要件を満たせない場合も、その理由を報告することで実質的に問題とならないようになりました。しかし、今なお税理士事務所にとって、ある意味一番怖いのは、資産保有型会社への該当による納税猶予取消です。ごくごく簡単に言えば、遊休資産など事業に直接関係ない資産のウエートが総資産の70％以上となると、これは事業承継ではなく財産の承継であるとして、納税猶予を認めないとの思想に基づく規制です。

　しかし、例えば、大規模な設備投資を数十年おきに必要とする業種などでは、実際の設備投資を行うまでに資金を留保しますので、この70％以上とい

う状態は普通に生じます。ここでポイントとなるのは、現預金は特定保有資産つまり遊休財産扱いされてしまう点です。

　従前は、この資産保有型会社に該当してしまい納税猶予取消になる規制が厳しく、経済産業局への提出資料でも都度計算の必要がありました。ところが、税制改正により、従業員数5人以上などの事業実態要件を満たせば、この規制は問わないこととされました。現在の都道府県への報告様式でも、事業実態要件を満たせば特定保有資産の計算欄は記入不要とされてしまったため、この要件の危険性を意識していない税理士は少なくないと思われます。

【事業実態要件】

　イ　資産保有型会社等に該当することとなった日（以下「該当日」という。）において、当該特別関係会社が、商品の販売その他の業務で措置法規則第23条の9第5項で定めるものを行っていること。

　ロ　該当日において、当該特別関係会社の親族外従業員の数が5人以上であること。

　ハ　該当日において、当該特別関係会社が、ロの親族外従業員が勤務している事務所、店舗、工場その他これらに類するものを所有し、又は賃借していること。

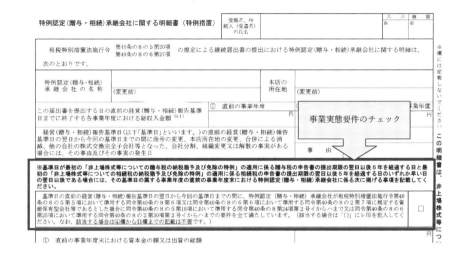

2. 東京地裁令和2年7月30日判決

　では、この要件を意識する必要はないのでしょうか。実は、この要件に該当し、納税猶予の取消事由が生じてしまった事例があります。その事例は次のようなものです。

　被告会社（税理士が代表取締役（被告Ｙ１）を務めるコンサルティング会社）は、納税猶予の実行支援業務の成功報酬を受領しました。しかし、原告会社は、平成25年8月に約1億1429万円の法人税の繰戻還付を受けて現預金が増加したため、その頃以降、総資産に対し現預金の割合が約76％に達し、資産保有型会社に該当し、納税猶予の取消事由が発生していました。にもかかわらず、被告Ｙ１は、その後に行った納税猶予の申告において、原告会社を資産保有型会社に該当するものと扱わず、取消事由の発生を見落としたことに同被告の重大な過失があったというべきであり、報酬相当額合計845万9220円につき、被告Ｙ１は不法行為責任に基づき、被告会社は、役員等の第

三者に対する責任及び代表者の行為についての責任に基づき、原告会社に対し、損害賠償義務を負こととされました。（ニュース特集「約１億900万円の損害賠償請求を認める税理士の一連の株価・事業承継対策に不法行為責任あり」参照　週刊 T&Amaster 2021.1.25号 No.867　新日本法規出版㈱）。

　本事例は、事業実態要件を満たせていない事案であったということになります。

3.　事業実態要件を満たせなくなった際にいきなり顕在化するリスク

　実は、事業実態要件を満たしていない会社が資産保有型会社に該当しても、６月以内に該当しない状態になることで、要件をクリアできる税制改正（H31）が手当されています（措通70の7の2−14）。しかし、この制度が機能するのは、あくまでも一時的なものです。

　先に延べたような、大規模な設備投資を数十年おきに必要とする業種で、実際の設備投資を行うまでに資金を留保する必要がある場合、この要件を満たせないケースというのは当然に出てきます。その時、納税猶予取消に該当するので、キャッシュを留保すべきではないと顧問税理士は助言すべきでしょうか。

　この資産保有型会社規制は、公益認定法人などにおける遊休財産規制と非常に似ています。ただ、公益認定法人の場合には、将来の設備投資や費用支出に備えて、現預金のうち一部を遊休財産から取り出す規定が用意されています。

　ところが、この資産保有型会社規制では、そのような別段の取扱いが用意されていません。判定割合を比較的高めにとることで割り切る制度設計がなされているのみです。結果、上述のように、大規模な設備投資を将来要する企業などでは、納税猶予制度の取消が、将来の経営方針策定にとって、大き

な足かせになることが生じえます。

　本来なら、経済産業省による税制改正がよりきめ細やかなものになればという点ではありますが、現時点の制度を前提にすれば、顧問税理士が経営者にどう助言するかしかありません。関与先を将来窮状に陥れないため、十分な検討と説明が必要になるのではないでしょうか。

4. 災害等に関する要件緩和

　なお、仮に本問が、コロナ禍のような災害により人員整理を余儀なくされる場合には、納税猶予及び免除の適用に当たり一定の要件の下で、(1)納税猶予の免除の追加、(2)納税猶予期間中の事業継続要件等の緩和、(3)相続税の納税猶予の適用要件の緩和措置が講じられています。

④　法人への株式遺贈時における債務負担

Q
　私が社長をしている会社について、後継者候補は数人いるのですが、決定打に欠けることから、もし今、私に相続が発生したら、会社に自社株を贈与するということにしようかと思っています。また、その際、私が会社に貸し付けしている債権も、併せて会社に贈与するつもりです。どのような課税関係になるのでしょうか。

A
　会社は相続税の納税義務者ではないことから、相続人は会社に遺贈された財産を除いて相続税の申告をすることになります。会社は遺贈を受けた財産について、受贈益課税を受けることになります。

解説

1.　法人への遺贈があった場合の課税関係

　法人（株式会社）への遺贈があった場合、その法人は相続税の納税義務者とはならないことから（相法1の3）、共同相続人は、その遺贈された財産を除いて、相続税の申告をすることとなります。遺贈された財産を除くのは、相続税の課税価格があくまでも納税義務者が取得した財産の価額の合計額あることによります（相法11の2）。

　法人については、財産の贈与を受けたことから、受贈益課税が発生します。また、遺贈されたものが、譲渡所得の起因となるものであるならば、遺贈者である被相続人にみなし譲渡課税が生じ（所法59①一）、準確定申告に反映させなければなりません。もっとも、このみなし譲渡については、遺贈により発生したものであり、納税義務者となる者は翌年1月1日時点では生存していませんから、住民税課税は生じません。

2.　法人への遺贈が自社株式であり同時に法人に対する貸付金を遺贈した場合

　法人への遺贈が自社株式であった場合、みなし配当（所法25①五）が発生することから、その場合のみなし譲渡の収入金額は、自己株式の時価に相当する金額から、みなし配当額に相当する金額を控除した金額になります。また自己株式の時価は、所基通59-6により算定することになります。

　ここで、自己株式とともにその法人に対する貸付金を遺贈した場合、この自己株式の評価はどのようになるのでしょうか。つまり、会社にその会社に対する債権を贈与したら、会社保有の対応する債務と混同して、もともとある債務は消滅します。となると、この債務が消滅したところで、株式の評価をするべきなのか疑問が生じます。

　このようなケースで、株式の評価時期と貸付金の遺贈時期が問題となった裁判例があります（東京地判令3.5.21、Z271-13567）。納税者は、亡夫が主宰法人A社の株式（48万株余）及び貸付金（16億円余）をA社に遺贈したことにつき、当該株式の遺贈は、所得税法第59条第1項に規定するみなし譲渡に当たるとして、亡夫の譲渡所得の金額の計算上、当該貸付金に対応するA社の借入金を負債に計上しないところで、純資産価額に基づき株式の価額（譲渡収入金額）を算定して準確定申告をしたのですが、その後、株式の価額の算定過程において借入金を負債に計上しなかったことは誤りであるとして更正の請求をしたところ、原処分庁が、A社の借入金は遺贈に伴う混同により消滅しており、借入金を負債に計上しなかったことに誤りはないなどとして更正処分をしたという経緯です。

　裁判所は、令和2年3月24日の最高裁判決（Z888-2296）より、所得税法59条1項は、同項各号に掲げる事由により、譲渡所得の起因となる資産の移転があった場合にその資産についてその時点において生じている増加益の全部又は一部に対して課税できなくなる事態を防止するため、「その時における価額」に相当する金額により資産の譲渡があったものとみなすこととしたものと解されるとし、このような譲渡所得に対する課税の趣旨に照らせば、評価通達185にいう課税時期（＝評価時期）は、相続、遺贈又は贈与により取得した財産の価額の評価の基準時となる当該財産の取得の時（相続税法22条）をいうものと解されると判断しました。加えて、国が主張する遺贈の場合は亡くなるまではいつでも撤回できるのであるから、貸付金の消滅を前提として評価すべきとの意見について、根拠はないとしています。さらに、国は、債務があるとして評価した場合、債務免除により増加する含み益が課税される機会が失われるとも主張したのですが、それについても、自己株式以外の法人の株式が譲渡された場合には、その時のその価額に応じて、上記増

加部分に対する課税がされる可能性があるから、機会が失われたとはいえないとして、国の主張を退けました。この判決は地裁で確定しています。

3. 貸付金を債務会社に遺贈することによる他の株主への課税関係

　貸付金を債務会社に遺贈することによる評価会社の株式価値の増加に関して、評価会社が同族会社であるならば、他の株主への課税も考えなければなりません。つまり、相続税法9条の適用ですが、この場合は遺贈が原因ですから、「当該利益を受けた時における当該利益の価額に相当する金額を当該利益を受けさせた者から贈与（当該行為が遺言によりなされた場合には、遺贈）により取得したものとみなす。」より、他の株主に対し、相続税の課税関係が生ずることとなります。

　なお、「資産税審理研修資料R030800（令和3年8月）」（東京国税局課税第一部　資産課税課　資産評価官）は、「（株式の価額のうち（遺贈により）増加した部分に相当する金額を遺贈により取得したものとみなして相続税の課税関係が生じる場合がある」という見解を示しています。

(3) 減資等

① 資本剰余金を原資とする配当

Q

　当社は過去のストックで食べている会社だが、特に価値のある不動産もないので、高齢のオーナーへの配当で剰余金を全て使ってもよいと考えています。赤字が続いて利益剰余金は使い尽くしたのですが、資本金が5,000万円あります。将来的な配当原資を確保するために、減資によって、資本剰余金を作り出しておこうと思います。4,000万円の減資で資本金1,000万円の会社になる場合、どのような課税関係になるでしょうか。

A

　資本金を資本剰余金に振替するだけなので、法人税法上は、資本金等の額に変わりはありません。資本剰余金の配当を行うと、税法上は、純資産按分によるみなし配当部分が生じる点に注意が必要です。

解説

1. 減資手続の会社法上の意味と法人税法上の意味

　会社法における資本金の減少は、単なる計数の変更行為として整理されました（会法447）。つまり、旧商法時代での無償減資です。減資と併せて、それによって生じた剰余金を株主に払い戻す手続きを行えば、旧商法時代での有償減資と同じことになります。

　会社法では、減資が行われる場合、分配可能額を増やすため、債権者保護手続きを必須としています（会法449）。

　法人税法では、資本金の額を減少させても、資本剰余金が増えるだけで、

実際に株主に対する拠出資本の払い戻しが行われるわけではないので、資本金等の額を減らしません（法令8①十二）。

　法制上は、減資に続けて資本剰余金の配当を行えば、資本金の額が減りますが、税法では資本剰余金の配当を、全額資本の払い戻しとはせず、純資産按分計算によって、一部みなし配当となる部分が生じます。

2. 資本剰余金の配当の課税関係

　資本剰余金の配当は、企業会計上は拠出資本の払い戻しですが、税法では、これをそのまま資本金等の額の減少として認めることとはしていません。同様に純資産の払戻しが可能となる自己株式取得による払い戻しの場合にみなし配当課税が生じることとのバランスをとるためです。純資産に対する資本剰余金の割合を乗じて計算される部分のみを資本金等の額の払い戻しとし、その他の部分をみなし配当部分として、対応する額の利益積立金額を減らすこととしています（法令8①十八、法令9①十二・法法24①四、法令23①四）。したがって、設例のように利益剰余金を使い尽くしたケースでも、みなし配当課税が生じ得ます。

【配当法人】	【株主】
／　現金　100	現金　　　　100　／
資本金等の額　30　／	／　株式譲渡収入　30
利益積立金額　70　／	株式譲渡　35　／　株式　　　　　35
（源泉税省略）	原価　　　　　　　　　（簿価）
	／　受取配当金　　70
	（源泉税省略）

3. 不平等減資と退社払戻し

　財産の払戻しが配当という形で行われる限り、株主平等原則に基づく払い

戻しが行われることになりますが、旧商法時代は、有償減資による払い戻し制度がありました。この場合に、特定の対象者に対してのみ有償減資の払い戻しを行うことは、株主間での利益移転関係を生じさせる可能性がありました。

　ただ、現在ではこの制度そのものがなくなっています。とはいえ、自己株式取得を行うことで、税制面に限れば、ほぼ同様のことができます。単に、自己株式取得では、法制上の資本金の額が減らないというだけに過ぎません。

　ところで、経過措置型で出資持分ある医療法人（医療法平成18年6月21日附則10②）や協同組合などでは、自己株式取得制度がありませんが、退社払戻しが行われる場合があり、その際に、従来の不平等減資とほぼ同様の課税問題が生じる可能性があります。

　この点、医療法人の退社払戻しについては、「審理室情報第2号　平成17年7月28日　国税庁審理室　出資額限度法人（医療法人）に関する質疑応答事例について（情報）」が参考になります。

　役員である社員が退社し、役員に占める親族の割合が3分の1を超えることとなり、非同族要件を満たさなくなった場合に、残存出資者の贈与税課税が気になります。これについて、「定款の定めに従って、すみやかに新たな役員が選任されて基準を満たしたときには、それだけをもって残存出資者に贈与税の課税が生じることにはならない。」としています。瞬間的に同族状態が生じたとしても、すみやかに非同族状態に復帰すれば、みなし贈与課税までは行わなくてよいとの取扱いです。逆に言えば、このような対応が行われなければ、当然に相続税法9条のみなし贈与課税が行われるということになるのでしょう。

　なお、死亡退社による払戻しについて、完全な退社の場合には、払戻請求権としての債権評価であることを明示しています。相続人が出資を相続している場合と異なり、出資としての相続税評価は認められない点、注意が必要

です。この際には、債権額で評価するとともに配当所得に係る源泉所得税額の控除を行います。なお、相続人が退社扱いになるか否かは、定款規定の確認を行うことになりますが、過去の質疑応答では、定款の定めがない場合であっても社員就任による承継を認めたものがあります。ただし、この質疑応答が今でも生きている取扱いかどうかは確認できません。。

4.　資本剰余金と利益剰余金の双方を原資とする剰余金の配当

　利益剰余金と資本剰余金の双方を原資とする剰余金の配当に係る法人税法上の取扱いを巡り、そのような剰余金の配当は資本の払戻しに該当するが、一定の場合には、その具体的な計算（プロラタ計算）を定める法人税法施行令23条1項4号は、法人税法の委任の範囲を超えた違法なものとして無効となると判断したものがあります（最判令3.3.11・棄却・確定・納税者勝訴・Z271-13541、東京高判令1.5.29・棄却・上告受理申立て・納税者勝訴・Z269-13276、東京地判平29.12.6・認容・控訴・納税者勝訴・Z267-13095）。

　納税者（連結親法人）は、その外国子会社（米国デラウェア州法に基づき組成された外国法人、100%子会社）から資本剰余金及び利益剰余金をそれぞれ原資とする剰余金の配当を受け、前者については法人税法（平成27年法律第9号による改正前のもの。以下同じ。）24条1項3号にいう資本の払戻しの一態様である「剰余金の配当（資本剰余金の額の減少に伴うものに限る。）」に、後者については法人税法23条1項1号にいう「剰余金の配当（…資本剰余金の額の減少に伴うもの…を除く。）」に該当することを前提に本件連結事業年度の法人税の連結確定申告（以下「本件申告」という。）をしたところ、京橋税務署長から、平成26年4月28日付けで、これらの剰余金の配当は、それぞれの効力発生日が同じ日であることなどから、その全額が法人税法24条1項3号の資本の払戻しに該当するとして法人税の更正処分（以下

「本件更正処分」という。）を受けたため、本件更正処分のうち連結所得金額が本件申告に係る金額を超え、翌期へ繰り越す連結欠損金額が本件申告に係る金額を下回る部分の取消しを求めました。

　裁判での主たる争点は、①本件利益配当と本件資本配当が別個独立の剰余金の配当か否かと、②法人税法24条1項3号で政令委任された施行令23条1項3号のプロラタ計算の適合性でした。最高裁は、①については原審（東京高裁）の判断誤りを指摘して、全体が資本の払戻しであるとし、②について、利益剰余金と資本剰余金の双方を原資として行われた剰余金の配当で、払戻しを行った法人の払戻し直前の利益積立金額がマイナスの場合では、利益剰余金を原資とする部分が資本部分の払戻しとして扱われることとなるとして、減少した資本剰余金額を超える直前払戻等対応資本金額等が算出される限度において、法人税法の委任の範囲を逸脱した違法なものとして無効であると判示しました。

　確かに、上記施行令でのプロラタ計算は、資本の払戻部分を計算するもととなる払戻等対応資本金額等を、「減少した資本剰余金の額」を払戻し直前の資本金等の額が簿価純資産価額に占める割合により按分して算出するため、減少した資本剰余金の額を超える払戻等対応資本金額等が算出されてしまいます（正確には払戻直前の資本金等の額×減少した資本剰余金／簿価純資産価額（分数部分が1を超える場合は1））。しかし、平成18年分改正税法のすべて等では、「資本剰余金の減少額の範囲内でまず資本金等の額が減少し」と明記されており、それを超えて資本の払戻しがされることは立法の趣旨に合わないこととなります。

　となると、そのままマイナスの利益積立金額からの配当が容認されるのかが疑問となります。そもそも利益積立金額は税務上の概念で有り、利益剰余金は会社法上の概念であるため、利益積立金額がマイナスであっても分配可

能額である剰余金の額がマイナスとは限りません。この事案は、上述のように外国子会社（米国デラウェアLLC）による配当であったため、剰余金の額がどうであったかは不明ですが、国内子会社で会社法遵守の配当の場合も、このようなケースが出てこないわけではありません。その場合は最高裁判決で示された方法により按分計算することとなるであろうし、また、違法配当であっても、鈴や金融株式会社事件最高裁判決（昭35.10.07・Z033-0957）前半部分を持ち出すまでもなく、税務上の配当としてこの計算方法が容認されると考えるところです。

5.　令和4年度税制改正での対応

　令和4年度税制改正では、資本の払戻しに係るみなし配当の額の計算の基礎となる払戻等対応資本金額等及び資本金等の額の計算の基礎となる減資資本金額は、その資本の払戻しにより減少した資本剰余金の額が限度とすることとされました（法令23①四イ本文括弧書き）。つまり、分数式の結果だけでなく、数式全体の計算結果が減少する資本剰余金の額を超える場合は、減少する資本剰余金額が限度とされました。

　この改正はプロラタ計算の分数式が不合理な値となったときだけ調整するというものであり、不合理な値となってしまう原因自体を解消させようとするものではありません。さらに、譲渡原価の計算においては、法人税法施行令119条の9において定められた分数割合で計算することには変更はなく、ここでも問題の根本を解決しようとするものとなっていません。

4 組織再編、グループ法人税制、精算

(1)　合併

①　個人が保有する会社とその個人の親族が保有する会社との吸収合併

Q

　私の妻である乙が100％保有するB社は、赤字が続いており、今後
も赤字が続く見込みです。債務超過ではありませんが、税務上の欠損
金があります。A社もB社も設立以来ずっと私と妻がそれぞれ100％
保有しています。許認可の性格上、清算するわけにはいきません。A
社は私が100％保有するA社にB社を合併させて、A社でB社の事業
を継続しようと思っています。さらに、合併後、私の保有するA社株
式のすべてを私どもの子である丙に譲渡する計画です。丙は、譲り受
けた株式すべてを継続して保有します。この場合に、どのような課税
関係が生じるでしょうか。

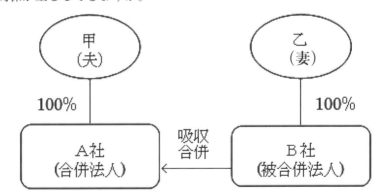

A

　　合併対価として合併法人株式以外の資産の交付を行わないかぎり、甲及び乙の同一の者による完全支配関係がある合併に該当します。合併後に、甲の保有するすべての株式を甲の子である丙に譲渡するとのことですが、「一の者」による継続が見込まれると判定できるため、この合併は、適格合併に該当します。設立時からA社とB社は「一の者」による完全資本関係が生じていることから税務上の欠損金は、合併により引き継ぐことができます。個人間の利益移転の観点からは、適正な合併比率によれば、個人間の課税は生じません。

解説

1. 会社法における合併の取扱い

　合併は、企業結合形態のひとつで、会社法に定義及び手続等が規定されています。合併には、吸収合併と新設合併の2つがあります。

　①吸収合併……会社が他の会社とする合併であって、合併により消滅する会社の権利義務の全部を合併後存続する会社に承継させる合併（会法2㉗）

　②新設合併……2以上の会社がする合併であって、合併により消滅する会社の権利義務の全部を合併により新たに設立する会社に承継させる合併（会法2㉘）

　実務的には、合併は、吸収合併がほとんどです。

　移転元法人を合併消滅会社（被合併法人）、移転先法人を合併会社（合併法人）といいます。被合併法人は合併により解散し、合併法人がその財産等、権利・義務関係のすべてを譲り受けます。合併法人から被合併法人の株主に

合併対価を交付するというのが、合併の会社法上の基本的な整理です。

合併に際して交付する合併対価は、合併法人株式にかぎられず、金銭なども対象です。

2. 業法における合併の取扱い

権利・義務関係を包括的に承継する合併の性格上、許認可などのそのまま承継されるのが原則的な考え方です。

しかし、合併によって、まったく別の法人に中身が入れ替わってしまうこともあります。このことから、許認可の内容によって、許認可自体が承継できる場合と承継できない場合があります。たとえば、旅行業、宅地建物取引業、労働派遣事業、有料職業紹介事業などは、合併により許認可を承継できず、新たな登録の取得が必要です。また、一般貨物自動車運送事業、第二種貨物利用運送事業、一般旅客自動車運送事業などは、国土交通大臣の認可が要件です。合併後に、被合併法人の許認可が承継されるかは、ストラクチャー立案段階で必ず確認しておくべき事項のひとつです。

3. 税法における合併の取扱い

会社法では、(1)合併を被合併法人から合併法人への資産の譲渡(2)、被合併法人から被合併法人株主への株式の対価の交付と整理していますが、税法上は、(1)被合併法人から合併法人への資産等の移転、(2)合併法人から被合併法人への合併対価の交付、(3)被合併法人から被合併法人の株主への合併対価の交付、(4)被合併法人の株主における被合併法人株式の消滅（譲渡）と整理しています。

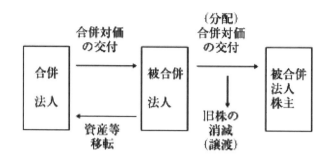

①非適格合併（譲渡型合併）

　被合併法人は資産負債を時価で譲渡し、合併法人は資産負債を時価で取得します。合併法人は、その対価として、被合併法人に自社株式等を交付します。さらに、被合併法人はそれを原資として、被合併法人の株主に払戻しを行います。払戻しの一部は資本の払戻し、一部は利益の払戻し（配当）です。これにより、被合併法人の株主は、株式譲渡損益課税とともに、みなし配当課税が生じます。税法では、非適格合併（譲渡型合併）（法法62）が原則的な処理方法と理解したほうがよいでしょう。

《非適格合併（譲渡型合併）の税務仕訳例》

【被合併法人】

合併法人株式（時価）	100 / 諸資産（簿価）	70
	/ 資産等譲渡益	30
資本金等の額	20 / 合併法人株式（時価）	100
利益積立金額	80 /	

（みなし配当に係る源泉所得税省略）

【合併法人】

| 諸資産（時価） | 100 / 資本金等の額 | 100 |

【被合併法人株主】

| 合併法人株式（時価） | 100 | / 被合併法人株式（簿価） | ×× |
| 株式譲渡損益 | ×× | / みなし配当 | 80 |

　非適格合併では、合併法人は資本金等の額及び利益積立金は引き継がれず、交付した対価の額と同額の資本金等の額が増加します。株主資本がリセットされるので、被合併法人の税務上の繰越欠損金は利用できなくなります。

　なお、非適格合併と判定された場合でも、合併当事法人に100％の資本関係があれば、グループ法人税制が適用されます。グループ法人税制は、法人間の取引について寄附金・受贈益の益金不算入や資産等の譲渡損益繰延があります。合併により承継する資産負債が譲渡損益繰延となる資産（譲渡損益調整資産）に該当すれば、その資産については、簿価譲渡となり、合併時点での課税は生じません。適格合併に該当しない場合でも、資産等の含み損の利用制限が生じる仕組みになっているのも注意しておきたいところです。

　②適格合併（承継型合併）

　非適格合併（譲渡型合併）に対して、合併法人株式以外の対価を交付せず、一定の資本関係を有するなどの税務上の要件を満たしている場合には、適格合併（承継型合併）として、資産等譲渡損益、株式譲渡損益課税、みなし配当課税といった課税が生じません（法法62の2）。原則として、時価譲渡課税、株主課税が生じる非適格合併に対して、適格要件と呼ばれる要件を満たした場合には、合併当事法人のみならず、株主にも課税が生じないことになり、例外規定と理解できます。

　税務上の適格要件には、①完全支配（100％）関係、②支配（50％超）関係、③共同事業の3類型があります。

　合併法人は、被合併法人の資産負債を簿価で承継し、被合併法人の株主は、

消滅する被合併法人の株式の身代わりとして合併法人株式を取得するだけです。被合併法人の株主は、被合併法人の簿価を合併法人株式の簿価に付け替えるだけで、株式の譲渡損益は認識されません。被合併法人に課税がなく、被合併法人の株主も課税がありません。逆からみれば、被合併法人の株式に含み損が生じていたとしても、含み損の利用制限が生じているともいえます。

《適格合併（承継型合併）の税務仕訳例》

【被合併法人】

合併法人株式	70 / 諸資産（簿価）	70
資本金等の額	20 / 合併法人株式（簿価）	70
利益積立金額	50 /	

【合併法人】

| 諸資産（簿価） | 70 / 資本金等の額 | 20 |
| | / 利益積立金額 | 50 |

【被合併法人株主】

| 合併法人株式 | ×× / 被合併法人株式（簿価） | ×× |

　適格合併は、合併法人が被合併法人の税務上の資本金等の額と利益積立金の額をそのまま引き継ぎます。また、一定の要件を満たせば、税務上の繰越欠損金（青色欠損金）を引き継ぐこともできます（法法57②）。

　①完全支配関係と②支配関係での適格合併には、注意が必要です。50％超の支配関係がある期間が、合併事業年度期首の時点で5年超となっていなければ、被合併法人の税務上の繰越欠損金の利用に制限がかかるとともに（法法57③）、被合併法人の合併前に生じている資産等の含み損の利用にも制限がかかります。注意すべきは、税務上の繰越欠損金や資産等の含み損益の制限は、被合併法人のみに生じるわけではなく、合併法人、被合併法人の双方

に生じることです。合併法人の税務上の繰越欠損金や合併前に生じた資産等の含み損にも制限がかかるのです（法法57④、法法62の7①）。合併を検討するに当たっては、50％超の支配関係が生じた時期の確認が実務上必須です。

①完全支配関係、②支配関係の合併については、100％親子会社の吸収合併のような場合を除き、合併後も完全支配関係ないし支配関係が継続すると見込まれていることも必要です。簿価承継で移転してからM＆Aによる売却することにより課税を免れるのを防止するためです。

4. 株主が個人である場合の同一の者による完全支配関係のある法人同士の合併

完全支配関係のある法人同士の合併には、①当事者間（合併法人と被合併法人）の完全支配の関係がある合併（典型例は、親子会社合併）と②法人相互間に完全支配関係がある法人同士の合併（典型例は、兄弟合併）があります。法人相互間に完全支配関係のある法人とは、同一の者による完全支配関係がある法人です。

本問では、甲と乙が異なる者であるため、一見、法人相互間に完全支配関係のある法人同士の合併に該当しないように思えます。しかし、同一の者が個人の場合には、本人及びその本人の親族（6親等内の血族、配偶者、3親等内の姻族）を含めて「一の者」を判定します。A社では、甲及びその親族等である乙が「一の者」となり、B社でも、乙及びその親族等である甲が「一の者」となるため、同一の者による完全支配関係がある法人同士の合併に該当します（法令4の3②二）。完全支配関係の継続が見込まれれば、税務上、適格合併と取り扱われます（＊1）。資産負債の簿価承継が行われ、A社、B社ともに、追加的な課税は生じません。

＊1　国税庁HP　質疑応答事例／法人税「株主が個人である場合の同一

の者による完全支配関係について」

　本設問では、合併後に、株主の甲が、A社株式を子乙に株式を譲渡するものとされています。これが、同一の者による完全支配関係の継続要件を満たしていないのではないかとの懸念があります。

　同一の者による完全支配関係を判定するにあたって、法人の発行済株式を保有する株主が個人である場合には、前述のとおり、その個人及びその親族等を「一の者」として判定します。その個人の親族があらたに株主となったとしても、それは、一の者となる親族間での株式の移動に過ぎず、新たな株式により法人の株式が継続して保有されていれば、「一の者」による完全支配関係があると判定されます（＊2）。

　　＊2　国税庁HP　質疑応答事例／法人税「合併後に合併法人の株式が親
　　　　族に譲渡される場合の同一の者による完全支配関係について」

　本設問では、甲の保有するA社と甲の妻である乙の保有するB社は、同一の者による完全支配関係があるものと判定できます。また、合併後の合併法人（A社）の株主が甲及から甲の子である丙に変わります。しかし、「一の者」である甲又は甲の親族により100％の株式が保有されています。丙は譲り受けたA社株式を継続保有することが見込まれていますので、その同一の者による完全支配関係が継続することが見込まれていると判定できます。したがって、本設問の合併は適格合併に該当します。

5.　その個人及びその親族等を「一の者」で判定することとは

　法人の発行済株式を保有する株主が個人である場合には、その個人及びその親族等を「一の者」として判定すると、前に述べました。では、次のような場合にも、同一の者による完全支配関係があるといえるのでしょうか。合併法人Aの株主である甲と被合併法人B社の株主である丁との間には直接的

な親族関係がありません。

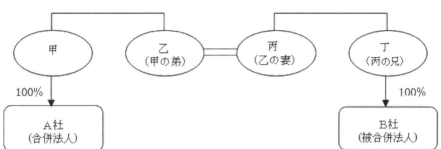

　法人の発行済株式を保有する株主が個人である場合には、その個人及びその親族等を「一の者」として判定しますが、親族等は、合併法人と被合併法人の株主に限定されていません。株主以外の親族等も「同一の者」となります。

　合併法人であるA社では、甲及びその親族等である乙（甲の2親等血族）と丙（甲の2親等内姻族）とが「一の者」になります。被合併法人であるB社では、丁及びその親族等である乙（丁の2親等姻族）と丙（丁の2親等血族）とが「一の者」となります。合併法人であるA社と被合併法人であるB社との間には、「一の者」のうち乙と丙が重なっていますので、乙と丙を中心に考えれば、「同一の者」による完全支配関係があるといえます（＊3）。

　　＊3　国税庁HP　質疑応答事例　法人税「合併法人の株主と被合併法人の株主との間に親族関係がない場合の完全支配関係について」

6. 合併における税務上の繰越欠損金の引継ぎ

　適格合併が行われた場合に、被合併法人に税務上の欠損金があるときは、一定の要件のいずれかを満たせば、その税務上の欠損金は、合併法人の合併の日の属する事業年度前の各事業年度に生じた欠損金額とみなして、引き継

ぐことができます（法法57①②③）。

　一定の要件とは、①適格合併に係る被合併法人と合併法人との間の当該特定資本関係が合併等事業年度開始の日から５年超経過していること、②共同事業を営むための適格合併に該当することの２つです。特定資本関係とは、発行済株式等の総数の50％超の株式を直接又は間接に保有する等の関係のことをいいます。実務では、50％超支配関係の発生日確認が肝です。適格でも、50％超支配関係が５年超経過していなければ、欠損金承継できない悲劇がありえます。更に、単に欠損金承継ができないだけではなく、自社の欠損金使用もできなくなるので、非適格合併よりも傷が大きくなる点に注意が必要です。

　本設問では、設立時からＡ社とＢ社はそれぞれ甲乙が100％保有していますので、設立時から「一の者」による完全支配関係が成立しており、特定資本関係の要件を充足しているといえます。したがって、Ｂ社の繰越欠損金を合併により引き継ぐことができます。

　ただし、組織再編成に係る行為計算否認規定である法人税第132条の２が適用されることもあります。これが適用された事例として、TPR事件とPGM事件があります。

　TPR事件（＊４）は、被合併法人の税務上の繰越欠損金の利用を課税庁が否認、更正処分を不服として納税者が訴訟を起こしたものです。

　＊４　令和元年６月27日東京地裁判決、令和元年12月11日東京高裁判決、
　　　　令和３年１月15日最高裁上告棄却、国側勝訴、確定

　TPR社は、その完全子会社を被合併法人とする合併を適格合併として、被合併法人の税務上の繰越欠損金を引き継ぎ、合併法人で利用しました。この合併は、形式的には適格合併の要件を充足しています。また、特定資本関係（50％超支配関係）が合併時の期首から５年前の日以前に生じていました。

　処分行政庁は、この合併は、被合併法人の税務上の繰越欠損金を利用するために行った異常または変則的な合併であると主張。法人税の負担を不当に減少させる結果になるものとして、法人税法132条の2を適用して、税務上の繰越欠損金の利用を認めず、更正処分を行ったものです。

　争点としては2つありました。①特定資本関係要件を満たしているにもかかわらず、法人税法132条の2を適用できるか、②この吸収合併が法人税の負担を不当に減少させる行為に該当するかというものです。

　合併の直前に、商号、事業目的、役員構成が同じ新法人を設立し、合併後に新法人を旧法人の本店所在地に移転、新法人に旧法人の従業員、合併により承継した棚卸資産・リース資産を引き継ぎ、取引先も同一であるなど、合併法人での旧法人の事業の移転及び継続という実質を備えていませんでした。また、会議資料やメールで、税法上の繰越欠損金の引継ぎによる節税効果をメリットやねらいを記載しており、税法上の繰越欠損金の引継ぎが合併の主たる目的であるようにみえ、行為の不自然性がうかがえました。

　一審二審ではTPR社が敗訴。完全支配関係がある法人間の合併には、一審二審では、①について、法人税法57条3項が同条2項に関する否認とその例外の要件をすべて書き尽くしたものとはいえず、一般的否認規定が排除されているとはいえないこと。②について、完全支配関係がある法人間の合併も、税制適格要件として、合併による事業の移転及び合併後の事業の継続性を想定しているものと解されると判示しています。最高裁は、納税者の上告を退け、上告不受理の決定を行ないました。形式的な適格要件の充足だけで適格合併に該当するとの判断は、現時点では相応の否認リスクを抱えていると理解しておくべきでしょう。

　PGM事件（＊5）も、行政処分庁が、完全支配関係がある子法人同士の合併が事業継続要件を満たしていないという理由で、法人税法132条の2を

適用し、被合併法人の税務上の繰越欠損金の利用を否認したものです。
PMG事件の裁判はこれからであり、裁判の行方が気になるところです。

　＊5　　令和3年4月30日東京地裁提訴

7. 合併比率と不公平合併

　合併をするには、100％親子会社あるいは100％子会社同士の吸収合併をの
ぞき、合併比率を算定しなければなりません。適正な合併比率を算定するに
は、合併法人の株式と被合併法人の株式の時価を適正に算定することが必要
です。

　合併法人の株式と被合併法人の株式の時価の比率と異なる合併比率により
合併を行うと、株主間で贈与があったものとみなされ、経済的利益を受けた
個人株主に贈与税が課されてしまう可能性があります（相続税法9条）。

　「合併や株式交換といった組織再編成は会社間の行為であるが、時価によ
らない不公平は合併比率等により合併等が同族会社において行われた場合、
合併比率等がどちらかの株主に有利（反対側からすれば不利）に算出された
こととなるため、有利に算出された分の利益が一方の株主から他方の株主に
移転することが考えられる。このような場合、資産価値の移転が当事者間で
合意されていると認められるときには、相続税法基本通達9-2、9-4で
想定している事象と類似の事象が生じているといえることから、それらの取
扱いに準じて、当該経済的利益の移転に相続税法9条が適用されることが考
えられる。」（＊6）との見解もあります。

　＊6　　森田哲也「組織再編成に係る相続税・贈与税の租税回避をめぐる諸
　　　　問題」税務大学校論叢第105号　令和4年6月　416頁

　合併比率は、一般的に合併当事会社のそれぞれの株主価値（株式価値の対
比で算定されます。税法では、合併比率を算定するさいの合併法人の株式と

被合併法人の株式の評価方法を、規定していません。

　相互に特別の資本関係のない会社間（独立当事者間）の取引であれば、各当事者がそれぞれ経済合理性を追求するため、合理的な合併比率が形成されるのが通常であり、合併比率は公正なものとなるでしょう。しかし、独立の関係にない会社間の合併比率の算定は、恣意性が入る可能性があります。

　合併比率は、評価通達に定める方法を用いて合併当事会社の株価を算定し、決定する方法も考えられます。この点につき、森田哲也税務大学校研究部教授は、「評価通達は、（中略）法人税、所得税の課税実務においても一定の修正を加えることにより採用が認められていることから、同族会社の株式の評価において慣例的に採用されてきたという経緯がある。しかし、現在では、『国税庁方式は、評価人独自の見積もりに依存しない画一的、評価額を低廉に抑える安全性に主眼を置く手法であり、企業評価において考慮すべき評価対象会社固有の事情、市場における取引環境などを反映するものではない。国税庁方式による評価方法はあくまでも税務上の価額を示すものにすぎず、市場で成立する価値を示すわけではないということに注意する必要がある。』と評価通達による評価を用いるべきではないと考えられている」と述べています（＊7）。

　＊7　前掲6、418頁、鈴木一功・田中亘編「バリュエーションの理論と
　　　　実務」（日経BP、日本経済新聞出版本部、2022）104頁

　さらに、相続税法9条の適用の検討にあたり、合併比率等が公平であるかの判定に当たって、次の点を検討する必要があると述べています。

　①第三者評価機関等からの株式価値算定書等の取得といった独立当事者間の取引に比肩しうるような公正な手続を経て組織再編成が行われているか。

　②採用された企業価値算定方法が、会社の個別事情に適合しているか。

　③合理的な算定が行われているか。

　つまり、評価通達による評価を用いずとも、合併当事会社の公正な価値評価を行なった合併比率を用いている場合には、基本的にそれを尊重すべきと考えてよいものと理解できます。実務的には、まずは、株式の買取りによる株式集約ができないかを検討します。それが難しいのであれば、合併前に株主構成及び持株比率を同一としてから合併を行うか、株主間の利益移転を最小化とするために評価通達による株式評価に基づき合併比率を算定することになるものと考えられます。

　評価通達に基づく合併比率は、法人税基本通達 9 - 1 - 14に準じて、「1株あたりの純資産価額を参酌して通常取引されると認められる価額」により合併当事者の株価を算定し、それに基づき合併比率を算定することになるでしょう。財産評価基本通達185〜186 - 3に定める 1 株当たりの純資産価額の評価をその会社が保有する土地や上場有価証券の価額を時価により評価し、評価差額に対する法人税額等の控除をしないなどの修正を行って計算します（＊8）。

　　＊8　森田教授（前掲6）は、評価通達を適用するにあたって、類似業種比準方法の適用も考えられますが、「組織再編成の一連の行為により、会社の規模、業務内容といった会社の実態や、配当金額、資産額といった類似業種比準奉仕による比準要素に顕著な変化がある場合には、類似業種比準価額方式による原則的な評価方法は適正な時価を算定するにはふさわしい方法とはいえ」ないと述べています。さらに、評価通達により決定された合併比率に課税上の弊害があると認められるときに、その審査は、「組織再編成が会社の行為であることから、法人税基本通達の規定に即して、当事会社の『1株当たりの純資産価額等を参酌して通常取引されると認められる価額』により算定した比率との間にどの程度乖離があるか」により行うことが合理的であると述べ

ています。

　税務では、この評価方法により評価した価額で合併比率を算定すれば、合併法人又は被合併法人のいずれかが時価ベースで債務超過でなければ、株主間における経済的利益の移転によるみなし贈与課税の問題は生じないものと考えられます。

　これまで述べてきた通り、株主である個人にとって、時価によらない株式の評価額により不公平な合併比率を用いないかぎり、合併時には、個人間の利益移転は生じません。ただし、当初見込んでいた繰越欠損金の利用に制限が課されると、合併法人における将来の課税が当初の見込みより増えてしまい、結果として、一方の株主に株式価値の毀損が生じる可能性があります。また、甲から丙への株式の譲渡時の株価は、合併を織り込んだ価値によらなければ、個人間の利益移転が生じることは言うまでもありません。

　なお、合併比率を算定するにあたり、小数点や端数が出てしまった場合には、株式数で調整する必要があります。株式数の調達には、株式分割や株式併合が利用されます。一般的に端数は切り捨てられますが、切り捨てられた端数の株式の価額が大きければ、株主間の利益移転が認定されてしまうおそれがあります。切り捨てられた端数が、贈与税の基礎控除の範囲内に収まるよう、株式分割を行って株式数を増やして割り当てるなどの工夫が必要です。

8.　グループ通算税制との異同

　許認可事業を存続させながら万年赤字企業の赤字を利用するという観点からいえば、合併をせず、グループ通算制度の適用も検討する価値があります。グループ通算制度とは、完全支配関係にある企業グループ内の各法人を納税単位として、各法人が個別に法人税額の計算および申告を行い、その中で、損益通算等の調整を行う制度です。他方の法人が赤字であっても、一方の法

人で利益が出ていれば、その赤字を通算できるというものです。グループ通算制度は、税務署の承認を受けて適用することができます。

　通算承認を受けることができる親法人による完全支配関係は、内国法人が他の内国法人の発行済株式等の全部を保有する場合におけるその内国法人と当該他の内国法人との間の関係（直接完全支配関係）とされています（例4の2②、131の11②）。

　設例のA社とB社は、個人を頂点とする完全支配関係ですので、このままでは、グループ通算制度を適用することはできません。法人による完全支配関係がなく、個人を頂点とする完全支配関係しかない法人は、グループ通算制度の対象法人になりません。最も簡単にグループ通算制度を適用するには、乙がB社株式をA社に譲渡し、A社とB社を100％親会社にする必要があります。ただし、乙はB社株式を譲渡することから、乙に譲渡所得が生じます。

9.　グループ法人税制についても考えてみよう

　本設問のケースでは、合併しなくても、グループ法人税制の適用があります。グループ法人税制は、①当事者間の完全支配関係（直接支配関係・間接支配関係（みなし直接支配関係））と②一の者との間に当事者間の完全支配関係ある場合の法人相互の関係のある法人に適用されます。本問のケースでは、夫婦がそれぞれ100％会社を保有していることから、②一の者との間に当事者間の完全支配関係ある場合の法人相互の関係に該当します。

　一の者との間に当事者間の完全支配の関係がある法人相互の関係の場合にかぎっていえば、グループ法人税制のうち、①法人間の資産の譲渡損益の繰延べ、②法人間の寄附金・受贈益の損金不算入・益金不算入の適用があります。

①法人間の資産の譲渡損益の繰延べ

　譲渡損益調整資産とよばれる一定の資産を法人間で譲渡・取得した場合、譲渡損益はその時点で実現せず、課税が繰り延べられます。繰り延べられた譲渡損益は、ⅰ）その資産の譲渡、償却、評価替え等が生じたときと、ⅱ）完全支配関係を有しないこととなったときに、戻し入れられ実現します。

②法人間の寄附金・受贈益の損金不算入・益金不算入

　法人間で寄附をしたり、寄附を受けたりしたときには、その寄附金は損金不算入となり、寄附をうけたことによる受贈益は益金不算入となります。

　ただし、②は、法人による完全支配関係がある場合にかぎられます。個人を頂点とする完全支配関係による法人同士のグループ法人税制の適用には、寄附金の損金不算入（法法37②）・受贈益の益金不算入（法法25の2②）の適用がありません。

　これは、「親が発行済株式の100％を保有する法人から子が発行済み株式の100％を保有する法人への寄付について損金不算入かつ益金不算入とすると、親から子へ経済的価値の移転が無税で行われることとなり、相続税・贈与税の回避に利用されるおそれが強い」（＊9）ことから対象外とされたものです。

　＊9　財務省「平成22年度税制改正の解説」206〜297頁

　グループ法人税制の適用があるからと勘違いし、グループ間で安易な価格での損益のキャッチボールをしていると思わぬ痛い目にあうので注意しましょう。

　注意すべきは、①です。個人による完全支配関係にある法人同士での譲渡損益調整資産の譲渡損益は繰り延べられます。さらに、夫婦間を一の者とする完全支配関係における法人間の資産の譲渡損益の繰延べには、一定の危うさがあります。それは、協議離婚です。夫婦は離婚してしまえば、赤の他人

です。A社とB社には完全支配関係がなくなってしましまい、これまで繰り延べてきた資産の譲渡損益は、戻し入れられて実現します。ただし、夫婦に子供がいる場合には、子を仲立ちとして一の者との間に当事者間の完全支配関係あると考えられます。つまり、A社では、甲と子丙が「一の者」であり、B社では、乙と子丙が「一の者」となり、子である丙を中心に考えれば、A社とB社は一の者との間に当事者間の完全支配関係があると判断できます。まさに、税法の完全支配関係においては「子はかすがい」といえます。

10.　相続税の株式評価への影響

　7.の合併比率の項で、合併比率の算定における株式評価の考え方について触れました。では、合併が、合併後の財産評価基本通達による株式評価にどのような影響が生じるでしょうか。考慮すべき点は大きくふたつあります。

①類似業種比準方式への影響

　合併によって会社規模が大きくなることにより、会社区分（小会社、中会社、大会社）が変わります。これにより、類似業種比準価額のみ又は類似業種比準価額を用いる割合を大きくすることができます。株価を引き下げることが可能です。なお、兄弟会社を子会社、孫会社化したうえで、親会社株式を類似業種比準価額による評価にすれば、子会社・孫会社の株式の評価は実質的にゼロとなるため、相続税引下げとなる可能性があります。

　ただし、財産評価通達6項による否認が行われるリスクの十分な検討が必要です。

　また、合併によって、合併法人の事業の構成比率が大きく変われば、類似業種比準方式の適用にあたり、比準する業種が変わり、合併前後で評価額が大きく変わってしまう可能性があります。

　ただし、合併による会社規模の拡大や比準する業種の変更による租税回避

を懸念して、合併後相当期間は純資産価額方式しか使えないとの課税当局による論考（国税速報第5528号記事）もあり、実務家としては、留意しておくべきでしょう。

②株式保有特定会社・土地保有特定会社への該当

　合併によって、合併法人の資産の構成比率が変わるため、株式保有特定会社または土地保有特定会社に該当していた法人が、該当しなくなることもあります。逆も然り、非該当だった法人が該当してしまうこともあります。合併による資産構成もストラクチャー立案時に気を付けておきたい点のひとつです。

②親族が100％保有する法人同士の無対価合併

Q
　親族が100％保有する兄弟会社を2社抱えています。もともと交際費枠の利用など節税目的で分けただけなので、2社抱えている意味がなくなりつつあります。合併して1社にしてしまう予定です。私の父であるB、妻であるCは、形式的に株主になってもらったものであり、合併においてB及びCにに合併対価を交付しない、いわゆる無対価で行おうと思っています。どのような課税関係が生じるでしょうか。

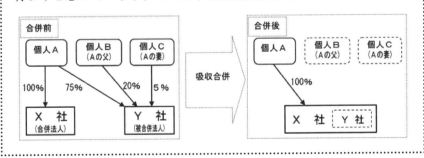

> 　親族が100％保有する会社同士の合併であっても、合併対価を交付しない（無対価）の場合、合併前の合併法人・被合併法人のそれぞれの個人の持株比率が同率でなければ非適格合併となります。被合併法人から合併法人に、資産・負債が時価で引き継がれます。

解説

1.　会社法における無対価合併の取扱い

　会社法では、合併対価を交付しない合併、いわゆる無対価合併は可能であると解されています。会社法749条１項２号も、「交付するときは」と定めており、裏返せば交付しないときもあると読むことができます。

　抱合せ株式とは、合併当事者間で一方が所有する他方の法人の株式です。親子会社間での合併で生じる抱合せ株式には、合併法人株式の割当が法律上、禁止されています（会法749①三括弧書）。親子会社同士の合併は合併対価を交付したとしても、自分自身への割当てであり、自己株式の取得になるだけであり、交付をそもそも禁止するとの理屈です。これが無対価の典型例です。

　無対価合併には省略型と呼ばれるものがあります。省略型の典型は、株主が１名の100％兄弟会社の合併です。株主が１名の100％兄弟会社にとっては、株主は、同一の者になります。被合併法人の株主に合併対価として合併法人の株式が交付したとしても、同一の者である株主からみれば、一方の法人の株式がもう一方の法人の株式に変わる身代わり株の交付にすぎません。一方の法人の株式数が増えるだけです。株主からみれば、右のポケットから左のポケットに財産を移し替えただけですから、無理に対価を交付する必要はないとの整理がなされているものです（＊10）。このことから、株主が１名の100％兄弟会社の合併は、法制上、合併対価の交付を省略するという意味で、

無対価合併が利用されます。

＊10　金子登志雄『親子兄弟会社の組織再編の実務』（中央経済社）

　本設問は、私の父であるＢ、妻であるＣに合併対価を交付しない、いわゆる無対価で行おうとするものです。禁止型でも省略型でもありません。しかし、会社法上は、無対価を禁止していない以上、個人Ｂ、個人Ｃが納得すれば、無対価による合併を行うことは可能です。

2.　税法上における無対価合併の取扱い

　これに対して、税法では、会社法で許容されている無対価合併をそのまま適格合併として認めていません。税法上は、合併対価の交付を省略したもの、あるいは、会社法上禁止されていることから対価の交付を行わなかったもののみを、適格合併と取り扱います。禁止型、省略型のみが適格要件を満たします。具体的には、①100％親子会社の合併、②合併前の合併法人と被合併法人の株主構成及び持株割合が同一である場合の100％兄弟会社同士の合併の２つを無対価合併の適格要件として定めています（法令４の３②ニロ）。

　いいかえれば、無対価合併が適格合併になるのは、合併前において、合併法人と被合併法人とが次の関係にあることが要件です（法令4の3②）。

　①　合併法人が被合併法人の発行済株式の全部を保有している場合

　②　合併法人及び被合併法人のすべてについて、次の等式が成立すること

$$\frac{その者が保有する合併法人の株式数}{合併法人の発行済株式総数} = \frac{その者が保有する被合併法人の株式数}{被合併法人の発行済株式総数}$$

（合併法人が有する被合併法人の株式を除く）　　（被合併法人が有する合併法人の株式を除く）

　②は、次図のような関係の無対価合併が適格合併になることを定めています。

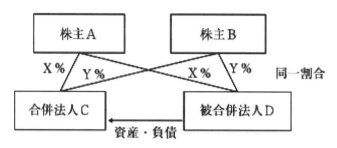

　このように②は、合併法人と被合併法人の株主構成及び持株割合が同一で
なければ、無対価合併が適格合併と認められる余地がありません。

　注意すべきは、無対価合併が認められているのは、①②のいずれかの要件
を満たすものに限られていることです。いいかえれば、①②のいずれかの要
件を満たすもの以外は許容していないということです。会社法では、無対価
合併は許容されていますが、禁止型、省略型以外は法人税法では当然に、非
適格再編となり、株主に寄附金認定がされてしまう可能性もあります。

　孫会社同士の合併、親孫会社の合併など100％資本関係のある法人間での
合併であっても、省略型ではないため、やはり適格合併になりません。省略
型に該当するかを検討するには、合併法人と被合併法人の株主が有する資産
価値が合併により増加するかという視点で考えればいかもしれません。たと
えば、親孫会社の合併では、子会社の資産価値が減少し、親会社の資産価値
が増加してしまいます。孫会社同士の合併は、子会社の資産価値が増減して
しまいます。このような場合には、無対価合併が適格要件を満たさないと考
えましょう。

　本設問においては、個人及びその個人の親族等が保有する100％子会社の
合併ですので、「同一の者による完全支配関係」であり継続保有要件さえ満
たせば、一見すると適格合併に該当するように見えます。

　しかし、無対価合併の場合には、前述のとおり、「合併前の合併法人と被

合併法人の株主構成が同一である場合」との要件があります。この無対価合併の要件の持株比率の判定では、株主等と特殊の関係のある個人（親族等）の保有する株式を株主等が保有しているものとしてその判定をしません。つまり、個人はその個人のみの持株比率で判定します。

　本設問では、省略型の無対価合併ではなく、適格要件を満たさないことから、適格合併には該当しません（＊11）。

　＊11　国税庁 HP 質疑応答事例／法人税「無対価合併に係る適格判定について（株主が個人である場合）」

3.　無対価合併の個人間の利益移転

　禁止型、省略型以外の無対価の非適格合併は、株主間の寄附金・受贈益が認定される可能性もあります。一方の株主は株式が交付されないのですから、あきらかに株主間で経済的利益が移転しています。

　本設問では、合併前は個人B、個人CがY社（被合併法人）の株式を保有していましたが、無対価合併であるため、合併後は、X社（合併法人）の保有株式数はゼロとなります。つまり、個人B、個人CのY社（被合併法人）の株式の評価額分の利益が、個人Aに移転してしまう結果となります。したがって、この移転した利益分だけ、贈与が認定されることになるでしょう。

③　債務超過会社との無対価合併

Q

　妻が保有経営するB社は、債務超過を脱することが困難です。救済の意味で、私が保有経営するA社でB社を無対価で吸収合併しようと考えています。どのような課税が生じるでしょうか。

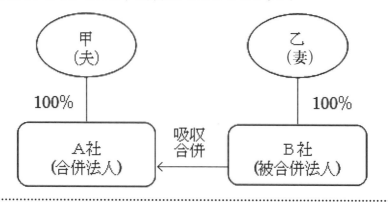

A

　本設問は、省略型に該当しない無対価合併であり、非適格合併に該当します。無対価の適格要件は、法令4の3では、「合併前の合併法人と被合併法人の株主構成及び持株割合が同一である場合」を無対価合併の要件として定めています。省略型無対価合併における適格要件の判定における「一の者」は、文字通り個人1名で判定し、その親族等を含めません。本設問は、A社は甲100％、B社は乙100％の法人であり、無対価による合併は、非適格合併となります。

解説

1.　債務超過会社の吸収合併が法制上許されるか

　かつては、実質債務超過会社を被合併法人とする吸収合併は認められませんでした。会社法制定時に、これが認められるようになりました。これは正面から認められたというよりも、将来の事業の見込みによって、現時点での実質債務超過会社が、将来大化けする可能性（ゼロ円以上の価値がある）という主観的価値を否定しないものだと理解すべきでしょう。また、株主が同一である法人同士、あるいは、親子会社といった救済合併であれば、合併に経済合理性があり、債務超過会社吸収合併も当然許容されるべきでしょう。

　しかし、第三者が保有する法人で、客観的に価値がない法人を被合併会社として、吸収合併する場合、吸収合併の経済的合理性がまったく説明できないなら、寄附や債務引受となることや、事後的に合併法人に財産上の損害を与えたとして背任罪で逮捕されることもありえます。実務上、実質債務超過会社を被合併法人とする吸収合併が法制上否定されていないことを理由に、株主が同一でない債務超過法人を吸収合併することをことさらに奨励するのはむしろ危険であり、実務家としては、最低限の経済合理性が保証されていない救済合併を肯定すべきではないように思います。

2.　債務超過会社の無対価による吸収合併が税法上許されるか

　本設問は、一見すると、100％関係内の合併ですので、適格合併を認めてよさそうにみえます。適格組織再編となる要件における完全支配関係の判定上、株主等と特殊の関係のある個人（親族等）の保有する株式を「一の者」として判定するため、本設問では、夫と妻が「一の者」として取り扱われます。

　また、被合併法人であるＢ社は債務超過であり、株式の価値はほとんどあ

りません。経済的実体からすれば、無対価合併を認めてよさそうにも思えます。

　しかし、この合併が無対価となると話が変わってきます。無対価合併の適格要件は、条文で明確に定義されているからです。税法では、この要件を満たさなければ、経済的実体がどうであろうと、税制適格を認めないというスタンスです。要件は、「合併法人と被合併法人の株主の持株割合が同一の場合」に限定されています。この無対価合併の要件は、株主等と特殊の関係のある個人（親族等）の保有する株式を「一の者」が保有しているものとして、判定をしません。つまり、個人はその個人のみの持株比率で判定します。本設問では、A社が甲100％、B社が乙100％の合併であり、持株比率が同一とならないため、非適格合併となります。

　無対価組織再編を行うにあたっては、重要な注意点が4つあります。

① 実質債務超過のみを理由とする無対価組織再編は、必ず、非適格組織再編になる

　実質債務超過の法人は、実質的に価値ゼロ円の株式です。したがって、無対価で合併を行うということも考えられます。しかし、この理由による無対価組織再編は、適格要件を満たしません。

　第三者の実質債務超過会社を合併する救済型の組織再編は、従来から、多く見受けられますが、無対価の救済型組織再編はすべて非適格になります。非適格であったとしても、税務上の繰越欠損金もあり、被合併法人から合併法人への資産の譲渡損益課税が重くなるケースはそれほどないと思われます。しかし、被適格になれば被合併法人の税務上の繰越欠損金の引継ぎができなくなってしまい、再生スキームがいきなり頓挫する可能性もあります。

　少なくとも省略型の無対価組織再編以外は、適格組織再編にはらならないことをしっかり認識しておく必要があります。

② 被合併法人が債務超過の場合の無対価合併は資産調整勘定の金額及び差
　額負債調整勘定の金額がないものとされる

　非適格合併に該当する場合には、合併法人は、被合併法人から資産負債の
時価での移転を受けます。交付した合併対価と資産負債の時価純資産との差
額は、税務上ののれん（負ののれん）が認識されます。これが資産調整勘定
と差額負債調整勘定です。

　非適格の無対価合併の資産調整勘定及び差額負債調整勘定の金額は、次の
区分に応じて計算されます（＊12）。

　　＊12　国税庁HP　質疑応答事例／法人税「被合併法人が債務超過の場合
　　　　の無対価合併における資産調整勘定の金額及び差額負債調整勘定の金
　　　　額」

　ⓐ　被合併法人と合併法人の株主構成が等しい関係がある場合で、一定の
　　資産評定が行われているとき

　　㋑＞㋺　その超える部分の金額を資産調整勘定の金額とする。

　　㋑＜㋺　その超える部分の金額を差額負債調整勘定の金額とする。

　　　　㋑営業権（独立取引営業権（※1）を除く）の一定の資産評定によ
　　　　る価額

　　　　㋺将来の債務（退職給与債務引受額（※2）又は短期重要債務見込
　　　　額（※3）の起因となる債務を除く）でその履行に係る負債の引
　　　　受をしたものの額

　ⓑ　ⓐ以外で次に該当するとき

　　㋩＜㊁　資産調整勘定及び差額負債調整勘定の金額はないものとする。

　　　　㋩資産（営業権にあっては、独立取引営業権に限る。）の取得価額
　　　　の合計額（一定の資産評定を行っている場合には、営業権の価額
　　　　を含む。）

　　　　㊁負債の額の合計額（退職給与債務引受額及び短期重要債務見込額
　　　　　に係る負債調整勘定の金額及びイ②を含む、）
（※１）　独立取引営業権……営業権のうち独立した資産として取引され
　　　　る慣習のあるもの
（※２）　退職給与債務引受額……退職給与債務引受けに係る金額として
　　　　算定される一定の金額
（※３）　短期重要債務見込額……将来の債務で、その履行がその無対価
　　　　　合併の日からおおむね３年以内に見込まれるものを負担の引受け
　　　　　をした場合に、その債務の額として算定した一定の金額

　被合併法人が実質債務超過会社であることを理由とした無対価合併であれ
ば、合併により合併法人が被合併法人から移転を受けた資産の取得価額の合
計額（上記㊅）は移転を受けた負債の額の合計額（上記㊁）に満たないこと
はあきらかです。上記ⓑに該当するため、資産調整勘定の金額及び差額負債
調整勘定の金額は、ないものとされます。

　その満たない部分の金額は、寄附金等、その他その満たない部分の金額の
性質に応じた取扱いが税務上なされることになります。

③　株主構成が等しい関係にある場合の無対価非適格合併の増加資本金等の
　　額はゼロとなる

　本設問とは関係がありませんが、被合併法人と合併法人の株主構成が等し
い関係（法令４の32二ロ）がある場合の無対価合併であっても、継続保有要
件を満たさないことから、非適格合併に該当することがあります。この場合
の合併法人における増加する税務上の資本金等の額にも注意が必要です。

　増加する資本金等の額は、原則として、㋑－㋺の額となります。

　㋑合併により移転を受けた資産（営業権にあっては、独立取引営業権に限
　る。）の価額（資産調整勘定の金額を含む。）

ロ合併により移転を受けた負債の価額（負債調整勘定の金額を含む。）

　実質債務超過を被合併法人とする合併は、移転を受けた資産の価額が移転を受けた負債の価額に満たないでしょう。したがって、増加する資本金等の額はゼロとなります。

④　100％関係であってもすべて適格組織再編となるわけではない

　親孫会社の合併、孫会社同士の合併など、100％グループ関係内の組織再編でも、無対価が禁止型や省略型とみることができない類型のものがあります。税法上、適格と認められる無対価組織再編は、２つの類型だけですので、これに該当しないものは、たとえ100％グループ関係内の組織再編であっても、適格組織再編には該当しません。

　もちろん100％資本関係にある組織再編であれば、グループ法人税制が適用され、移転する資産が、資産の譲渡損益繰延制度の対象資産（譲渡損益対象資産）に該当するのであれば、少なくとも、再編時点では譲渡損益課税が生じません（法法61の33）。しかし、すべての資産が譲渡損益調整資産となるわけではありません（法令122の14）。たとえば、譲渡直前の簿価が1,000万円未満の資産は、時価がいくらであっても、譲渡損益調整資産の対象となりません（同①三）。

　なお、無対価合併であれば、株主にはみなし配当課税が生じませんし、株式譲渡損益課税も生じません。

3.　債務超過会社を救済合併するためのその他の方法

　親会社による子会社の吸収合併のように、そもそも無対価にせざるを得ないケース（禁止型）があるのも事実です。その場合には、税法上手当がなされています。それ以外の無対価組織再編は、税法上、一定の場合には認められるようになっているとはいえ、あくまでも省略型と整理できる特殊な例外

と位置づけておくべきでしょう。

　ところが、実務では、無対価組織再編を選択するが比較的多いようです。これはなぜでしょう。弁護士や司法書士などから無対価組織再編が可能であると聞いて、単純にそれに飛びついていることもあるのかもしれません。また、無対価であれば、対価としての株価算定が不要であるといった、税理士や公認会計士の手間を考慮した理由もあるようです。

　税制上の問題を念頭においても、やはり、無対価組織再編を選ぶべき事案なのか、そもそも無対価組織再編と整理できる事案なのか、再編手続の計画段階で、十分な検討が必要と考えます。

　①少額の金銭又は株式の交付による有対価合併

　実質債務超過のみを理由とする無対価合併であれば、対価の省略型にならないことから、非適格合併になってしまいます。なにかしらの対価を交付することにより、これを回避できます。合併対価としては、①できるだけ少数の株式の交付、②１株につき１円の交付が考えられます。法人間の寄附金＝受贈益または株主間の寄附金＝受贈益が生じますが、①②とも金額が少額となるため、法人間および株主間の経済的利益の移転を最小限に抑えることができます。これに対して、不平等な合併比率であることを理由として、税制適格要件に抵触するのではという意見もあります。

　合併比率が不平等である場合には、合併法人から被合併法人に対する寄附を行っていることから、金銭等不交付要件に抵触するのではないかとの論拠のようです。

　「平成22年度において、無対価組織再編成について、『交付するべきものを交付しなかったら非適格とする』という考え方により、その一部を非適格とする改正が行なわれている。合併に関しても、不平等合併が無対価である場合には、従来の適格合併の要件を全て満たしているときであっても、非適格

となることがあるため、注意が必要となる（法法２十二の八、法令４の３②
～④）。」（＊13）

　　＊13　日本税制研究所「合併対価の額が適正額となっていない場合の取扱
　　　　　い」T＆A master（ロータス21）2011.3.21　No.395

　この点について、佐藤信佑氏が次のように述べています。

　「合併比率が不公平等であることを理由として、合併法人から被合併法人
に対して寄附が行われたとみなしたところで、被合併法人の株主に対して、
合併法人株式又は合併親法人株式のいずれか一方の株式または出資以外の資
産が交付されたことにはならない。そのため、合併比率が不平等であること
を理由として、税制適格要件に抵触することはないと考えられる。」（＊14）

　　＊14　佐藤信佑『債務超過子会社の整理・統合の税務』（中央経済社）

　いずれの説が正しいかは別にして、実務では安全策を採用すべきであり、
合併前の株式の譲渡又は贈与が比較的多用されています。

　②株式の譲渡又は贈与後の合併

　組織再編税制の適用が不安定なことから、これを避けるため、合併の直前
に、合併法人の株主が被合併法人（債務超過会社）の株主から1株につき1円
で取得するという方法があります。これにより、組織再編税制の適用の不安
定さから解放されるとともに、株主間の経済的利益の移転を最小限に抑える
ことができます。

　③解散による清算

　兄弟会社を整理する方法として、解散による清算もあります。乙にとって、
兄弟会社の適格合併は、所有するＡ社株式からＢ社株式への付け替えが生じ
るだけです（法法61の２②、所令112①）。しかし、解散による清算によれば、
時価で残余財産の分配を受けることができます（法法23、24、所法25①三）。

　当然、合併と解散による清算は法制上の取扱いの違いがあります。たとえ

ば、解散による清算によれば、残余財産分配は債務の弁済後に限られ、許認可の引継ぎは当然できません。また、合併によれば、被合併法人と合併法人との間における債権債務は、混同により消滅しますが、解散によれば、あくまでも残余財産としての換価払戻しの対象となります。実質債務超過であれば、一定の金額につき債務放棄が必要になります。

(2)　会社分割

Q

　当社（A社）は食品会社ですが、親族が社内ベンチャーで新規に化粧品事業を始めました。化粧品事業はうまくいっています。将来、長男をA社の後継者にし、株式を譲渡するとともに親族以外の第三者からの第三者割当増資を受けるつもりです。化粧品事業は、別会社形態をとることにしました。化粧品事業が使用している自社所有のビルと敷地を分割型分割で新会社（B社）に承継させる予定です。私及び親族で、B社は継続して保有し続ける予定です。どのような課税関係が生ずるでしょうか。

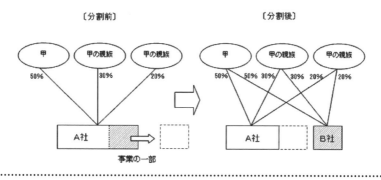

A

　本設問が、適格要件に該当するか否かですが、分割承継法人株式以外の資産が交付されず、分割承継法人が親族グループでの完全支配関係の継続が見込まれるかぎりは、同一の者による完全支配関係での適格分割となります（法令4の3⑥二）。その個人及びその親族等を「一の者」として、その同一の者と分割承継法人との間に同一の者による完全支配関係が継続することが見込まれていれば、適格分割となります。

　この時点では、将来の相続に備えての分割であり、分割時点での分割承継法人の株式の売却等を前提としていませんから、分割承継法人株式の継続保有の見込みありと解されます。将来分割承継法人の株式が売却されたとしても、分割時に当初から売却が見込まれておらず、事後的に決定されたものであれば株式の継続保有要件に影響するものではないと解されています。

解説

1.　会社法における会社分割の取扱い

　会社分割は、会社法が規定している組織再編手法のひとつです。別会社に事業に関する資産等を包括的に移転させることができます。個別的な移転手続を必要とする事業譲渡とは違います。包括的な移転という意味では、合併と類似していますが、移転資産や事業などの範囲を分割契約で定めた範囲に限定でき、移転元法人の消滅を前提としないという点では合併と異なります。

　会社法では、既存法人への権利義務の承継により移転を行う吸収分割（会法2二十九）と、新設法人への権利義務の承継により移転を行う新設分割（会法2三十）を区別しています。

　ただし、税制のことを考えれば、むしろ、分社型分割（物的分割）と分割型分割（人的分割）との区別を理解することが有益です。

　会社分割は、新規事業等に進出する場合などに、自社の名前を出したくない場合などに用いられることがあります。たとえば、すでにＡ社系列の販売チェーンに属している法人が、Ａ社と対立するＢ社チェーンにも入りたいが、自社の名前でそのまま取引するわけにはいかないというケースです。自社でＡ商事、分社した法人でＢ商事というように、法人格を分けて取引を行いたい場合に会社分割のニーズがあります。

　また、分割法人の資産構成を変えるために、会社分割が用いられることもあります。

①分社型分割

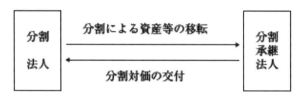

　分社型分割は、分割法人が事業に関する資産等を分割承継法人に移転させ、その分割対価として分割承継法人株式の交付を受けるものです。この構造は、一方の法人が事業譲渡を行い、対価として事業譲受け法人の株式を取得するのと同じです。ただし、事業譲渡は個別的な権利義務の移転契約であるため債権者保護手続が要求されないのに対して、分社型分割は、包括的な権利義務の移転契約であり、債権者保護手続が要求されます。

　分社型会社分割は、親会社が自社の一事業部門を独立させて子会社化する場合などに、使われます。

②分割型分割

　分割型分割は、分割法人から分割承継法人へ事業に関する資産等を移転さ

せた上で、その移転に対する分割対価を分割法人株主に交付するというものです。

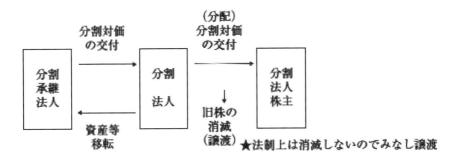

会社法では、分割型分割（人的分割）を、分社型分割（物的分割）を行った上で、分割法人株主に対して、分割対価として交付された承継法人又は新設法人の株式を、①全部取得条項付き種類株式の取得対価、又は、②剰余金の配当として交付するものと整理しています（会社法785八、763十二、会社計算規則2四十四、五十四）。

この分割型分割の特徴は、事業に関する資産等を移転するだけでなく、株主構成をそのまま別会社も同じにすることが可能であることです。

分社型分割であれば、分割会社の株主にとって、分割会社の資産構成の内訳が変わったというだけで、特に影響はありません。しかし、分割型分割は、各株主の保有する株式が複数社の株式に分けられるといった効果が生じます。

本設問のように、将来的な株主構成の見直しを考えている場合、その準備段階として、このような分割型分割が利用できます。

単独新設分割の分割承継法人の会社法上の株主資本の取扱いも押さえておきましょう。

分社型分割の場合には、分割承継法人の資本金と資本剰余金は、分割法人から承継した株主資本等変動額（企業結合が取得に該当するか、共通支配下

の取引に該当するかによって金額が異なります。）の範囲内で、資本金、資本準備金、その他資本剰余金に自由に振り分けることができます（会計規49①）。分割承継法人の利益剰余金は0円となります（会計規49②）。分割承継法人の承継資産が債務超過の場合には、資本金、資本準備金、その他利益剰余金零となり、その他利益剰余金のマイナスとなります。

　分割型分割の場合には、分社型分割と同様の方法によることもできますが、分割型分割の特例として、分割法人で減少させた資本金・資本準備金・その他資本剰余金・利益準備金・その他利益剰余金の金額を、そのまま分割承継法人が引き継ぐこともできます（会計規50①）。後者の方法による場合には、分割会社で資本金等の減少手続が必要になりますので、注意が必要です（会計規50②）。

　令和6年度税制改正により、事業税の外形標準課税の適用対象会社の範囲を拡張し、従来は資本金額が判定基準であったところ、資本金＋資本剰余金の合計額による基準が導入されます。この改正を踏まえれば、今後の実務では、分社型分割よりも分割型分割の会社計算規則50条第1項の適用が多用される可能性があります。改正の実務動向に注意しておきたいところです。

2. 税法における会社分割の取扱い

①分社型分割

　分社型分割の登場人物は、事業に関する資産等の移転元である分割法人と、移転先である分割承継法人の2者だけです。分割型分割と異なり、分割法人の株主は登場しません。

⑦非適格分社型分割（譲渡型会社分割）

　法人税法は、分社型分割を、資産及び負債の移転＋新株発行、言い換えれば、事業に関する資産等の現物出資と考えます。

　分割法人は、移転資産等を分割承継法人に時価で譲渡し、資産等の移転損益に対する課税が行われ、分割承継法人株式などの分割対価を取得します。分割承継法人は、分割法人から移転資産等を時価で取得し、その身代わりに分割法人株式を分割法人に交付します。分割対価として新株発行を行うのであれば、資本金等の額が対応して増加します（法令8①七）。

《非適格分社型分割の税務仕訳例》

【分割法人】

分割承継法人株式（時価）	100 / 資産等（簿価）	70
	/ 資産譲渡益	30

【分割承継法人】

資産等（時価）	100 / 資本金等の額	100

　㋺適格分社型分割（承継型会社分割）

　税務上の適格要件を満たせば、会社分割は、簿価での資産等移転です（法法62の3）。分割法人は、移転資産等を分割承継法人に簿価で譲渡し、移転純資産の簿価と同額の分割承継法人株式を分割承継法人から取得します（法令119①七）。分割承継法人は、移転資産等を分割法人の簿価で受け入れ（法令123の4）、対価として分割承継法人株式を分割法人に交付します（法令8①七）。

【分割法人】

分割承継法人株式	70 / 資産等（簿価）	70

【分割承継法人】

資産等（簿価）	70 / 資本金等の額	70

　㋩分社型分割と株主間の利益移転

　分社型分割では、株主間での利益移転はこの時点では特に生じません。あくまでも、分割法人からみれば資産構成を、現物資産の直接保有から、株式

保有に切り替えたにすぎません。

　分割法人の現物資産が分割承継法人の株式に変わったことで、株主からすれば、分割法人の株式の相続税評価に影響があります。分割法人の株価算定上、分割承継法人株式の評価差額に対する法人税相当額控除はできないほか、資産構成次第で、株式保有特定会社・土地保有特定会社などの規制への該当・非該当が新たに生じる可能性があります。

　②分割型分割

　分割法人から分割承継法人へ資産等が移転し、分割法人は分割承継法人株式などの分割対価の交付を受けた上で、この分割対価をそのまま分割法人株主に配当するという、会社法規制の通りの課税関係が生じます（法法62①）。

　㋑非適格分割型分割（譲渡型会社分割）

　非適格分割を前提とすれば、分割法人では資産等の移転による譲渡損益が生じ、分割承継法人では資産等を時価で受け入れ、その対価として分割法人に分割対価資産（分割承継法人株式又は現金等の資産）を交付します。分割法人は分割対価資産をそのまま分割法人株主に配当します。分割法人株主は、分割法人からの配当により、この分割対価資産の交付を受けます。分割法人株式の譲渡損益課税と配当課税を受け（法法61の2④前段・法法24①二）、分割法人株式を減少させるとともに、分割承継法人株式などの分割対価資産の取得を認識します。

　配当課税が生じる部分と受け入れする分割対価資産は、分割法人の資本金等の額と利益積立金額のいずれの部分が生じたのかを示す分割割合計算によって算定します（法令23①二）。分割法人の株主も、この移転割合計算で分割法人株式から分割承継法人株式に付替えます（法令119①六、所令113①）。

《非適格分社型分割の税務仕訳例》

【分割法人】

分割承継法人株式（時価）	100 / 資産等（簿価）		70
	/ 資産譲渡益		30
資本金等の額	30 / 分割承継法人株式（時価）		100
利益積立金額	70 /		

（源泉所得税省略）

【分割承継法人】

資産等（時価）	100 / 資本金等の額	100

【分割法人株式】

分割承継法人株式（時価）	100 / 分割法人株式（簿価）	90
株式譲渡損益	60 / みなし配当	70

（源泉税省略）

㋺適格分割型分割

　適格分割型分割も、分割法人から分割承継法人に資産等を簿価で移転し、対応する額の税法上の資本金等の額及び利益積立金額をそのまま引継ぎます（法法62の2②・法令8①六・法令9①三）。分割法人の株主は、移転割合計算で分割法人株式から分割承継法人株式に付替えます（法令119①六、所令113①）。ただし、税法上の繰越欠損金も引き継げません。

　将来、子会社株式の売却を行うために、M&A手段の第一段階として会社分割をしておくことがあります。いきなり外部に事業譲渡するのは大変ですので、まずはいったんグループ内で、事業の独立化状況を作り出しておけば、M&A段階では、株式譲渡で済むことになります。このような場合には、会社分割のなかでも分割型分割を選択するケースが多くみられます。なぜなら、分割型分割は、分割後における一の者と分割承継法人との間の支配関係の継

続が見込まれるのみが税制適格要件とされているからです。すなわち、一の者と分割法人との間の支配関係の継続が見込まれていることは要件から除外されています（＊15）。M&Aの準備として、M&Aの対象となる事業を分割法人に残し、M&Aの対象とならない事業を分割承継法人に移転する分割型分割を行う実務が増加しています。

＊15　国税庁HP　質疑応答事例／法人税「企業グループ内の分割型分割における株式の保有関係について」

また、分割型分割は、会社をGoodカンパニーとBadカンパニーに分け、Badカンパニーをつぶしてしまうという手法にも利用されます。この手法を利用するには、Goodカンパニーを分割承継法人とし、Badカンパニーを分割法人とします。なぜなら、前述したとおり、分割型分割は、分割後における一の者と分割承継法人との間の支配関係の継続が見込まれるのみが税制適格要件とされているからです。したがって、Badカンパニー（分割法人）の解散を予定していたとしても、同一者とGoodカンパニー（分割承継法人）の株式を継続して保有する見込みであれば、税制適格要件を満たし、適格会社分割となります。

（ｲ）分割型分割と株主間の利益移転

分割型分割は、分割間の株主構成と持株比率と同じように分割承継法人から分割対価が交付されるため、個人間の利益移転はありません。株主構成を按分的しない（非按分型）分割型分割も理論上はありえますが、実際には、持分移転に対する株主間の贈与の問題が生じてしまうため、使われていないでしょう。

株主にとっては、分割法人の株式1銘柄から、分割法人と分割承継法人の株式の2銘柄に、株式保有形態の切り替えが生じただけです。ただし、株式保有が2銘柄に変わることで、株式評価額への影響が生じます。

(3)　清算

①　基本的な清算事例

Q

私は同族会社のオーナーです。会社の業績が悪いので、清算しよう
かと思います。会社内に留保された剰余金を私が取得する際、どのよ
うな課税関係となるのでしょうか。

A

会社内に留保された剰余金を、経営者としての立場で個人に移転す
るか、株主の立場で個人に移転するかで課税が大きく異なります。

解説

1. 資産超過会社の清算（通常の清算）

①役員退職金

会社の利益剰余金額を経営者の立場で個人に移転するならば、それは自身
の経営上の成果の累積の分配であり役員退職金として認識することとなりま
す。

役員退職金は、退職所得として区分されるため、勤続年数1年につき40万
円（20年を超える場合は1年につき70万円）の退職所得控除が受けられます
し、在職年数が5年以下の場合を除き2分の1課税で済みます。税額計算で
は、累進税率が適用されますが、他の所得とは合算せずに所得税額を計算し
ます。

会社の側としては、会社の剰余金を役員退職金で支給すると損金として計
上できますが、当然のことながら、役員退職金のうち不相当に高額な部分の
金額は損金の額に算入できません。とはいえ、仮に高額な役員退職金を支給

しても、同時期に発生する多額の益金と相殺する目的でない場合は、税務上問題となるケースは少ないと思われます。

　なお、解散により取締役として会社経営の職務執行は終了します。解散後も引き続き清算人として清算事務に従事する役員について解散前の勤続期間に係る退職手当等として支払われる給与については、所得税法上退職手当等として取り扱われているため（所得税基本通達30－2(6)）、法人税法上も、退職金として取り扱われます。

　②配当

　会社法では解散後の清算株式会社は、その債務を弁済した後でなければ、その財産を株主に分配することができません（会502）。ただし、債務の存否又は額について争いのある債権に係る債務についてその弁済をするために必要な財産を留保した場合は、この限りではありません。

　③残余財産の分配　個人株主の課税

　会社の利益剰余金額を株主の立場で個人に移転するならば、それは残余財産の分配であり、当初の出資額を超える部分の金額は配当とみなす金額となります。出資額を超えない場合は、配当とみなされる金額はありません。

　株主側では、残余財産の分配を受けることで清算会社の資本金等の額を超える部分についてはみなし配当課税が生じ、配当所得として、他の所得と合算して累進課税により所得税額を計算することとなります。また、資本金等の額相当額について株式譲渡収入が生じるため株式譲渡所得が生じることになります。

　会社の資産に含み益を抱えている場合など清算に当たって多額の法人税等の負担が想定される場合には、役員退職金として支給する方が清算法人において税負担が少なくなる場合も考えられます。適切な税負担とするためには、解散前に土地の処分価額を見積もり、保険契約の解約返戻金額を試算してお

くなど、処分見込み額に基づく実態貸借対照表を作成して、予め適切な役員退職金額及び配当金額を試算するのが実務として必要になります。

2. 債務超過会社の清算

①債権放棄

清算中の事業年度では、各事業年度末で残余財産がないと見込まれる場合、つまり実質債務超過状態にある場合には、いわゆる期限切れ欠損金の損金算入が認められています。

この期限切れ欠損金の損金算入特例を使うには、実質債務超過状態の判定のための実態貸借対照表の作成が必要になりますので、財産評定を行わなければなりません。財産評定の結果、実質債務超過の状況にあれば、残余財産がないと見込まれることになります。

なお、代表者が会社に対して債務免除を行うのは、清算の最後ギリギリまで待つべきです。 余り早く債務免除を行って資産超過になれば、期限切れ欠損金の損金算入できない額が生じかねません。 債務免除時期には、十分な注意が必要です。

②代表者債務免除のタイミングと利益移転

平成27年から相続税の基礎控除が圧縮されたこともあり、代表者等が会社に対して有する債権の処分は喫緊の課題と言えます。

しかし、安易に債務免除を行えば、たとえ青色欠損金で会社側の債務免除益が吸収される場合でも、株式価額の上昇分について、他の株主への相続税法9条のみなし贈与課税が行われる場合もあるため、一般論としては十分な検討が必要になります。解散清算に際して行う債務免除であってもこの点は同様です。ただし、事業実態による赤字が生じた場合には通常問題になることは少ないと言えます。

　その意味で、先に述べたように、清算中の各事業年度末で実質債務超過状態にあるものとして期限切れ欠損金を利用して、最後に債務免除を行うことが実務です。

　ただ、例えば自己株式取得の利用や組織再編の利用により、このような実質債務超過状態を恣意的に作出した場合にまで、このような期限切れ欠損金の利用が許されるのかは、実務の集積を待たないと分からないとは言え、慎重に考えておくべきでしょう。

3. 現物分配

　会社財産を現物により分配する場合、現物財産は分配時の価額により株主に移転することとなりますので、現物財産の帳簿価額との差額について譲渡損益を計上することとなります。

　なお、現物分配は株主の立場に基づく資産の移転であり対価性がありません。このため、消費税法上は課税対象外取引となります。

Ⅱ 組合・信託・一般法人による移転

❶ 組合により事業等を行った場合の利益の移転

(1)　組合による事業の運営

①　共同事業に係る所得の計算

Q

　　当社は試験的に会社から独立したチームを作り、外部の技術者の参加を得て、それぞれの資金出資により共同開発した技術を利用した商品の販売を始めました。このプロジェクトは順調に進み、そこそこの利益を生み出しています。このプロジェクトについて、特に組織としての登記はしていませんが、どのような課税関係になるのでしょうか。

A

　　共同事業は実態として民法組合として運営されていると思われます。組合として運営された事業の損益は、組合ではなくその組合員に直接帰属し、課税関係が発生することとなります。

解説

1. 民法組合とは

　民法組合による組合契約は、各当事者が出資をして共同の事業を営むことを約することによって、その効力を生じます（民667）。つまり、組合という名前がついていても、実態はメンバー相互の契約関係となります。そして、設例のような契約関係は、実態として民法契約そのものであると考えられます。民法組合は民法667条から688条を根拠としており、任意組合ともよばれます。

民法組合は契約関係なので、それ自身には組合という実在はなく、法人格はありません。したがって、民法組合として、権利義務の主体となることはできません。

組合の財産は、全組合員の共有となり、各組合員は持分権を有します（民668）。各組合員は持分権を単独に、かつ、自由に処分することはできません（民676）。そこで、この持分権は、いわゆる「合有権」であると解されています。また、業務執行は組合員の過半数で決定しますが、通常業務は、各組合員が単独で行うことができます（民670）。損益分配の割合は、出資割合が原則ですが、損益分配の割合を契約で定めたときは、それに従います（民674）。

民法組合ではこのように組合財産が組合員の共有持分であることから、組合事業から生ずる利益金額または損失金額については、各組合員に直接帰属し、組合にではなく組合員に課税（パス・スルー）されることとなります。ただし、一定の損失については取り込み制限が設けられています。

2.　民法組合とLLP

LLP（Limited Liability Partnership）は民法組合の特例として、平成17年8月1日施行の有限責任事業組合に関する法律により導入されたものであり、営利を目的とする事業を営むための組合契約です（LLP法1、10）。

LLPは民法組合と同様に、内部自治を原則とし、構成員課税が適用され

ます。しかし、民法組合と異なり有限責任制を採っており、そのことから登
記を必要とするとともに、債権者保護のための種々の規定が設けられていま
す（LLP 法 7 - 9 、11、12、15他）。

　事業体関係の裁判例として、米国デラウェア州 LPS が法人に該当するか
争われた事件（最判平27.7.17・ＴＡＩＮＳ Z265-12701）の最高裁判決が下さ
れました。ここで、最高裁は、LPS は、日本の課税関係を考える上では、
権利義務の帰属主体となり、外国法人に該当すると判断しました。

図表：デラウエア LPS 訴訟の状況

	大阪事件	東京事件	名古屋事件	参考：東　京 （バーミューダ LPS）
地裁	法人 （平22.12.7判決）	法人でない （平23．7.19判決）	法人でない （平23.12.14判決）	法人でない （平24．8.30判決）
高裁	法人 （平25．4.25判決）	法人 （平25．3.13判決）	法人でない （平25．1.24判決）	法人でない （平26．2．5判決）
最高裁	上告受理申立て済	上告受理申立て済	法人 （平27．7.17判決）	上告不受理

　日本の投資家は、パススルーでの不動産所得として、その生じた損失を他
の所得と損益通算していたものに対して、課税庁がこれを否認した事案です。
最高裁は、準拠法における法的地位の付与の有無を確認し、その組織体が権
利義務の帰属主体であると認められるか否かを検討して判断するものとしま
した。

　本件においては、準拠法における法的地位の付与の有無は不明確であると
判断しつつも、権利義務の帰属主体となり得る点が確認されたことで、日本
法においては、法人に該当するものと判断したわけです。これにより、LPS

のパススルー性を利用した投資商品スキームについて、さらに慎重な見方が増えてきているようです。

3. 民法組合と匿名組合

　匿名組合は、民法組合、LLP と異なり、商法535条から542条までを根拠としております。匿名組合についても、組合として名前がついていますが、1人の営業者と1人の匿名組合員という2者間の契約関係により生ずるものであり、それ自身には組合という実在はなく、法人格はありません。また、営業者は無限責任ですが、各組合員は有限責任となります。匿名組合として、権利義務の主体となることはできないため、一般的な投資スキームにより匿名組合を利用する場合には、匿名組合の営業者として有限会社や合同会社である特別目的会社（SPC）を設立し、SPC が複数の投資家とそれぞれ匿名組合契約を締結することが多いようです。

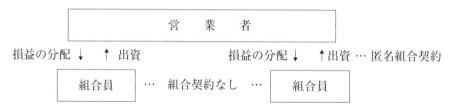

4. 民法組合と人格なき社団

　これらの「組合」とは、似て非なるものとして人格のない社団があります。人格のない社団の成立要件は、最高裁昭和39年10月15日判決（Z999-5135）において定められており、法人格はないものの、個人間の契約だけでない団体としての実在が認められるとして、法人課税がなされることとされています（法法3）。

　以上、各事業体の概要をまとめたものが次の表です。

〈各事業体の概要一覧〉

	LLP	民法組合	匿名組合	人格なき社団
根拠法	LLP法	民法	商法	最判昭39.10.15
法人格の有無	なし（肩書付名儀）		なし	団体性あり、法人とみなす・法法3他
登記	契約登記	不要		
存続期間	定めあり		定めなし	
事業目的	共同営利事業・商行為、士業等禁止	事業目的に制限なし	営業利益分配・内部関係は共同事業	定款・規約等に定める
責任の限度	有限	無限	営業者は無限・匿名組合員は有限	有限
出資の種類	金銭等に限定	金銭等	金銭等に限定	
労務出費	不可	可	不可	
組合員数・契約種型	2人以上（組合契約）		当事者間の契約・匿名組合員同士の契約無	一般的に多数、定款・規約等
組合員（出資者）の属性	個人・法人		営業者は商人である法人・個人	個人・法人
	当事者1名以上は、居住者又は内国法人	人格のない社団、組合も可	匿名組合員は法人・個人・任意組合（商人を問わず）	入替が予定されている
意思決定	総組合員の同意・重要事項以外は緩和可	総組合員の過半数	営業者	意思決定機関がある多数決の原理
業務執行	全各組合員・全部委任不可	総組合員・全部委任可	営業者・事務委任	代表者の定めあり
財産	総組合員の含有		営業者	総有

財産登記の要否	共有物分割禁止登記可（LLP法74、不動産登記法59⑥）	組合名義・組合代表者名儀の登記不可、組合代表者個人名義		団体名義での登記不可・代表者個人の名義
持分の譲渡性	総組合員の全員一致で可	総組合員の全員一致で可	相手の承諾なく譲渡不可	
退社・脱退時の持分払戻し	原則禁止・別段の定めあり		あり	
損益・配当の分配	出資割合・別段の定め可			
課税	構成員課税			法人課税

（LLP実務研究会編集『実践　LLPの法務・会計・税務』（新日本法規出版）18-19頁の表一部抜粋）

②　出資割合と損益の分配

Q

　私は昔の上司と組んで個人として輸入商品販売の事業を行うこととしました。双方の出資割合は1：1ですが、実際の業務はほとんど元上司が担当することから、収益の8割を元上司に、2割を自分に分けようと思います。どのような課税関係になるのでしょうか。

A

　民法組合で事業を行う場合、出資割合と収益の分配割合が異なるときは、利益の供与に該当しないか十分に検討する必要があります。

解説
1.　出資割合によらない損益の分配

　民法組合の組合員の損益分配割合は、当事者が損益分配の割合を定めな
かったときは、その割合は、各組合員の出資の価額に応じて定めることに
なっています（民674①）。つまり、当事者間で出資の価額以外の割合にて、
自由に定めることができます。これは、LLP においても同様ですが、出資
の価額以外の割合を定めた場合、組合員全員による署名又は記名押印をした
「組合員の損益分配の割合に関する書面（様式第一）」（LLP 法規則36①）を
作成する必要があります。

　税法においては、民法組合、LLP、投資事業有限責任組合（民法特例法で
ある投資事業有限責任契約に関する法律による組合契約）の組合員の組合事
業に係る利益の額又は損失の額は、その民法組合等の利益の額又は損失の額
のうち分配割合に応じて利益の分配を受けるべき金額又は損失を負担すべき
金額とするとされていますが（所基通36・37共-19）、その分配割合が各組
合員の出資の状況、組合事業への寄与の状況などからみて経済的合理性を有
していないと認められる場合には、この限りではないとしています（同但
書）。所得税法基本通達逐条解説（令和3年版、樫田明・今井慶一郎・佐藤
誠一郎・木下直人共編、大蔵財務協会）454-455頁では、例えば、組合事業
の管理・運営を行う一部の組合員については組合事業への貢献度が相対的に
高いことから、組合事業から生じる損益の一定割合を優先的に受けるという
ような場合には、組合契約において各組合員の出資の価額の割合と異なる損
益分配の割合を定めることが可能であると認めながら、これを税の計算にお
いても無制限に認めた場合には、組合員間における財の自由な移転を認める
こととなり課税上弊害があると解されることから、組合契約において定めら
れた当該分配割合が「経済的合理性」を有している場合には、当該分配割合

によって計算して差し支えないこととするも、例えば、組合員間の資産移転・利益移転を目的としている契約など、単に特定の組合員の税負担軽減を目的としていると認められるような契約で、損益分配の割合に経済合理性がないと認められる場合には、所得税の計算においては当該損益分配の割合によらない場合があると説明しています。

2. 不合理な利益の移転とみなされた場合の金額の計算

(1) 不合理な利益移転の例

当初の組合出資を50：50、損益の分配割合を20：80とした組合契約を例に取ります。

組合員	分配割合	出資割合
A	20／100	50／100
B	80／100	50／100

1期が終わった時点で200の組合利益が算出されたとします。

組合員	損益分配額	出資割合による分配額	差引
A	200×20／100＝40	200×50／100＝100	−60
B	200×80／100＝160	200×50／100＝100	60

この損益の分配割合が不合理とされた場合、AからBへの利益供与額は60となり、この金額がみなし贈与の対象となります。

(2) 労務出資とした場合

ところが、この利益200を得るため、Bが150の労務出資をしたと考えるのならば、次のようになります。

組合員	損益分配額	労務出資を考慮した出資割合による分配額	差引
A	40	200×　　　50／(100＋150)　＝40	0
B	160	200×　(50＋150)／(100＋150)　＝160	0

　このように、金銭出資と労務出資とを合わせてみたときに、合理的（経済的合理性）な損益分配となれば税務的にも問題ないものと取り扱われますが、一方、労務出資をどのように計測するのかは、量的、質的、時間的な要素など複雑な要素が絡みますので、丁寧に検討する必要があります。

3.　損益の計算方法と分配割合

　上記のように、出資割合と損益の分配割合の差異を労務出資とする考え方では、労務出資を加味した出資割合と損益の分配割合は等しいと考えます。しかし、その方法による場合、労務出資の計測が煩雑となるため、出資割合と損益の分配割合の差異を労務出資とまでは考えず、単に組合員間の利益の調整として処理をすることも可能であり、法人税基本通達14-1-2（注）2などを見ると、国税庁においては、こちらの考え方を採用しているようです。

　この考え方では、出資割合は組合財産の持分についての割合、つまりB/Sとしての割合であり、損益の分配割合はP/Lとしての割合として捉えます。したがって、損益の分配割合を別に定めたとしても、組合持分に対する割合は金銭等の出資価額の割合のままということになります。

　そこで、まず、この組合事業に係る収益、費用、資産及び負債はすべて金銭等の出資割合をもって各組合員に帰属するものと考え、分配割合と出資割合とが異なることによって生ずるその計算期間の利益の額又は損失の額との差額については、組合員間で損益の移転がなされると考えます。この損益の移転が、例えば、各々の労務提供に見合ったものであれば、合理的な利益の移転となるわけです。

　ところで、この組合員間の損益の移転は、減価償却の計算で表面化します。先ほどの例をとります。

組合員	分配割合	出資割合
A	20/100	50/100
B	80/100	50/100

　損益については、20：80で配分するとしても、組合の資産の持分は出資割合50：50で行いますので、減価償却の計算では、分配割合と出資割合との差異を組合員間の損益の移転として調整勘定を用いる方法（組合員間損益調整法）などにより調整することになります（法基通14-1-2（注）2）。

（組合員Aの仕訳）
　　減価償却費　　　　　　　20／建物　　　　　　　50
　　組合員間損益調整　　　　30／
（組合員Bの仕訳）
　　減価償却費　　　　　　　80／建物　　　　　　　50
　　　　　　　　　　　　　　　／組合員間損益調整　　30

　この調整勘定が、組合員間の利益移転を表しています。そして、これが合理的なものであれば、損益の認識をしないこととなり、不合理であるならば、この調整勘定に、寄附・受贈の要素が含まれているということになります。

　組合員間の出資割合と収益の分配割合を異なるものにした場合は、その相違を、労務出資に求めるにせよ、組合員間の利益の調整とするにせよ、それぞれの考え方に沿って算定した場合に、合理的な配分になっているかを考えることとなります。

③ 組合と組合員との取引の取扱い

Q

　私は趣味の週末農業が高じ、仲間と大規模な農園を借りることとしました。

　収穫された野菜や果物は、メンバーで分けるほか、近所の直売場に出荷することにします。また、メンバーの中に農園近くの農家の後継ぎ息子がおり、日常的な作業は担当してもらうことにしました。彼には収益の分配金の他に手間賃を支払いたいのですが、どのような課税関係になるのでしょうか。

A

　労務出資に対する分配となるか、給与所得となるかを慎重に判断する必要があります。

解説

1. 組合員が行う組合に対する役務の提供

　民法上の組合の組合員が組合の事業に従事することについて、損益の分配割合に織り込んで契約することをせず、労務の対価として別個に組合から金銭の支払いを受けた場合、これが組合の事業から生じた利益の分配なのか、給与所得に係る給与等の支払に該当するかが問題となります。

　組合員に対する金員の支払であるからといって、その支払が当然に利益の分配に該当することになるものではありません。一方、利益の分配とされるべき金銭の配分を給与として行うことにより、出資の割合や取り決めた損益の分配割合に依ることなく、組合員間で利益移転が行われてしまうことも考えられます。

2. りんご生産組合事件

　組合から組合員に支払われた金員の性質が争点となった裁判例として、りんご生産組合事件（最判平13.7.13・Z251-8946、仙台高判平11.10.27・Z245-8515）があります。

　この組合は、りんご生産農家23名が土地を出資して設立したものであり、組合員は出資した土地の面積に応じて出資口数を有するものです。設立当初は、組合員とその家族がりんご生産についての責任出役義務を負うとの制度が採られており、出役に対して対価が支払われるということはなく、出役の過不足は現金で精算することによって調整していました。その後、出役義務制度は廃止され、管理者と専従者、一般作業員によってりんご生産を行うことが決定されました。納税者であるＸは組合の出資者ですが、出役義務制度が廃止された後は、一般作業員または専従者としてその事業に従事し、賃金（専従者としては1日あたり6000円）を受け取っていました。この「賃金」が組合収益の分配として事業所得となるのか、給与の支払いとして給与所得となるのかが争点となりました。

　控訴審では、本件組合は、民法上の組合であり、組合員が組合から組合員の立場で受け取る収入は、給与、賞与などの名目で受け取るものであっても、これらの所得は組合の事業から生じた事業所得であるという性質が変わるものではないから、これを給与所得と解すべきではなく、組合の事業から生じた所得全体を各組合員の出資等に応じて配分した各組合員個人の事業所得と解すべきものであるとしました。

　一方、最高裁は、民法上の組合の組合員が組合の事業に従事したことにつき組合から金員の支払を受けた場合、その支払が組合の事業から生じた利益の分配に該当するのか、給与等の支払に該当するのかは、支払の原因となった法律関係についての組合及組合員の意思ないし認識、労務の提供や支払

の具体的態様等を考察して客観的、実質的に判断すべきものであって、組合員に対する金員の支払であるからといってその支払が当然に利益の分配に該当することになるものではないとしました。そして、労務の提供状況、責任出役義務制廃止の状況等から、組合員である専従者の労務の提供も、一般作業員のそれと同様のものと扱われたと評価することができ、これらの事実関係からすれば、Xら専従者が一般作業員とは異なり組合員の中から本件組合の総会において選任され、りんご生産作業においては管理者と一般作業員との間にあって管理者を補助する立場にあったことや、本件組合の設立当初においては責任出役義務制が採られていたことなどを考慮しても、Xが本件組合から労務費として支払を受けた本件収入をもって労務出資をした組合員に対する組合の利益の分配であるとみるのは困難というほかなく、本件収入に係る所得は給与所得に該当すると解するのが相当であるとしました。

　このりんご生産組合を巡る最高裁判決では、納税者が現に行った労務の提供は、かつて行われていた労務出資と異なり、他の作業員と同様に給与所得に該当するとしたものであり、組合員の労務の提供であっても、事実関係により、給与とみることができることを明らかにしています。しかしながら、労務出資としての労務の提供と、外部作業員と同種の労務の提供が同時期にあった場合、これをどのように区別するのか、区別することが可能であるのか疑問が残ります。実務上は、あきらかに他の労務出資と異なるものであり、外部作業員に対する支払と同質同等のものであることを証明することで対応していくことになるのでしょう。

　ところで、組合員である納税者にとって給与であるならば、組合から見た場合は給与の支払いに該当すると考えられます。そして、そのように考えたならば、組合損益はパス・スルーであることから、組合員である自分から、労務提供者である自分への給与の支払いということになり、論理矛盾が生じ

ます。しかし、最高裁判決では組合内部の処理までは、明らかにしていません。

3.　出資割合を超えて労務出資たる役務の提供をした場合

　労務出資とみられる役務の提供を行った場合であっても、出資割合を超えて役務の提供をしたならば、どのような課税関係となるかが問題となります。そしてその課税関係を解明するためには、出資割合を超えた役務の提供が、労務出資なのか、単に組合とその組合員との取引なのかを見ていく必要があります。これを区別するポイントは、役務提供の対象となった事業が、組合事業に該当するかどうかです。組合の目的である事業はすべての組合員にとって共通なものでなければならないことや、すべての組合員がその共同事業の成功に利害関係を有することが必要であるという点から、組合目的に必ずしも合致しない組合員の取引は、組合と組合員との取引であって、労務出資に当たらないとみるべきでしょう。

　消費税の裁判例ですが、民法組合であるJVの組合員が出資持分を超えて役務の提供をした場合、その取引は組合員自身の取引であるとして取り扱われた事案があります（福岡地判平11.1.26・Z240-8322）。判決では、JVが発注者に対して工事を行った場合、工事終了時には出資割合に応じて利益を分配し、解散する一方、JVの組合員がJVそのものに対し労務を提供したり、機械を賃貸した場合、これは労務出資とはならず、JV（の他の組合員）とその組合員との取引となるとしました。

　組合においては労務出資という考え方が今一つわかりにくいのですが、民法667条の「各当事者が出資をして共同の事業を営む」の趣旨に照らし、各取引を考えることが、利益移転の性質を判断する上の目安となると思われます。

④　現物出資による譲渡損益課税

Q

　仲間と運営している週末農業組合に、近隣の農家が土地を現物出資して参加することとなりました。その後、金銭出資をして別のメンバーが参加しました。どのような課税関係になるのでしょうか。

A

　組合が保有する現物出資財産の価値が変動する場合は、持分の譲渡の問題が生ずることとなります。

解説

1. 現物出資をした場合の課税関係

　組合財産は、全組合員の合有となります。つまり、組合員はそれぞれの出資割合に応じて、組合財産を所有することになります。そこで、現物出資をした場合、現物出資財産は現物出資者以外の各組合員に対し、その出資割合に応じて譲渡したこととなります。

　譲渡収入と、譲渡原価は次のようになります。

　譲渡収入＝現物出資財産の時価×現物出資者以外の各組合員の出資割合

　譲渡原価＝取得費又は帳簿価額×現物出資者以外の各組合員の出資割合

　例えば、組合員A、B2者が7：3の割合で組合に出資するとし、Aは、時価700（簿価500）の土地を、Bは、現金300を出資したとすると、Aが出資した土地のうち、Bの持分となる部分について、含み損益が実現することとなります。

　Aの仕訳は次のようになります。

```
出資金　490（＝700×70％）／ 土地　　　　　350（＝500×70％）
（土地に対応）　　　　　　　／ 出資見返勘定　140（含み益未実現部分）
出資金　210（＝700×30％）／ 土地　　　　　150（＝500×30％）
（現金に対応）　　　　　　　／ 土地売却益　　 60（含み益実現部分）
```

2. 現物出資財産がある組合について組合員の変動があった場合

　現物出資をした組合員は、その現物出資財産に含み損益があった場合、その財産の自己の持分に対応する部分については、含み損益が未だ実現していないこととなります。

　上記の例で、さらに組合員Cが、現金200を出資したとするとAの出資割合が700÷1200＝0.58となり、さらにAが出資見返勘定として保有していた含み益がCへ移動することにより実現することとなります。

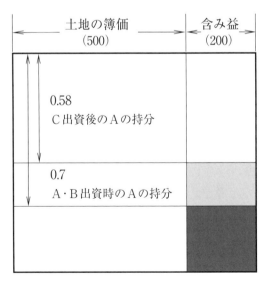

3.　組合への現物出資で譲渡損益を生じさせない特約

　組合持分の変動のたびに現物出資財産から含み損益の実現益が生ずるなら
ば、現物出資財産の管理が煩雑になります。そこで、出資した現物財産の持
分を他の組合員に移転させない特約を締結することにより、譲渡を発生させ
ないことも考えられます。

　平成13年版法人税質疑応答事例集（国税庁課税課審理室・法人課税課）
219には「民法上の組合に土地建物を出資した場合の課税関係」として、次
のようにあります。

　「ところで、出資した土地等の持分を他の組合員に移転させないことを目
的として、解散時に出資した土地等の現物をその出資者に返還（払戻し）す
る旨の特約を締結し、この特約に従って組合業務が執行される場合には、出
資した土地等の持分の移転がない（権利の移転がない）ことになり、また、
実態的にも譲渡がないことから、税務上、出資時あるいは返還時（払戻し）
のいずれについても土地等の譲渡はないものとして取り扱うのが相当であ
る。」

　ただし、このような契約は当事者間では有効であっても、第三者に対して
有効であるか疑問があります。

　そこで、質疑応答事例では、債務が生じたら金銭を追加出資して債務を弁
済するなどして、第三者との関係で問題のないようすべきであるとしていま
す。現実的処理として第三者対抗要件を備えることにより、合有を生じさせ
ないことができれば、譲渡を生じさせないことも可能ということです。この
ようなものが組合財産といえるかどうかには、疑問はありますが、譲渡を生
じさせない方策として検討する価値があると思われます。

(2)　責任の範囲と損失の規制

①　民法組合・LLP・匿名組合

 Q

　　友人から共同事業として新事業をやってみないかと誘いを受け、と
りあえず出資はしましたが、事業が軌道に乗るまでは傍観する予定で
す。何か問題はあるのでしょうか。

A

　　特定組合員とされた場合、損失の取り込み制限の対象とされるリス
クがあります。

解説

1.　業務執行組合員と業務執行を行わない組合員に係る損失の規制

　組合契約は、各当事者が出資をして共同の事業を営むことを約することに
よって、その効力を生ずるとされています（民667）。つまり、組合員は共同
の事業を営むのですから、本来、組合の業務執行に関わることとなります。
しかし一方では、組合契約において、組合員は業務執行を委任することがで
きるとされています（民670、671）。そうすると、組合員には、業務執行に
関わる組合員と、自らは業務執行に関わらず、組合活動による損益のみを受
け取る組合員の2種類が存在しえることとなります。

　ところで、組合活動の全期間を通じると損益が偏りなく生じる組合事業で
あっても、その損失の発生を組合の活動期間の初期に多くするなどしてコン
トロールすることにより、組合員に対し、その欲する時期に損失の提供を行
うことができます。その一例が航空機リースなどの組合契約を利用した節税
商品であり、業務執行に関わらない組合員が、コントロールされた損失をリ

スクなく利用しうることが問題視されました。

　そこで、設けられたものが組合契約における損失の取り込み制限の規定であり、規制の対象となるのが、自らは業務執行に関わらない組合員に係る一定の損失となります。

2.　損失規制の内容

　損失規制の対象となる組合員は、組合の重要な業務の執行、例えば、組合事業に係る重要な財産の処分若しくは譲受け又は組合事業に係る多額の借財の決定に関与しないような組合員であり、特定組合員（措法41の4の2、措令26の6の2、措通41の4の2-2・3）と呼ばれています。そして課税上弊害があるとされる損失の額は組合損失超過額と呼ばれ、次のように規制されます。

（1）　民法組合、匿名組合等の法人の特定組合員の組合損失超過額の損金不
　　　算入

　民法組合、匿名組合等の法人の特定組合員については、その組合員の有限責任部分の金額を超える部分の金額が組合損失超過額とされ、損金不算入となります（措法67の12①）。組合損失超過額は次の金額となります。

①組合債務の責任の限度が実質的に組合資産の価額とされている場合

　　その法人組合員に帰属すべき組合損失のうち、その組合員の出資の価額として計算される金額（調整出資金額）を超える部分の金額（措令39の31③、⑤、措規22の18の2）

②組合事業に係る収益を保証する契約が締結されていること等により実質的に組合事業が欠損にならないことが明らかな場合

　　その法人組合員に帰属すべき組合損失の全額（措令39の31⑦）

(2)　LLP の法人組合員の組合損失超過額の損金不算入

　LLP の組合員は有限責任であるため、すべての組合員について組合損失超過額が損金不算入とされます（措法67の13①）。この場合の組合損失超過額とは、損失のうち調整出資金額（税務上の簿価純資産額相当）を超える金額を指します（措令39の32）。

　なお、(1)、(2)については、損失の発生時期をコントロールすることによる課税の繰延防止が規制の趣旨となるため、その法人組合員のの翌期以降の組合損失超過額を、その組合事業の利益から控除することが可能です（措法67の12②、67の13②）。

(3)　不動産所得を生ずべき事業を行う民法組合等の個人の特定組合員の損失の取込み制限

　個人の特定組合員については、その民法組合等に係る不動産所得の金額の計算上生じた損失は生じなかったとみなされます（措法41の４の２）。不動産所得の損失が損益通算不可、繰越不可とされているのは、組合資産譲渡時には所得区分が変わり、総合長期譲渡所得として優遇されるためです。

　なお、個人の匿名組合員が営業者から分配される利益については基本的には雑所得と扱われ、その損失については損益通算が認められていないことから、あえて損失制限の対象とはされていません。

(4)　不動産所得、事業所得、山林所得を生ずべき事業を行う LLP の個人組合員の損失の必要経費不算入

　LLP の組合員については、組合損失超過額がその年分の不動産所得、事業所得、山林所得の金額の計算上、必要経費に算入されません（措法27の２）。これは、出資をしたという有限責任の範囲で損失を認めるという趣旨となります。この場合の組合損失超過額とは、損失のうち調整出資金額（その組合員の出資の価額として計算される金額）を超える金額を指します（措

令18の3)。

3. 損失の取込制限のフローチャート

民法組合とLLPの取込制限についてフローチャートで示すと次のようになります。

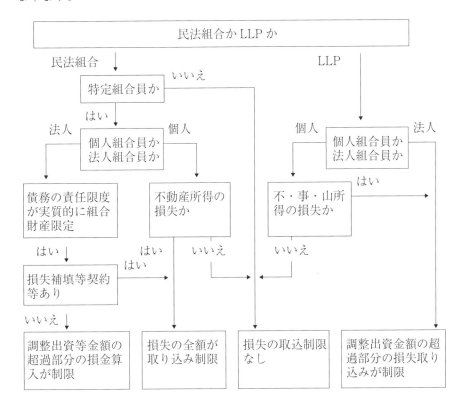

(3)　従業員持株会

①　従業員持株会へ社長の株式を譲渡した場合

> 　当社は社長の肝いりで従業員持株会を結成し、社長は持株の50％を従業員持株会に払い下げました。どのような課税関係になるのでしょうか。

A

　従業員持株会については、一般に、民法組合であるとして課税関係を考えることとなります。

解説

1.　従業員持株会の性格付け

　従業員持株会については、民法上の組合として組織することも人格のない社団（「権利能力なき社団」ともいいます。）として組織することも可能ですが、昭和39年10月15日の最高裁判決を根拠として、民法上の組合であると一般に言われています。しかし、この判決は、法人格のない団体が権利能力なき社団として認められるための必要条件を示したものであって、従業員持株会が民法組合に該当すると、直接示したものではありません。そして、特定の従業員持株会がどちらに該当するかは、その従業員持株会の運営実態等から当事者の意思を合理的に解釈して決定されることとなります。

　従業員持株会が一般に民法上の組合として組織されるのは、実際はその方が持株会の運営上、「都合がいい」からです。そして、規約上、明確に民法上の組合であることを宣言することがよく行われています。

　従業員持株会が民法上の組合として設立された場合、従業員持株会の稼得

した配当金は組合員への分配を待たずに組合員の配当所得（所法24①）として所得税の課税対象となり、組合員が配当控除（同法92）の適用を受けることができるのに対し、従業員持株会を人格のない社団として設立した場合には、配当金が従業員持株会から構成員に分配されたとしても、構成員の雑所得（同法35①）となり、構成員は配当控除を受けられないこととなります。従業員持株会の大多数は、民法上の組合として組織されているのはこのような理由によることが大きいようです。

　そこで、持株会規約などで、「本持株会は、民法667条の組合として組成する」など、法的性格を明記する例が多いものと思われます。

　なお、持株会規約で決算期を明示することで、所得税基本通達36・37共-19の2により計算されることになる点も実務上注意が必要です。

2. 従業員持株会に保有株式を譲渡した場合

　創業者社長が相続財産を少なくするため、保有する自社株を親族や従業員に譲渡する例がよくみられます。そのため、事業承継の場面において、分散した自社株が経営権の集中を損なうこととなることが少なくありません。従業員持株会を組織する場合は、その規約において、他者への譲渡・担保提供を禁じることや、退職する際に株式を会社に返還して現金による払戻しを受けること等を規定することができます。

　民法組合である従業員持株会への株式の譲渡は、少数株主たる各組合員に対する同族株式の譲渡となります。したがって、少数株主にとっての同族株式の時価である配当還元価格によって譲渡することにより、みなし贈与を適用されるリスクが少なくなることから、相続対策としてもよく利用されているようです。ただし、保有する自社株の評価額を下げるために従業員持株会へ持株を譲渡する場合には、議決権は保持させたままされることになります。

　また、相続対策の側面が強すぎると、自社株譲渡の有効性が問われること
もあるため、当然のことながら、実際に従業員持株会を設立、運営すること
がまず重要です（平17.12.20・東裁（諸）平17-84・F0-3-119）。

3.　持株会の保有株式を自己株式として買い取った場合

　株式会社である原告が、その従業員持株会に対する貸付金を回収するため、
同会が保有する原告の発行済株式を代物弁済により取得したところ、処分行
政庁が、その代物弁済により消滅した債権のうち、取得した株式に対応する
資本金等の額を超える部分は「みなし配当」に該当し、原告には、源泉徴収
義務があるとして、原告に対し源泉徴収に係る所得税の納税告知処分及び不
納付加算税の賦課決定処分をしたことが争いになった裁判例があります（大
阪地判平23.3.17・Z261-11644、大阪高判平24.2.16・Z262-11882、上告不
受理）。

　この事案は、自己株式取得によってみなし配当課税が生ずること、発行会
社に源泉徴収義務が生ずることが新聞報道されたおそらくはじめてのもので
あり、みなし配当とされた金額が281億4,184万0,242円、それに対する源泉
税額が56億2,836万8,048円という巨額に及んだことから、報道当時、重大
ニュースとして注目されたものです。

　この事案の争点は、主に、持株会が権利能力なき社団（人格のない社団）
か民法上の組合かというところにありましたが、判決では、持株会の規約に
おいて、民法組合と明記されていること等より、民法組合と判断しています。

　そもそもこの事案は、退職のため従業員持株会から脱退する者の自社株を
買い取る資金がないため、会社が持株会に貸し付けた金額を回収するため、
自社株にて代物弁済を受けたことによるものですが、もし、従業員持株会が
会社側主張の通り人格のない社団であれば、どのような課税関係になるので

しょうか。

　退職の際、自社株を持株会に取得価額で譲渡するとします。その額が低額である場合、相続税法66条１項で社団が個人として贈与税が課されます。しかし、この贈与税の計算は、贈与者ごとに各人別計算をしてその合計額を算出する方法により行われるので、各々110万円の基礎控除に収まるか、基礎控除額を超えたとしても、10%程度の税率で済む可能性もあるということになります。

　しかしながら、従業員持株会が人格のない社団となった場合、ここから分配金を収受する各従業員は、雑所得課税されることになります（所基通35－１(1)）。この事案で、仮に裁判所が人格のない社団と認定していた場合、また別の税務問題を生じていた可能性も否定できません。

❷ 信託の利用による財産と権利の移転

(1)　信託の仕組み

①　基本的な課税関係 1 （自益信託・不動産信託）

Q

> 　私は賃貸マンションを数棟所有し、不動産所得を得ています。今度私は高齢者マンションに移ることにしましたので、娘に管理のすべてを託し、自分は収入だけ受り取ろうと思います。どのような課税関係になるのでしょうか。

A

> 　娘さんを受託者として賃貸マンションを信託することにより、基本的に現在の課税関係を崩さずに運営することが可能です。

解説

1.　信託による所有権と受益権の分離

　財産を保有するのは、その財産から生ずる利益を受けることが目的であるとすると、利益を受けることができるのであれば、財産の保有は必ずしも要しないこととなります。この利益を受ける権利だけを取り出す方法として、信託の利用が考えられます。

　信託の登場人物は、委託者、受託者、受益者の 3 人です。委託者は、元々の財産の所有者であり、保有財産（信託財産）を受託者に託し、その管理・運用の指示をします。受託者は、信託財産の対外的な所有者となり、その管理・処分をし、発生し利益を受益者に引き渡します。受益者は、受託者を監視・監督し、信託財産から発生する利益を受けます。

　そして、信託する財産の保有者は、委託者と受益者を同一に設定すれば、その管理・運用を受託者に託し、発生する利益のみを受けることができることとなります。このような信託を自益信託といいます。

2. 受益者等課税信託（自益信託）の課税関係

(1) 所得税及び法人税

　上記のような基本的な構造の信託では、信託財産の所有権自体は受託者に移動しているにもかかわらず、信託財産に属する資産及び負債は受益者等**（注）**が有するものとみなし、信託財産に帰せられる収益及び費用は受益者等の収益及び費用とみなします（所法13①、法法12①）。したがって、自益信託では、信託の設定時には、課税関係は発生しません。信託期間中は、発生した収益及び費用が受益者に帰属するため、受益者に所得税又は法人税が課されます。信託終了時に残余財産を受ける者（残余財産受益者等）が受益者と同一の場合、信託の終了時においても、課税関係は発生しません。

> **（注）** 受益者等とは、受益者としての権利を現に有する者、及び、信託の変更をする権限を現に有し、かつ、その信託の信託財産の給付を受けることとされている者をいいます（所法13①②）。

(2) 消費税

　消費税についても、信託の受益者が信託財産である資産を有するものとみなし、かつ、信託財産に係る資産等取引（資産の譲渡等、課税仕入れ及び課税貨物の保税地域からの引取りをいいます。）はその受益者の資産等取引と

みなします（消法14①）。また、信託行為に基づき、その信託の委託者から受託者へ信託する資産の移転、及び、信託の終了に伴う、その信託の受託者から受益者又は委託者への残余財産の給付としての移転は資産の譲渡等には該当しないとされているため（消基通4-2-1）、信託設定時や信託終了時においても、課税関係は発生しません。

　したがって、このような信託においては、財産を元々の所有者が直接保有している場合と、基本的な課税関係は変わらないこととなります。

(3)　受託者を個人とする場合

　一般に財産の所有者に代わってその財産の管理をする者が個人である場合、管理をする者の所得は給与所得又は事業所得となりますが、その財産が信託され、その者が受託者となった場合、受託者の所得区分は事業所得となります。したがって、信託設定により管理者の所得区分が変わる場合は、その対応が必要です。

　なお、信託業を営む場合は内閣総理大臣の免許や登録を必要としますが（信託業法3、7①）、設例のようなファミリー信託の場合、信託の引受けを行う営業（同法2①）には該当しないと解されています。

3.　信託財産が不動産である場合

(1)　登録免許税

　信託財産が不動産である場合、まず、登録免許税の問題が発生します。信託の設定の場合には、同時に2つの登記が必要です（不登法98①）。

　①信託に係る権利の保存・設定・移転・変更登記の申請

　いわゆる所有権移転登記です。委託者から受託者への不動産の移転については、形式的な所有権移転と考えられるため、登録免許税は課されません（登免法7①一）。また、信託終了時における受託者から受益者への信託財産

の移転についても登録免許税は課されません（登免法7①二）。

　②信託の登記申請

　信託の公示のための登記（信託自体の登記）です。所有権の信託の登記の税額は不動産価額の4／1000です（登免別表第1一（十）イ）。また、受益者を変更する際には、個につき1千円の登録免許税が必要です（登免別表第1一（十四））。

　なお、土地に関する信託登記については、時限的に登録免許税が軽減されています。

　令和8年3月末までは　　　3.0／1000に軽課（措法72①二）。

　信託自体の登記では、実物不動産の所有権移転登記の税額（登免別表第1一（二）ハ）の5分の1程度に税額が軽減されています。

(2)　不動産取得税

　不動産取得税についても、形式的な所有権移転では不動産取得税は課されません。したがって、委託者から受託者への不動産の移転についても、信託終了時における受託者から受益者への信託財産である不動産の移転についても、不動産取得税は課されません（地法73の7三、四）。

(3)　小規模宅地等の特例の適用

　受益者に相続が発生した場合に、信託財産の中に土地等が含まれているときの小規模宅地等の特例（措法69の4）の適用はどのようになるかという疑問があります。つまり、相続により取得するものが、土地でなく信託受益権であること、信託財産が供されている事業は受益者の事業なのか、受託者の事業なのかということです。

　これについては、相続税法においても受益権を信託財産とみなして考えることから、特例対象宅地等には、個人が相続又は遺贈により取得した信託に関する権利で、その信託の目的となっている信託財産に属する宅地等が、相

続の開始の直前において被相続人又は被相続人と生計を一にしていたその被相続人の親族の事業の用又は居住の用に供されていた宅地等であるものが含まれるとされています（相法9の2⑥、措令40の2㉗、措通69の4-2）。

　また更に、信託法改正前の事案ではありますが、相続開始の時において既に信託契約により土地及び建物の管理運用が受託者に委ねられている場合であっても、現に事業の用に供されていないものであるならば、小規模宅地等の特例の対象外であることに留意が必要です（平5.5.24裁決・裁事45-336・J45-6-04）。

②　基本的な課税関係2　（他益信託）

Q
　私の不動産賃貸業の所得を孫に移すようにしたいと思っています。どのような課税関係になりますか。

A
　信託の仕組みを利用することになりますが、信託設定時に、信託財産となる不動産が、あなたから孫へ譲渡されたものとして課税関係が発生することとなります。

解説

1. 受益者等課税信託（他益信託）の課税関係

　信託契約に係る委託者と受益者が異なる場合、委託者の財産は受託者に譲渡されるとともに、受益権は受託者から受益者に移ることとなります。

一方、税法においては、信託財産に属する資産及び負債は受益者等が有するものとみなされることから、信託設定時により金銭以外の資産を信託した委託者は、下記贈与とされる場合を除き（相法9の2、所法59①）、その資産の譲渡損益を計上することとなります。

信託期間中は、他益信託の場合であっても信託の受益者がその信託の信託財産に属する資産及び負債を有するものとみなされ、かつ、信託財産に帰せられる収益及び費用は当該受益者の収益及び費用とみなされます（法法12①）。また、信託終了時に残余財産を受ける者（残余財産受益者等）が受益者と同一の場合、信託の終了時において、課税関係は発生しません。

2. 適正な対価の授受がなされなかった場合

信託設定時には、委託者から受益者に対して信託財産が譲渡されたとみなされることから、適正な対価の授受がなされなかった場合は、寄附・受贈の関係が生ずることとなります。

その場合の課税関係は次のようになります。

	委託者	受益者
個人委託者→個人受益者	課税なし（※1）	贈与又は遺贈（※2）
個人委託者→法人受益者	みなし譲渡	受贈益課税
法人委託者→個人受益者	寄附金・役員賞与	一時所得・給与所得
法人委託者→法人受益者	寄附金（※3）	受贈益課税（※3）

（※１）その不動産に係る債務を同時に信託財産とした場合は、負担付贈与通達（平元.3.29付直評５外）の適用によりみなし譲渡課税がされます。ただし、その債務が預り敷金等の場合は、その金額相当額の金銭等の同時信託により、同通達の適用はされないこととなります（照会事例「賃貸アパートの贈与に係る負担付贈与通達の適用関係」国税庁 HP）。

（※２）相法９の２、所法59①

（※３）法人委託者、法人受益者が法人による完全支配関係にあるならば、寄附・受贈益特例（法法25の２①、37②）の適用があります。

　信託の設定当初から他益信託であった場合だけでなく、信託期間中に受益者が追加された場合にも、受益者追加時に、追加された新・受益者から現・受益者に対し、移動した受益権に対応する財産に見合った適正な対価の支払いが必要となります。そして、適正な対価の支払いがなかった場合には、上記同様に、寄附・受贈の関係が生ずることになります。

3. 実物不動産の贈与との比較

　上述のように、不動産を信託して対価なく孫を受益者とした場合であっても、実物不動産を贈与した場合であっても、孫に贈与税が課されることには変わりありません。

　しかし、実物不動産の場合は、民法上の贈与であり諾成契約となります（民549）。一方、信託の場合、あくまでも契約の当事者は委託者と受託者ですので、課税の根拠は相続税法９条の２であり民法上の贈与には該当しないという違いがあります。

　もっとも、受贈者が幼い子であっても、親権者を代理人として贈与契約を締結することは可能です。しかし、その後の運用等を考えると、代理人としての行為であるか本人としての行為であるかというような問題が生じにくい信託契約を活用する方が、権利関係を整理することができるといえるでしょ

う。

(2)　信託の利用法

①　処分権の分離と遺言代用信託

　　私と妻は父の相続の際、父所有の不動産をすべて共有にて取得しま
した。このほど私と妻は離婚を前提に別居することにしました。私も
妻も、現在の不動産収入を将来に渡って確保したいと思っています。
何かいい方法はないでしょうか。なお、私たちには、現在不動産を実
質的に管理してくれている子の他に、その兄である障害のある子がお
ります。

　　信託の利用により共有者の処分権を制限することも、相続人への財
産の引継ぎの道筋を立てることも可能となります。

解説

1.　信託設定における委託者及び受託者の権利

　共有状態にある不動産の管理運用に当たっては、その不動産の管理権や処
分権が問題となることがあります。信託のしくみを利用して、管理権や処分
権の制限や移転をすることにより、これらを容易にコントロールすることが
できます。

　設例の場合、不動産の共有者全員が委託者となり、信託契約により受託者
に不動産の運用管理を託します。したがって、受託者は、信託財産に属する
財産の管理又は処分及びその他の信託の目的の達成のために必要な行為をす

る権限を有します（信託法26）。共有者である委託者は、勝手に不動産を処分することはできなくなりますが、自益信託の場合、受益権の処分権を有します。しかし、信託契約により、その権利に制限を加えることが可能であり、単に受益権の譲渡等を認めない旨規定する方法や、受益権の処分について、受託者や他の受益者の同意を必要とする旨規定する方法を取ることができます。

　設例の場合は、受託者と受益者が同一かつ複数である自益信託となりますが、受託者の権利については受益者保護のため制限を設けることができ、その管理運用には受益者の指示を要すると規定することもできます。また逆に、将来何らかの要因により受益者が意思表示のできない状態となったときに備えて、受益者の指示なく管理運用することが可能となるように定めることもできます。

　また、信託自体を限定責任信託とすることにより、賃貸不動産が自然災害などで倒壊し、第三者に損害を与えた場合などの賠償責任に制限を加えることもできます（信託法2⑫、216～247）。

2.　受益者又は受託者が死亡した場合の対応
(1)　受益者の死亡
　自益信託の場合は、受益者死亡に備えて第二次受益者を定めることができます。設例の場合、あなたが死亡の場合は長男、あなたの妻が死亡の場合は次男を第二次受益者と定めることにより、遺言のような機能を持たせることになります。このような信託を、その機能から遺言代用信託といいます。なお、仮に次男を受託者とすると考えた場合、原則として受託者が受益者を兼ねることはできませんが、受益者が複数人存在するならば、受託者が受益者となることも可能となります。

　上記の遺言代用信託に似たものとして、遺言信託というものもあり、こちらは契約でなく遺言により信託を設定させるものです。信託の内容、受託者、受益者は、遺言により指定します。したがって、信託が稼働するのは委託者である被相続人が死亡し、遺言書の検認が終了した後となります。

　なお、信託銀行のサービスとしての「遺言信託」は、遺言の作成に関するコンサルティング、作成した遺言書の保管、遺言の執行等を行うものであり、信託法にいう「信託」には該当しません。

(2)　受託者の死亡

　受託者が欠けた場合であって、新受託者が就任しない状態が1年以上継続したときは信託は終了する旨規定されています（信託法163三）。したがって、信託契約において、不測の時に受託者となるものを定めることにより、信託の運用管理を安定させることができます。

3.　受託者を一般社団法人とする場合

　受託者を一般社団法人とすることにより受託者が受益者が兼ねる事態を回避することもできます。一般社団法人を設立するためには理事1名と社員2名が必要となります（一般社団法10、60）。もっとも理事と社員は兼ねることができますので、最低2名で設立することが可能です。ただし、社員の欠員は法人の解散事由となりますので注意が必要です（一般社団法148四）。

　一般社団法人を受託者とすることにより、限定責任信託と同様に受託者が想定外の責任を負うリスクを防ぐことができます。一般社団法人の理事は、悪意又は重大な過失がない限り、第三者に対してその損害を賠償する責任を負うことはありません（一般社団法117、関根稔『一般社団法人一般財団法人信託の活用と課税関係』151頁参照ぎょうせい）。

　受託者の責任を限定することにより、個人として受託者となるよりも、信

託の運営に関わることのハードルを低くすることが可能となります。

4.　委託者の全てが死亡した場合の対応

　当初委託者の全てが死亡した時に、信託を終了させるよう設定することもできます。信託は、その信託が終了した場合には、清算することとされており（信託法175）、信託終了時に受託者から残余財産の引渡しを受ける者を残余財産受益者等といいますが、設例の場合は受益者を残余財産受益者とします。そして、信託終了により、残余財産である信託不動産を受益者に引渡し、その後、各受益者が持分交換等で不動産の持分関係を解消することができます。

　その他にも、信託終了時の財産引渡しの規定に、受託者は信託不動産の一部又は全部を換価して、信託不動産の引渡しに代えて、金銭をもって交付することができると規定することもできます。

　（補足）障害者については、本文とは別に委託者と受贈者が異なる場合の贈与税の負担に対応する制度があります。特定障害者扶養信託契約（信託銀行等において「特定贈与信託」という商品名にて取り扱われています）に係る非課税制度というもので、特別障害者については、信託受益権の価額のうち6,000万円（一定の障害者については3,000万円）までの金額に相当する部分の価額について、贈与税が非課税とされます（相法21の4①）。

5.　遺言代用信託と空き家控除

　遺言代用信託については、1点注意点があります。このような家族信託を設定した場合についても、だいたいの相続税法の特例、措置法上の特例が適用されるのですが例外があります。それは空き家控除についてです。

　例えば、租税特別措置法39条の取得費加算の条文では、「相続税法…の規定により相続又は遺贈による財産の取得とみなされるものを含む。」とありますが、措法35条3項（空き家控除）には、そのような文言はありません。

　これについて、照会事例においては次のように書いてあります。

　「本件特例は、相続人が、相続により、その意思の如何にかかわらず、被相続人居住用家屋等の適正管理の責任を負うこととなることを踏まえた趣旨の下、適用対象者を相続人に限定し、かつ、「相続又は遺贈による被相続人居住用家屋等の取得」をした場合に限り適用すると規定したものであると考えられるところ、信託終了による残余財産の取得は法律上の相続又は遺贈には当たらず、受託者（照会者）は信託行為の当事者であること、信託行為の当事者ではない帰属権利者は、その権利を放棄することができること（信託法183③）を踏まえると、上記本件特例の趣旨の下では、帰属権利者による残余財産の取得を相続人による相続又は遺贈による財産の取得と同様に取り扱うことは相当ではないと考えられます。」（「信託契約における残余財産の帰属権利者として取得した土地等の譲渡に係る租税特別措置法第35条第3項に規定する被相続人の居住用財産に係る譲渡所得の特別控除の特例の適用可否について」文書回答事例）。

　遺言代用信託などを考えると、この指摘は釈然としない気がします。しかし、租税特別措置ですので、条文上記載がなければ適用がないということで、あくまでも立法政策上の問題ということになります。

② 受益証券発行信託

Q

　　祖父の代からの相続土地を遺産分割せず放置しておいたところ、現時点では24人の共有となっています。先祖伝来の土地が切り売りされるのは避けたいと思いますが、譲渡したいとする共有者の持分を買い取る資力もありません。先日この土地について、大規模ショッピング施設の敷地として貸して欲しいとのオファーがありました。どのようにすればよいでしょうか。

A

　　不動産を信託し、受益証券を発行することにより、地代収益を受け取る方法があります。

解説

1.　受益証券を発行する信託

　信託行為においては、1又は2以上の受益権を表示する証券（受益証券）を発行する旨を定めることができます（信託法185）。受益証券発行信託においては、受益者を把握・管理するため、受託者は信託の設定後、遅滞なく受益権原簿を作成するものとされます（同法186）。この受益証券は譲渡することも可能であり、基本的に株式と同様な性格を持つものと考えられます。

　設例の場合、土地共有者を委託者兼受託者として受益証券発行信託を設定することにより、不動産収入を得たい共有者にとっても、土地を実質的に譲渡したい共有者にとっても、そのニーズを満たすことが可能となります。

2. 信託設定・信託期間中・終了時の課税関係

(1)　法人課税信託

　信託を設定する場合、まず、受託者を決定する必要がありますが、設例のような親族間での信託では、その中の一人が受託者となることも考えられます。

　通常の自益信託では、受益者が財産を有するものとみなして課税関係が発生するため、信託の設定により課税関係が変わることはありませんが、受益証券発行信託では、受益証券に係る受益者を対象に受益者課税することは困難です。信託には、受託者段階で、信託を法人とみなして課税するものがあり、そのような信託を法人課税信託といいますが、受益証券発行信託も法人課税信託に該当することとされます（法法２二九の二イ）。

(2)　信託設定時の課税関係

　法人課税信託では受託者は個人の場合であっても会社とみなされ、法人税が課されることとなります（法法４④、４の３①三）。また、委託者から受託者への財産の移転は、出資とみなされ（所法６の３⑥、法法４の３九）、信託財産の時価が資本金等の額となります（法令14の10④）。したがって、委託者が個人の場合、受託者に信託財産を時価で譲渡したものとして、課税関係が生ずることとなります（所法59①一）。

　なお、委託者が法人の場合、適格現物出資やグループ法人税制の適用がありますので注意が必要です。

(3)　信託期間中の課税関係

　信託期間中の所得は、会社とみなされた受託者が計算し申告します。受託者が受益者に信託からの分配金を支払う場合には、株主に対する配当とみなして、源泉徴収義務が生じます（所法24①、212③、213②二）。受益者について収益の分配があった場合には配当とみなして課税されます。

(4)　信託終了時の課税関係

　信託終了時は、会社とみなされた受託者の解散があったものとみなされます（法法4の3八、所法6の3①五）。信託財産は時価で受益者に分配されることとなり、信託財産の簿価と時価との差額に法人税が課されます。また、分配される財産の価額のうち資本金等の額を超える部分の金額は配当とみなされ源泉徴収義務が生じます。

　受益者について、分配された財産の価額のうち、受託者の資本金等の額に対応する金額を超える部分については配当所得が、受託者の資本金等の額対応額から、受益者における受益権の帳簿価額を控除した金額については譲渡所得が生ずることとなります。

　なお、信託財産の分配は現物分配に該当することになりますので、受益者が法人である場合は注意が必要です。

3.　受益証券の譲渡と受託者の変更

　受益証券の譲渡は株式の譲渡とみなされ、株式等に係る譲渡所得が発生します（所法6の3①四）。一方、受託者の変更については、信託財産が簿価で引き継がれたものとされ、課税関係は生じません（法法64の3④⑤、法令131の3③④）。

③　教育資金を孫に贈与する場合の信託の利用

Q

このたび待望の孫が生まれました。可愛い孫の教育資金はすべて私が出そうと思っています。その都度孫に贈与する教育資金は非課税であると聞きましたが、私に万一の事態があっても、確実に孫にお金が行くようにしておきたいと思います。どのような方法があるのでしょうか。

A

信託の仕組みを利用すれば、孫の生活費や教育費に充てるため、必要な金額を毎年孫に給付するようにしておくことも可能です。また、平成25年度税制改正にて教育資金の一括贈与に係る贈与税の非課税措置が創設され、30歳未満の孫等へ教育資金を非課税にて一括贈与する取り扱いが開始されました。

解説

1.　幼い孫への生活費や教育費を残す方法

孫の生活費や教育資金を贈与したいという思いがある場合であっても、まとめて贈与したのであれば、贈与税の負担もさることながら、本当に必要なときに費消してしまっているかもしれません。また、その都度贈与することにしても、自分に万一の事態が生じたりすると、その思いをかなえることができなくなることになります。そのようなことに備え、孫の生活費や教育費に充てたいと思っている財産について、自分が亡くなった場合には信託会社に対して信託する旨の遺言書を書いておく方法があります。また、生命保険信託の利用によりそのような希望を叶えることができます。

　遺言により信託を設定し、相続財産を信託財産とした場合、受益者である孫には相続税が課税されます（相法9の2①括弧書）。また、生命保険信託を利用する場合には、孫に支払われるべき生命保険金は信託銀行に支給されますが、相続税法では孫が受け取ったとみなして、相続税が課税されることになります（相基通9の2−7）。生命保険信託に係る生命保険の保険料については、委託者の生命保険料控除の対象となります（東京国税局文書回答事例「保険契約者が死亡保険金請求権を信託財産とする生命保険信託契約を締結した場合の生命保険料控除の適用について」平22.12.13国税庁 HP)。また、その後信託銀行から孫に交付される金銭については、運用益に相当する金額のみが所得税の対象となります（所法9十七、）。

2. 教育資金の一括贈与制度

　平成25年4月1日から令和8年3月31日までの間に、個人が、教育資金に充てるため、①その直系尊属と信託会社との間の教育資金管理契約に基づき信託の受益権を取得した場合、②その直系尊属からの書面による贈与により取得した金銭を教育資金管理契約に基づき銀行等の営業所等において預金若しくは貯金として預入をした場合又は③教育資金管理契約に基づきその直系尊属からの書面による贈与により取得した金銭等で証券会社の営業所等において有価証券を購入した場合には、その信託受益権、金銭又は金銭等の価額のうち1,500万円までの金額に相当する部分の価額については、贈与税の課税価格に算入しない措置が採られています（措法70の2の2）。この制度の対象となるのは、教育資金管理契約を締結する日において30歳未満の者です。

　なお、本制度は富裕層に対する優遇措置であるとの批判もあり、平成31年度税制改正により、受贈者について合計所得金額1000万円以下の所得制限が課されました。また契約終了時の取扱いなどが見直されています。さらに、

令和3年度税制改正により、贈与者死亡時の取扱い等が見直されています
（後述）。

3.　教育資金の内容

教育資金とは、次に掲げる金銭をいうこととされています。

(1) 学校等に直接支払われる入学金、授業料その他の金銭で一定のもの

　　例えば次のようなものが該当します（措法70の2の2②一イ、措令40
　　の4の3⑦、平25.3文部科学省告示68、平成25年文部科学省・厚生労
　　働省告示第1号）。

① 　入学金、授業料、入園料及び保育料並びに施設設備費

② 　入学又は入園のための試験に係る検定料

③ 　在学証明、成績証明その他学生等の記録に係る手数料及びこれに類す
　　る手数料

④ 　学用品の購入費、修学旅行費又は学校給食費その他学校等における教
　　育に伴って必要な費用に充てるための金銭

(2) 学校等以外の者に、教育に関する役務の提供として直接支払われる金
　　銭その他の教育のために直接支払われる金銭で一定のもの

　　例えば次のようなもので社会通念上相当と認められるものが該当しま
　　す（措法70の2の2②一ロ、平25.3文部科学省告示68）。

① 　教育に関する役務の提供の対価

② 　施設の使用料

③ 　スポーツ又は文化芸術に関する活動その他教養の向上のための活動に
　　係る指導への対価として支払われる金銭

④ 　①の役務の提供又は③の指導において使用する物品の購入に要する金
　　銭であって、その役務の提供又は指導を行う者に直接支払われるもの

4.　適用を受けるための手続

　この特例の適用を受けるためには、その適用を受けようとする受贈者（孫等）が、「教育資金非課税申告書」をその教育資金非課税申告書に記載し取扱金融機関の営業所等を経由して、信託がされる日、預金若しくは貯金預入をする日又は有価証券を購入する日（預入等期限）までに、その受贈者の納税地の所轄税務署長に提出しなければなりません。したがって、預入等期限までに教育資金非課税申告書の提出がない場合には、その贈与についてはこの特例の適用を受けることはできません（措法70の2の2③）。

　また、金銭等の贈与の場合は、教育資金非課税申告書の提出前に贈与者と受贈者との間で書面による贈与契約を締結しておく必要があり、この贈与契約書その他の信託又は贈与の事実及び年月日を証する書類の写し、受贈者の戸籍の謄本又は抄本、住民票の写しその他の書類でその受贈者の氏名、生年月日、住所又は居所及び贈与者との続柄を称する書類を、教育資金非課税申告書に添付する必要があります（措令40の4の3⑫）。

　なお、この教育資金非課税制度は、孫等の贈与税が1,500万円まで非課税となる制度ですので、贈与者である祖父母等が複数人存在する場合でも、適用が受けられるのは、受贈者1人について1,500万円までであることに留意する必要があります。

5.　教育資金管理契約の終了

　教育資金管理契約は、次の事由に該当することにより終了します（措法70の2の2⑯）。

　(1)　受贈者が30歳に達したこと（受贈者が30歳に達した日に学校等に在学している場合又は教育訓練を受けている場合を除く。）

　(2)　受贈者（30歳以上の者に限る。）がその年中のいずれかの日において

学校等に在学した日又は教育訓練を受けた日があることを、金融機関
等の営業所等に届け出なかったこと

(3)　受贈者が40歳に達したこと

(4)　受贈者が死亡したこと

(5)　教育資金管理契約に係る信託財産の価額が零となった場合、教育資金
管理契約に係る預金若しくは貯金の額が零となった場合又は教育資金
管理契約に基づき保管されている有価証券の価額が零となった場合に
おいて受贈者と取扱金融機関との間でこれらの教育資金管理契約を終
了させる合意があったことによりその教育資金管理契約が終了したこ
と

　教育資金管理契約が終了した場合において、その教育資金管理契約に係る
非課税拠出額から教育資金支出額を控除した残額があるときは、その残額に
ついては、その該当する日の属する年の贈与税の課税価格に算入されます
（措法70の2の2⑰）。その場合において、令和5年4月1日以後に取得した
信託受益権等のうち、本特例の適用を受けた部分の価額に対応する部分につ
いては、一般贈与財産とみなされます（同項二、後述の「結婚・子育て資金
の一括贈与制度」においても同じです）。

6.　教育資金非課税制度を使うことによるメリット

　この制度は教育資金非課税制度を用いることにより、贈与税の負担なく孫
等に教育資金を一括して贈与ができることにメリットがあります。

　ただし、贈与者が教育資金管理契約に基づき信託をした日等から教育資金
管理契約終了の日である特例適用期間において死亡した場合の取扱いは、信
託等をした日の時期により異なります。

①　平成31年3月31日までに信託等をした場合

相続開始前3年以内贈与財産の加算制度（相法19①）の適用はありません（措令40の4の3⑲）。相続時精算課税の適用を受けている場合であっても、この贈与財産は相続時精算課税の精算対象とされません（相法21の15①、21の16①）。

② 　平成31年3月31日〜令和3年3月31日までに信託等をした場合

　　原則として相続開始前3年以内贈与財産の加算制度が適用されます。

③ 　令和3年4月1日以降に信託等をした場合

　　相続開始前3年以内に限らず、原則として贈与者の死亡時における管理残額を相続等により取得したとみなされます。また、孫等に対する2割加算も適用されます。

なお、②及び③のいずれの場合についても、受贈者が以下に掲げる場合は加算の対象外となります。

教育資金の非課税の特例のイメージ（概要）

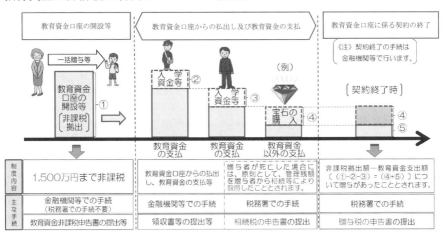

（出典：国税庁「祖父母などから教育資金の一括贈与を受けた場合の贈与税の非課税制度のあらまし」、一部筆者改）

（ⅰ）23歳未満である場合（令和5年4月1日以後に取得した場合は、23歳未満であることに加えて、贈与者に係る相続税の課税価格の合計額が5億円以下である場合）

（ⅱ）学校等に在学中の場合

（ⅲ）教育訓練給付金の支給対象となる教育訓練を受講している場合

　この制度の注意点として、対象となるのは一定の教育資金に限られること、上記4で述べたように、例えば母方の祖父が非課税限度額全部を利用した場合、父方の祖父は利用できないことが挙げられます。生命保険信託などやその都度の教育費贈与の非課税制度（相法21の3①二）と組み合わせて利用するなどにより、この制度のメリットを最大限に引き出す工夫が必要です。

7. 結婚・子育て資金の一括贈与制度

　教育資金の一括贈与制度に倣って、平成27年度税制改正により、結婚・子育て資金の一括贈与制度が創設されました（措法70の2の3）。20歳以上50歳未満の個人（合計所得金額1000万円以下）が、直系尊属から結婚・子育て資金の一括贈与を受けた場合、1000万円までの結婚・子育て資金については、贈与税を非課税とする制度です。なお、民法改正による成人年齢の引下げに伴い、受贈者の年齢は令和4年4月以後は、18歳以上50歳未満となりました。

　本制度は、教育資金の一括贈与制度をベースに作られたもので、よく似た制度となっていますが令和3年度税制改正前は、贈与者死亡時の取扱いが大きく異なっていました。教育資金一括贈与制度の場合には、贈与者死亡時の相続税計算からの切り離しが可能でしたが、結婚・子育て資金の一括贈与制度では、未使用残額が相続により取得したものとして相続税計算に取り込まれています（同⑩二）。

　しかし、改正により、教育資金一括贈与制度についても、未使用残額が相

続により取得したものとして相続税計算に取り込まれることとなりました。また、孫等に対する相続税額の２割加算が適用されるようになりましたから、結婚・子育て資金と教育資金の目的からくる違いを除けば、両者は基本的には同じ建付けの制度に変わりました。さらに、結婚・子育て資金については、贈与者の死亡時における管理残額を相続税の対象から除外する例外も設けられていません。

　このため、結婚・子育て資金の一括贈与制度については、相続税対策としての意味は、ほとんどないものと考えられます。

8. 税制改正と相続税課税

　教育資金一括贈与制度、結婚子育て資金一括贈与制度の両制度は、富裕層優遇との批判に対応するかたちで、経過措置を設けつつも、累次の改正により要件や効果について、制限を加えられています。このため、次表の通り資金の拠出時期により相続税の取扱いが異なっていますので注意して下さい。

（拠出時期による相続税課税の比較）

拠出時期		～H31.3.31	H31.4.1～R3.3.31	R3.4.1～
(1) 相続税課税	教育	課税なし	死亡前３年以内の拠出分に限り課税あり	課税あり
	結婚・子育て	課税あり	課税あり	
(2) 相続税額の２割加算	教育	適用なし	適用なし	適用あり
	結婚・子育て			

（国税庁「祖父母などから教育資金の一括贈与を受けた場合の贈与税の非課税制度のあらまし」より、一部修正。）

(3)　受益者の定めのない信託

①　受益者の存在しない信託

Q

　　音楽家の父は弟子が国際コンクールに優勝したときに備えて、優勝者を受益者とする信託を設定し、とりあえずは父自身が受益者となりました。その後、弟子の中からコンクールに優勝する者が出る前に、父は不慮の事故のため亡くなりました。この信託について、どのような課税関係が成立するのでしょうか。

A

　　受益者が存しない信託については、受益者が存することとなるまでは、法人課税信託として扱われます。

解説

1.　受益者が存しない信託についての考え方

　　信託については、委託者、受託者、受益者の3者がそろって成立するものであるにもかかわらず、受益者が存しない信託というものがあります。たとえば、ペットを受益者とする信託では、ペットには人格がないため、受益者が永遠にいない信託となります。設例のように受益者の条件は定められているがその条件を満たす者が未だ現れない場合、受益者が特定されていない信託となります。受益者は特定されているのだが、停止条件が付けられている場合、例えば、生まれていない子を受益者とした場合なども、このジャンルに含まれます。

　　このような信託については、受益者課税ができないという問題が生じます。そのため、受益者等の存しない信託についても、法人課税信託として課税さ

れることとなります。

2. 条件成就により現に権利を有することとなったとき

　ペット信託では受益者は永遠にいないため、20年を超えて存続することはできません（信託法259）。存続期間が過ぎれば、信託は終了します。しかし、設例の信託の場合、条件成就により受益者が存することとなる可能性があります。受益者等の存しない信託の受益者が確定した場合、受益者は、信託財産をその帳簿価額で承継することになります（法法64の3②、所法67の3①）。

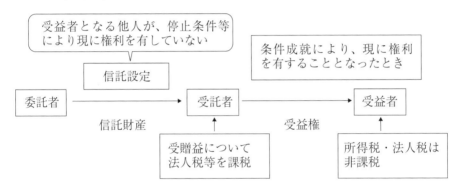

3. 委託者の親族が受益者等であるとき

(1)　当初から親族等であるとき

　設例において、父が孫達のうちコンクールに優勝した者を受益者とする信託を設定していたとします。そうすると上記法人課税信託の仕組みを相続税の節税に利用することが可能となります。つまり、最高税率は法人税の方が相続税より低いので、55％－約30％（注）＝25％の節税が可能となることになります。

　（注）　東京都の外形標準課税適用法人の場合

　そこで、受益者等の存しない信託の受益者等となる者が、委託者の親族である場合等には、信託の効力発生時に、受託者に対し、法人税のほか、相続税等も課税されることとなります（相法9の4）。しかし、そうなると、受託者の受贈益に対し、法人税と相続税等が二重に課税されることになるため、これを調整するため、受託者に課税される相続税等の額から法人税等の額が控除されます。

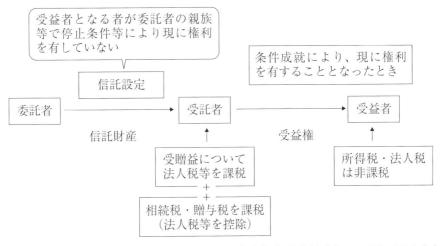

（『平成19年版改正税法のすべて』（大蔵財務協会）480頁の図より）

この場合の親族等には次の者が該当します（相令1の9）。

①民法第725条各号に掲げる6親等内の血族、配偶者及び3親等内の姻族

②信託の受益者等となる者（残余財産の給付を受けることとなる者を含みます）が、信託の効力が生ずる時（受益者が不存在となった場合に該当することとなった時、及び、次の③の契約締結時等を含みます）において存しない場合には、その者が存するものとしたときにおいて、その信託の委託者の上記①に掲げる者に該当する者

③信託の委託者が、その信託の効力が生じた時において存しない場合には、その者が存するものとしたときにおいて、その信託の受益者等となる者又は残余財産の給付を受けることとなる者の上記①に掲げる者に該当する者

(2)　たまたま確定した受益者が親族等であったとき

設例において、コンクールに優勝した父の弟子が、たまたま父の姪の子であったとします。その場合は受益者が確定した時点で贈与税が課税されることとなります（相法9の5）。

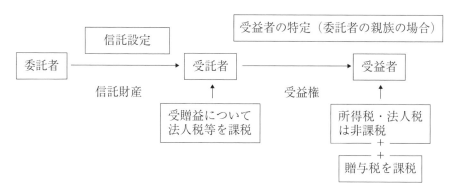

4. 受益者のいない信託の利用法

法人課税信託については、租税回避行為の防止のため、直接利益を受けない受託者に課税されてしまうことから、これまでは積極的にそれを利用しようとする動きはあまりありませんでした。しかし、候補としての受益者像は明確であるが、具体的にその者が確定していないような場合において、今現在の時価が低いが将来的に値上がりが確実である財産から生じる利益を受けさせたいようケースでは、その後受益者となった者へその信託財産が簿価承継されるという特性が活かせます。

　例えば、法人課税信託を利用したMBOスキームや従業員に対する持株会社を使った事業承継スキームでの利用が提案されています（松田良成・采木俊憲「法人課税信託を利用したMBOスキームに関する論稿」旬刊商事法務2078号参照）。

　また、信託型ストックオプションは、委託者：オーナー等、受託者：信託会社等、受益者：ストックオプションを受け取る役員等であるため、付与前は、受益者のいない信託であり、提供を受けた資金相当額の受贈益などについて法人税の申告・納税が必要になります（松田良成、山田昌史「新株予約権と信託を組み合わせた新たなインセンティブ・プラン（上）」旬刊商事法務2042号62〜63頁参照）。

②　未だ生まれていない孫を受益者とする信託の設定

Q
　財産を継がせようと思っていた娘が家を出て行きました。それならば、せめて娘が将来産むであろう子に財産を継がせようと思います。どのような課税関係になるのでしょうか。

A
　未だ生まれていない孫を指定して財産を贈与又は遺贈することはできませんが、信託の利用により同様の効果を得ることができます。しかし、租税回避行為の防止のため、複雑な規定が盛り込まれています。

解説

1.　生まれていない孫に遺産を継がせる方法

　特定の者に遺産を継がせるためには、遺贈という方法をとることとなりま

す。しかし、民法相続編には同時存在の原則というものがあり、被相続人の財産が相続によって相続人に移転するためには、相続開始の時点で相続人が存在（胎児である場合は生まれたものとみなされます。）していなければなりません。これは遺贈についても同様です。

　これらのことにより、通常の相続手続では未だ生まれていない孫に財産を継がせることはできませんが、信託の仕組みを利用して、未だ生まれていない孫を受益者にすれば、その目的を果たすことができます。信託はあくまでも委託者と受託者との契約であり、受益者は契約の当事者ではありませんから、このような利用も可能となるのです。

2. 未だ生まれていない親族を受益者とする信託

　受益者等の存しない信託の受益者等となる者が、委託者の親族等（相令1の9）である場合には、信託の効力発生時に、受託者に対し、法人税のほか、相続税又は贈与税も課されることとなっています（相法9の4）。そして相続又は遺贈により財産を取得する者が被相続人の1親等の血族や配偶者以外の者である場合には、相続税の2割加算の適用があるため（相法18）、現に存在する親族等のうち、条件成就者（前問参照）が受益者となるような信託については、この2割加算の適用を受けることとなります。しかし、信託の効力発生時に、未だ存在していない者を受益者とする信託を設定した場合、2割加算の規定の適用はできないこととなり、結果として相続税の世代飛ばしが可能となることになります。

　そこで、このような信託では、信託の効力発生時に受託者が相続税等を課されることに加えて、効力発生時に未だ存在しない者が、その信託の受益者等となる時においても、その受益者等となる者が、信託に関する権利を贈与により取得したものとみなされ、贈与税も課されることとなります（相法9

の5）。

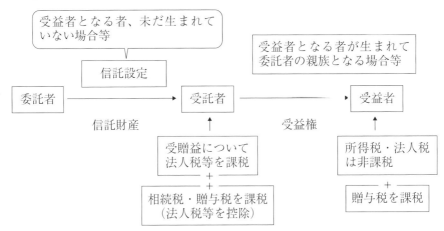

（『平成19年版改正税法のすべて』（大蔵財務協会）481頁の図より）

3. 信託の契約締結時等に未だ存しない者

　この規定の目的は、上述のように、世代飛ばしによる租税回避行為の防止にあります。したがって、この規定による次の用語の定義は次になります。

（1）　契約締結時等に未だ存しない者

　①契約終結時において出生していない者

　②養子縁組前の者

　③受益者として指定されていない者など

　親族等を受益者とする信託において、受益者となる条件が未成就で受益者としての地位を有していない者は、少なくとも受益者の候補としての要件を満たしていると考えられます。しかし、この規定が適用される「未だ存しない者」は、契約締結時等では未だ存在さえしていない等、受益者等の候補にさえなりえない者が該当することになります。

(2)　契約締結時等

　契約締結時等とは、要は信託の効力発生時ということですが、信託の区分に応じ次に定める時ということとなります（相令1の11）。

　①契約によって設定される信託　……　信託契約の締結の時

　②遺言によって設定される信託　……　遺言者の死亡の時

　③自己信託　……　公正証書等の作成の時、又は、受益者となるべき者として指定された第三者に対する確定日付のある証書による通知の時

(4)　受益者が連続して指定されている場合

①　負担付遺贈との比較

Q

　　　私と妻との間には子がいません。私の死後、妻が私の財産を引き継ぐことに異論はないのですが、妻の死後に、私が引き継いでいた先祖伝来の土地は私の親族に戻るようにしたいと思っています。どのような方法がありますか。

A

　　　受益者連続型信託、いわゆる後継ぎ遺贈型信託を用いることにより、死後の財産の行き先をある程度コントロールすることが可能です。

解説

1. 民法による後継ぎ遺贈を行った場合の問題点

　設例の場合のように、自分の死後においても、自分の財産の行き先を、その後発生する事情に応じ、ある程度コントロールしたいというニーズがあります。そして、自分の死後は第一次取得者にその財産を引き継がせ、第一次

取得者の死後には第二次取得者に財産を引き継がせるような指定を遺言書でした場合、その遺言の有効性について、争いとなった裁判例があります。

最高裁昭和58年3月18日判決ではこのような指定について次のような解釈が考えられるため、その趣旨を明らかにすべきであるとしました（集民138-277）。

①遺贈の目的の一部である本件不動産の所有権を移転すべき債務を第一次取得者に負担させた負担付遺贈

②第一次取得者死亡時に本件不動産の所有権が第一次取得者に存するときには、その時点において本件不動産の所有権が第二次所得者に移転するとの趣旨の遺贈

③第一次取得者は遺贈された本件不動産の処分を禁止され、実質上は本件不動産に対する使用収益権を付与されたにすぎず、第二次取得者に対する第一次取得者の死亡を不確定期限とする遺贈

後継ぎ遺贈による方法では、このようにその解釈により関係者の権利関係が異なることになり、法的安定性を損なう可能性があります。

2. 受益者連続型信託の利用

受益者の死亡により他の者が新たに受益権を取得する旨の定めのある信託（信託法91）又は受益者指定権等を有する者のある信託（同法89）の利用により、後継ぎ遺贈と同様な効果を得ることができます。

受益者連続型信託は、受益者の死亡により、その受益者の有する受益権が消滅し、他の者が新たな受益権を取得する旨の定め（受益者の死亡により順次他の者が受益権を取得する旨の定めを含む。）のある信託と定義されています（同法91）。このような信託は、信託がされた時から30年経過時以後に現に存する受益者がその定めにより受益権を取得した場合には、次のいずれ

かの時点で終了します。

① その受益者が死亡するまで

② その受益権が消滅するまで

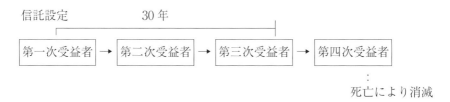

3. 受益者連続型信託の課税上の取扱い

受益者連続型信託は、相続税法で次のように定義されています（相法9の3①、相令1の8）。

(1) 受益者の死亡により、他の者が新たに受益権を取得する定めのある信託（信託法91条に規定）

(2) 受益者指定権等を有する者の定めのある信託（信託法89条1項に規定）

(3) 受益者等の死亡その他の事由により、受益者等の有する信託に関する権利が消滅し、他の者が新たな信託に関する権利を取得する旨の定め（受益者等の死亡その他の事由により順次他の者が信託に関する権利を取得する旨の定めを含みます。）のある信託

(4) 受益者等の死亡その他の事由により、その受益者等の有する信託に関する権利が他の者に移転する旨の定め（受益者等の死亡その他の事由により順次他の者に信託に関する権利が移転する旨の定めを含みます。）のある信託

(5) 上記（1）～（4）の信託に類する信託

　受益者連続型信託に関する権利の課税関係は、通常の受益者等課税信託と変わりありません（相法9の3）。信託を使わない、通常の相続財産と同じ課税にする必要があるとの考え方により、その後の消滅リスクを加味しない価額で課税する方法が採られています。したがって、期限付きの受益権であっても、期間の制限は付されてないものとして取り扱われます。

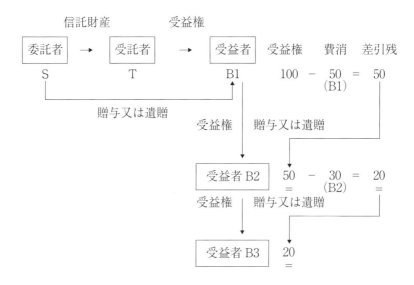

②　受益権の分解

Q

　私は妻を亡くした後、長く独りで居ましたが、このたび再婚をしました。私は弁護士のすすめに従い、所有する賃貸不動産を信託財産として、自己を受益者とする信託を設定し、自分の死後は妻に収益受益権を、先妻との子らに元本受益権を与えることにしました。どのような課税関係になるのでしょうか。

A

　収益の受益権に付された制限は、評価上、考慮されないことから、妻は、信託財産の全てを遺贈により取得したこととされます。

解説

1.　信託受益権を収益受益権と元本受益権とに分解した場合

　信託受益権について、収益受益権と元本受益権とに分解したような信託を受益権が複層化された信託と言います。受益者連続型信託について、異なる受益者がこのような複層化された信託の受益権をそれぞれ有している場合、収益に関する権利が含まれるものについては、その権利に付された制限が付されていないものとみなされます（相法9の3①）。

　したがって、受益者連続型信託に関する権利の価額は、次に掲げる価額となります（相基通9の3-1）。

　①受益権が複層化された受益者連続型信託に関する収益受益権

　……　信託財産の全部の価額

　②受益権が複層化された受益者連続型信託に関する元本受益権

　……　零（ただし、後述の3に該当する場合を除きます）

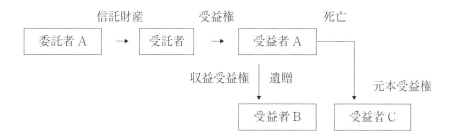

　したがって設例の場合、妻が受益権の全てを取得したものとして、相続税が課されることとなります。

2. 信託期間が終了した時の課税関係

　設例の信託で、妻の死亡等により信託期間が終了した場合、元本受益権を有する子らが残余財産受益者等となります。そして、元本受益権を有する者が、その信託の残余財産を取得したときは、その取得した者に相続税が課されることとなります（相法9の2④、相基通9の3-1注書き）。

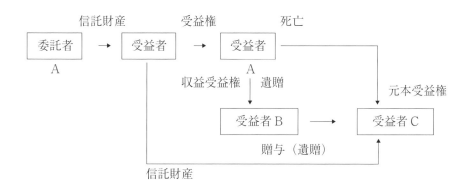

3. 性質の異なる権利を法人が有する場合

　設問において、妻ではなく、例えば不動産管理会社等の法人に収益受益権

を引き継がせるとします。受益者連続型信託に関する権利を有する者が法人（人格なき社団等を含みます）である場合は、収益受益権、元本受益権をそれぞれに評価して、相続税等の課税関係を考えることとなります（相法9の3但し書き）。

　信託受益権の評価は次の様になります（財基通202（3））。

　①元本受益権

　課税時期における信託財産の価額から、下記②により評価した収益受益者に帰属する信託の利益を受ける権利の価額を控除した価額

　②収益受益権

　課税時期の現況において推算した受益者が将来受けるべき利益の価額ごとに課税時期からそれぞれの受益の時期までの期間に応ずる基準年利率による複利現価率を乗じて計算した金額の合計額

　また、信託財産が山林（事業所得の基因となるものを除きます）又は譲渡所得の基因となる資産である場合、法人への収益受益権の移動時にみなし譲渡規定の適用があることになりますので、注意が必要です（所法59①一）。

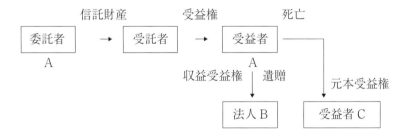

(5)　信託と債務控除

　　賃貸用不動産を信託していますが、大規模修繕工事を行うための資金が必要となりました。信託内借入と受託者である私自身が借主となる方法と、どちらがいいのでしょうか。

A

　　相続発生時に債務控除の対象となるかどうかも選択のポイントとなります。

解説

1.　信託内借入という方法

　　賃貸用不動産を信託している場合であっても、大規模修繕工事などで資金が必要となることがあります。それを信託の仕組みのなかで調達する方法として、信託内借入があります。

　　信託内借入は、例えば次のような手順で行うこととなります。

（オリックス銀行 HP の図を参考に作成）

① 委託者は信頼する家族（受託者）と信託契約を締結し、信託財産とし
て委託者の所有投資用不動産に信託登記を行います。受託者は、信託契
約に基づき投資用不動産の管理や運用、処分などの賃貸不動産経営を行
います。

② 受託者は賃貸不動産経営において、リフォームや大規模修繕工事など
の費用が生じた場合に資金調達を行うことが可能となります。債権者は
信託財産である投資用不動産に抵当権を設定し、目的に応じて受託者へ
融資を実行します。

③ 受託者は賃料収入を信託口口座で管理し、借入返済を行います。

④ 信託財産から得られる収益（賃料収入）は受益者に帰属します。

　一方、受益者（兼委託者）自身が借入をする方法もあり、上記を信託内借
入というのに対し、そちらは信託外借入と呼びます。

2. 信託の受益者に相続が発生した際の債務控除

　信託の受益者に相続が発生した際には、信託外借入の場合はその借入金は債務控除の対象となります。しかし、信託内借入の場合、借入は受託者が行うことから、受益者の相続で、債務控除の対象となるかどうか疑問が生じます。これについては、その相続により、信託が終了するものであるか、それ以外のものであるかに分けて考えてみます。

(1)　受益者死亡で終了しない受益者連続型信託の場合

　受益者であった者の死亡に起因して新たにその信託の受益者等が存するに至った場合には、その信託の受益者等となる者は、その信託に関する権利をその信託の受益者等であった者から遺贈により取得したものとみなされます（相法9の2②）。そして、この遺贈により取得したものとみなされる信託に関する権利又は利益を取得した者は、その信託の信託財産に属する資産及び負債を取得し、又は承継したものとみなして、相続税法の規定を適用することとなります（同法⑥）。つまり、第二受益者は受益権を相続により取得したものとみなされ、その信託の受益権（信託財産）を構成する資産および負債を取得し、又は承継したものとみなされることから、信託内借入にもとづく債務は承継されたものとみなされ、相続時の債務控除が可能ということになります。

(2)　一代で終了する信託の場合

　受益者等の存する信託が終了した場合において、受益者であった者の死亡に起因してその信託の残余財産の給付を受けるべき、又は帰属すべき者となる者があるときは、当該給付を受けるべき、又は帰属すべき者となった時において、その信託の残余財産の給付を受けるべき、又は帰属すべき者となった者は、その信託の残余財産をその信託の受益者等から遺贈により取得したものとみなされます（同法④）。

　ところで、この残余財産を構成する資産および負債については、遺贈により承継したものとする規定はありません。つまり、相続時の債務控除が可能とする直接の規定はないのです。

　信託終了後においては、信託終了時の受託者（清算受託者）が清算手続きを行い、残った債務の弁済を経た後、信託契約で定めた帰属権利者等へ信託財産を給付するという信託法（信託法177〜184）の規定から信託終了時には債務がないことを前提として相続税法を規定していると考えられるからです。

　このことから、一代で終了する信託の場合、債務控除を適用することについては、一定のリスクがあるものと思われます。

❸　一般法人を利用した財産と権利の移転

(1)　一般法人を利用した財産と権利の移転

①　事業用財産の移転

Q

　これまで会社に駐車場用地として貸し付けていたオーナー所有の土地を一般法人に移転しようと思います。どのような課税関係が生じるのでしょうか。

A

　一般法人が公益法人等、つまり公益認定社団法人または公益認定財団法人あるいは非営利型法人に該当する一般社団法人または一般財団法人である場合、法人側の課税は通常生じませんし、拠出側個人にも課税上の特例が使える可能性があります。しかし、一般法人が普通法人の場合、法人側では受贈益課税が生じ、拠出側個人では、譲渡所得課税が生じることになります。

　なお、一般法人が公益法人等に該当する場合でも、無償譲渡など、譲渡価額が適正な時価でないとされれば、特例適用が可能な場合を除き、租税回避行為と認定されることで、一般法人そのものに贈与税課税が行われることがあります。

解説

1.　一般法人の法制

(1)　一般法人の特色と用法

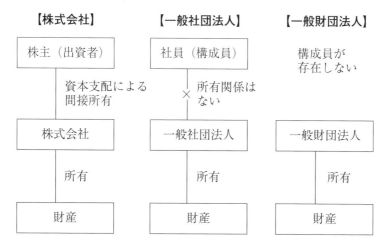

【株式会社】　　　　【一般社団法人】　　　　【一般財団法人】

株主（出資者）　　　社員（構成員）　　　　　構成員が
　　　　　　　　　　　　　　　　　　　　　　存在しない

資本支配による　　×　所有関係は
間接所有　　　　　　　ない

株式会社　　　　　　一般社団法人　　　　　　一般財団法人

所有　　　　　　　　所有　　　　　　　　　　所有

財産　　　　　　　　財産　　　　　　　　　　財産

　一般社団法人・一般財団法人を合わせて一般法人と呼びます。一般法人については、出資持分がないだけでなく、配当等の剰余金の分配も行えないこととされています。

　この一般法人制度は、持分がない法人であることから、公益の担い手としての機能が期待される他、中間法人の後継としての機能も持っており、同窓会・地縁団体など人格のない社団等が法人格を取得する際の候補でもあります。また、この出資者がいないという性格を使って、投資スキームにおける倒産隔離にも使われたりしています。

　一般社団・一般財団法ができたことで、出資持分のない法人を登記のみで設立可能とする準則主義によって、誰でも設立することが可能になりました。

(2)　一般法人と公益認定

　この一般法人は、公益認定を受けることで、公益認定社団法人・公益認定

財団法人として、公益法人税制による優遇措置を受けることが可能になるという、二段構えの制度がとられています。

　従来は主務官庁の許可を得なければ設立することができなかった公益法人制度を改革し、公益の担い手をより拡大していくことが狙いにありますが、それに留まらない用法が期待されているのは上述の通りです。

　更に、一般法人で、普通の商売のような事業を行うことも可能ですが、持分概念がないので、一般法人に財産を持たせることで、財産の間接所有を行うような用い方はできません。また、剰余金の分配ができない仕組みなので、留保された財産・剰余金はそのまま法人に蓄積することになります。

（3）　一般社団法人における基金制度

　一般社団法人では、基金と呼ばれる制度が導入されています。当初財産を取得する際に、構成員である社員等から募って資金を入れる際に使われるもので、一般債務に劣後して支払われることになるため、貸借対照表では、負債の部ではなく、純資産の部で表示されます。しかし、その性格はあくまでも債務であり、いわば擬似資本であると考えておくべきでしょう。

　また、無償で財産を法人に入れることを出捐（しゅつえん）と呼び、株式会社の出資と区別しています。要するに寄贈です。よって、出捐の受入側法人では、受贈財産として認識されることになります。

　なお、上記基金制度は、一般社団法人にのみ認められており、一般財団法人には認められていない点にご注意下さい。

2.　一般法人の税制（法人税法の取扱い）

（1）　非営利型法人の不徹底性

　一般法人のように、分配を行えない法人のことを、非営利法人と呼ぶことがあります。分配がないのですから、人格のない社団等と同様、収益事業課

税でよさそうです。

　しかし、税制の視点からすると、法制は、この分配が行えないという部分が不徹底です。具体的には、次のような問題があります。

①分配が行えないとはいえ、特定者に対する利益供与などが行われた場合、事実上の分配を行うことがあり得る。

　ただし、公益認定を受ける場合、利益供与は行えないこととされていますので、この問題は税制上クリアされます。

②分配が行えなくても、残余財産の引渡しを行うことはあり得る。

　公益事業等が終わった後に、元の所有者に返還することもあり得るだろうとの配慮です。ただし、社員に剰余金又は残余財産の分配を受ける権利を与える旨、定款で事前に規定しておくことは禁止されています。この点も、公益認定を受ける場合には、残余財産を、国や地方公共団体等に寄贈することを定款に謳うことが必要とされていますので、税制上の問題は生じません。

(2)　法人税法の対応

　上述のように、法人税法から見て、一般法人には、法制上、分配禁止への対応が不徹底な部分があるため、全所得課税を基本としつつも、一定条件をクリアして、税法上、非営利型と呼ぶにふさわしいものだけを非営利型法人として2つの類型を提示し、これらは収益事業課税としました。公益認定法人については、問題が解決しているため、収益事業課税ですが、本来事業に該当するものは収益事業の範囲から除外することとしています。

　法人税法が非営利型法人と認めたのは、非営利徹底型法人と共益型法人と呼ばれる類型で、ともに、上記の問題点を解決することを条件としています。これら以外の法人は、全所得課税とされる普通法人となります。

```
　　　┌─ 公益社団法人等 ──────────┐
　　　│　　　　　収益事業課税　　　　　　　　│
　　┌─ 一般社団法人等　　　　　　　　　　　　　│
　　│　　　　　全所得課税　　　　　　　　　　　│
　　│　その他の一般社団法人等（普通法人）　　　│
　　│　┌─ 非営利型法人 ───────────┐│
　　│　│（1）非営利性を徹底した一般社団法人等　││
　　│　│（2）共益型の一般社団法人等　収益事業課税││
　　│　└───────────────────┘│
```

制度区分		法人税区分	課税範囲	源泉所得税	源泉還付
公益認定法人		公益法人等	収益事業課税	非課税	―
一般法人	非営利徹底型			課税	不可能
	共益型				
	その他	普通法人	全所得課税		可能

（小林磨寿美編『最近の難解税制のポイントと実務の落とし穴』（清文社）
249頁より）

(3)　出捐による受入財産の課税関係

　一般法人が、普通法人なのか、非営利型法人あるいは公益社団法人等なのかによって、出捐による受入財産の課税関係が異なることになります。

　普通法人であれば、全所得課税ですから、株式会社などと同様、無償による財産の受贈に対しては、受贈益課税が起きることになります。

　非営利型法人あるいは公益社団法人等の場合、収益事業課税ですから、受入財産が収益事業に帰属する財産である場合に限り、受贈益を認識して課税されることになります。受入財産が収益事業に属さない場合には、課税関係が生じません。

　ところで、出捐は寄附（贈与）ですから、出捐財産が現物財産である場合

には、譲渡が認識されることになります。したがって、法人に対する譲渡としてみなし譲渡所得課税が生じる点に注意が必要です（所法59①一）。

ただし、資産の寄附先が公益社団法人等あるいは非営利徹底型の非営利型法人である場合で、その寄附が教育又は科学の振興、文化の向上、社会福祉への貢献その他公益の増進に著しく寄与することなど一定の要件を満たすものとして国税庁長官の承認を受けたときに限り、この所得税を非課税とする制度が設けられています（措法40）。

なお、その後に特別な利益供与の事実が判明するなどの場合には、この承認が取消されることになります。国税庁の質疑応答では、たとえば、「学校法人に対して校舎敷地を寄附したが当該敷地には寄付者を債務者とする銀行の抵当権が設定されている場合」なども特別な利益供与に当たるとしています。公益目的事業の用に供された後に承認が取り消されると、寄附を受けた法人を個人とみなして所得税が課税されます。ただし、寄贈者が死亡している場合には、寄贈者の死亡年が課税時期となる（措令25の17⑫⑯）ことから、死亡後7年を経過していれば、もはや課税が及ばないことになります。

3.　相続税法の取扱い

(1)　平成30年3月までの租税回避防止規定

一般法人は、法制上、持分がない法人であることから、相続税・贈与税の租税回避行為が行われる恐れがあります。自分の財産を生前に寄贈して、自分がその法人の陰の支配者となれば、相続税負担が不当に軽減されることになります。このような相続税の租税回避防止規定として、相続税法65条と66条4項が存在しています。

相続税法66条4項は、自分の支配下にある持分のない法人に財産の寄贈を行うことで、不当に相続税負担を免れると判断される場合には、この持分の

ない法人を個人とみなして贈与税を課することとしているものです。

　持分のない法人が租税回避行為をする者の操り人形となっている場合には、この規定を発動させるとの考え方から、法令上は、役員等の同族支配がない場合や利益供与の事実がない場合などの要件を満たした場合を相続税又は贈与税の負担が不当に減少する結果となると認められない場合としています。

　具体的には、次の要件を満たしている場合には、相続税又は贈与税の負担が不当に減少する結果になるとは認められないものとされ、上記みなし課税の規定は適用されません（相令33③一～四）。

①　運営組織が適正かつ役員に占める親族割合が3分の1以下とする定款等の定めがあること

②　法人の役員や社員又はこれらの親族等に特別な利益を与えないこと

③　解散時の残余財産の帰属先が、国又は地方公共団体又は公益社団法人等とする旨の定めが定款等にあること

④　法令違反の事実、帳簿書類に取引に係る仮装・隠ぺいを記載している事実、その他公益に反する事実がないこと

(2)　平成30年4月の税制改正により追加された租税回避防止規定

①　一般社団法人等に対する贈与税等の課税規定の明確化

　個人から一般社団法人等への贈与時等の課税について、贈与時等は適用除外要件を満たしていても、その後要件を満たさなくなった場合には課税されないこと、多額の青色欠損金を有する一般社団法人を買収し、財産の贈与を行った場合には受贈益に対する法人税として計算された金額を相続税又は贈与税の額から控除でき、実際には負担していない法人税額を控除して税負担の軽減を図ることができるなどの問題がありました。そのような中で、相続税法施行令33条3項の規定の解釈が、「いずれも満たす」なのか、それとも「いずれかを満たす」とするのかという点が不明確との指摘がされていまし

た。

　そこで、平成30年度税制改正により、平成30年4月1日以後に個人から一般社団法人等に対して財産の贈与等があった場合の贈与税等の課税については、贈与税等の負担が不当に減少する結果とならないものとされる前記の要件の全てを満たすときに限り課税されないことと明確化されています。

　したがって、例えば、理事の全員が3親等内の親族により構成されているような一般社団法人については、その法人に対する財産の贈与等が行われた際に、その法人に対して贈与税が課税されることになります（譲渡所得の基因となる資産等の贈与（寄附）であれば、贈与者にも、みなし譲渡課税（所法59）がされます。）。そして、更に理事の一人に相続開始があった場合、特定一般社団法人等に係る相続税の課税を受けるようなケース（次頁にて詳述。）が生じてくることにもなります。このことからも窺えるように、一般社団等を利用した相続税等の租税回避について、一応の封じ込めが手当てされることになりました。

　（注）　特定一般社団法人等とは、次に掲げる要件のいずれかを満たす一般社団法人等が該当します（相法66の2②三）。

　ⅰ　相続開始の直前における同族理事数の総理事数に占める割合が2分の1を超えること

　ⅱ　相続開始前5年以内において、同族理事数の総理事数に占める割合が2分の1を超える期間の合計が3年以上であること

　なお、対象となる一般社団法人等の範囲からは、公益認定法人や法人税法における非営利型法人などは除外されています（相令34④）。例えば、社会福祉法人や宗教法人については、従来通り、不当減少に該当するか否かは総合的に判定されることとされています（相法66④）。

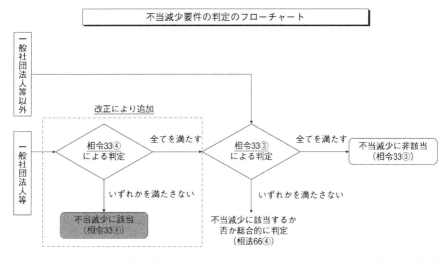

（図出典：「平成30年版改正税法のすべて」578頁　大蔵財務協会）

② 特定一般社団法人等に対する相続税の課税

　一般社団法人等は、会社の株式に相当する持分という概念がないため、特別な規定を置かなければ、出捐者・社員等に対して、債権となる基金（社団法人の場合）を除けば、相続の際に相続税は課税されません。この特性を利用し、親が一般社団法人等を設立し、親の資産をその一般社団法人等に移転させてから、子に代表を継がせて、課税を免れるスキームが喧伝され、また、実際のケースが散見されていたため、平成30年度税制改正により、親族が役員の過半を占めるような特定一般社団法人等に対して相続税が課税されることとなりました。

　具体的には、一般社団法人等のうち、特定一般社団法人等に該当するものの役員（理事に限ります。）である者（理事でなくなった日から5年を経過していない者を含みます。）が死亡した場合には、特定一般社団法人等の純

資産額をその死亡の時における「同族理事（被相続人を含む。）」の数に１を加えた額で除して計算した金額に相当する金額を特定一般社団法人等が被相続人から遺贈により取得したものとみなして相続税が課税されます。さらに、特定一般社団法人等は、一親等の法定血族及び配偶者以外の者であるため、相続税額の２割加算の対象となります。

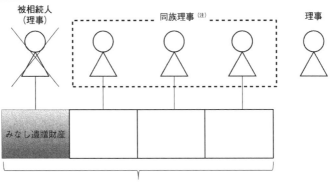

特定一般社団法人等の純資産額の等分計算

○　被相続人及び同族理事で均等に法人財産を支配していたものと捉え、特定一般社団法人等の純資産額を被相続人と同族理事の人数で等分した金額を、みなし遺贈財産の価額とする（同族以外の理事がいても、人数にカウントしない。）。

被相続人
（理事）　　　　　　同族理事 (注)　　　　　　　理事

みなし遺贈財産

相続開始時における特定一般社団法人等の純資産額（時価）

（注）相続開始時においては、被相続人は死亡しているので、同族「理事」には該当し得ない。そのため、相続開始時における「同族理事の数」は、相続開始直前に被相続人が同族理事に該当していても、被相続人を含まない数となる。

（図出典：「平成30年版改正税法のすべて」571頁　大蔵財務協会）

　なお、同族理事とは、一般社団法人等の理事のうち、被相続人又はその配偶者、３親等内の親族その他の被相続人と特殊の関係がある者（被相続人が会社役員となっている会社の従業員等）をいいます（相法66の２②二・相令34③）。

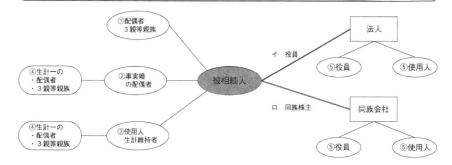

「被相続人と特殊の関係がある者」の範囲

「同族理事」には、被相続人のほか、以下に該当する理事が含まれる。
① 被相続人の配偶者又は3親等内の親族
② 被相続人と事実上婚姻関係と同様の事情にある者（事実婚の配偶者）
③ 被相続人の使用人（個人事業者の従業員など）・被相続人から受ける金銭等により生計を維持している者
④ ②又は③の者と生計を一にする配偶者又は3親等内の親族
⑤ 次の法人の役員又は使用人（従業員）　　イ　被相続人が役員となっている法人
　　　　　　　　　　　　　　　　　　　　　ロ　被相続人の同族会社

（図出典：「平成30年版改正税法のすべて」569頁　大蔵財務協会）

　上記により特定一般社団法人等に相続税が課税される場合には、その相続税の額から、贈与又は遺贈により取得した財産について、既に特定一般社団法人等に課税された贈与税及び相続税の額を控除します（相法66の2③）。一方、その特定一般社団法人等が同制度により納付することとなる相続税の額は、その特定一般社団法人等の所得の金額の計算上、損金の額に算入しないこととなりました（法法38②一）。

　なお、②の相続税法の改正は、平成30年4月1日以後の一般社団法人等の理事の死亡に係る相続税について適用されますが、同日前に設立された一般社団法人等については、令和3年4月1日以後のこの一般社団法人等の理事の死亡に係る相続税について適用し、平成30年3月31日以前の期間は、特定一般社団法人等を判定する際の2分の1を超える期間に該当しないものとさ

れています（改正法附則（平成三〇年三月三一日法律第七号）43⑤・⑥）。

②　株式の移転

Q

　　オーナー所有の会社の株式の一部を一般法人に移転して、従業員持株会のように安定株主とするとともに、相続財産減らしをしようと思います。どのような課税関係が生じるでしょうか。

A

　　一般法人に対して株式を移転する場合、みなし譲渡所得課税が生じ、オーナーに多額の株式譲渡益課税が生じます。一般法人側では、その法人の所得課税の範囲によって、受贈益に対する課税が生じる場合と生じない場合があります。

解説

1. 従業員持株会制度とその問題点

(1)　従業員持株会制度が利用される背景と機能

　経営参加インセンティブのため、あるいは相続税対策としての株式分散の目的で、従業員に直接株式を保有させると、将来の退職時買取時に、買取価格や買取りそのものの拒否等をめぐってトラブルが起きることがあります。

　このような直接株式保有の問題を回避するため、よく利用されるのが組合方式による従業員持株会制度です。民法上の組合として組成し、議決権は組合理事長が管理信託を受けて統一行使を行い、個々の組合員には株式からの配当による資金の分配で対応します。脱退時には、組合契約としての持株会規約で、株式を売却して脱退することとし、買取価格もルールで定めている

ことから、問題が起こりにくいと考えられています。

　株主名簿上、持株会所有株式は、持株会理事長名で表示がなされることになりますが、民法上の組合である以上、税制上はパス・スルー扱いが前提となります。同族株主判定等の割合判定には、組合に関係ない直接保有分のみならず、組合持分による保有分も含めて判定が必要とされることになるので、役員を従業員持株会に入れないなど、運用上の配慮が望まれます。

　また、持株会に実態がなく、会社の傀儡に過ぎないとされれば、「同一の内容の議決権を行使することに同意している者」（法令4⑥）とされる点に注意が必要です（小原一博編著『八訂版　法人税基本通達逐条解説』（税務研究会出版局）41頁「法基通1-3-7（同一の内容の議決権を行使することに同意している者の意義)」参照）。

(2)　従業員持株会制度の問題点

　しかし、実際には、脱退時に同意しない従業員がいた場合など、問題皆無というわけでもありません。

　比較的よく生じる問題点としては、会社の業績悪化時に配当を停止してしまうことで、持株会への参加を期待できなくなることです。業績が悪くても、一定以上の配当を実施し続けなければ、持株会は機能しなくなります。

　なお、このような点などに配慮して、持株会に保有させる株式を種類株式として無議決権株式で配当優先株式とする例もあるようです。ただし、議案によっては種類株主総会の決議を必要とすることもあり、運営次第では会社経営のイニシアチブを失う危険性もあるため、種類株式による対応には、賛否両論あるのが現状です。

(3)　買取価格の問題

　持株会脱退時の買取価格について、最も多い例では、配当還元価額となっています。税法上も、第三者間取引では配当還元価額が妥当と考えられてい

ます。

　しかし、時価を基準にするなど、配当還元価額と比較すれば、かなり高額な価格が採用されている例もあります。株式公開を行うような場合、これも1つの見識ですが、株式非公開を前提とするならば、新規参加者にとっては高いハードルになることになります。どこかのタイミングで是正が必要でしょう。具体的には、自己株式として会社自身が取得することを検討すべきと思われます。

　なお、次の株主が決まるまでの間一時的に保有する意図で取得したとしている場合でも、時価と取得価格との差額分について、相続税法7条のみなし贈与課税を行うことを妥当とした次の裁判例もあります（仙台地判平3.11.12・Z187-6805）。

　「したがって、原告のいうような租税回避を目的とした行為に同条が適用されるのは当然であるが、それに限らず、著しく低い対価によって財産の取得が行われ、それにより取得者の担税力が増しているのに、これに対しては課税がされないという税負担の公平を損なうような事実があれば、当事者の具体的な意図・目的を問わずに同条の適用があるというべきである。」

　このような事例もあるため、たとえ一時的な取得でも買取価格には、注意が必要です。

2.　一般法人制度の持株会的利用

　将来の買戻し問題を考えると、そのまま持株を財産隔離したままにしておける一般法人に保有させることには魅力があります。一般法人には持分がありませんから、一般法人に移転した財産については、前問で説明した租税回避防止規定をクリアできれば、相続税が課されないことになります。

　一般法人に対して、安定的な配当を供給して、一般法人が文字通りのもの

言わぬ株主として機能してくれるなら、従業員持株会に求める安定株主機能・相続税対策機能を代替させることができるのではないか、との期待もあるようです。

3. オーナーから一般法人への株式の移転段階での課税

(1)　みなし譲渡所得課税と配当還元価額の適用可否

オーナー所有の会社の株式の一部を一般法人に移転する段階で、通常の従業員持株会に譲渡するのと異なる問題があります。一般法人が、第三者であっても、個人でなく法人への譲渡であるがために、著しく低額での譲渡であれば、所得税法59条のみなし譲渡課税が生じてしまうことです。

ただし、この点、大分地裁平成13年9月25日判決は、少数株主が買い取るので、法人に対する譲渡でも、配当還元価額を採用可能としました（Z251-8982）。一方、所得税基本通達59-6では、同族株主判定を譲渡直前の議決権数で行うこととしています。この考え方によれば、売主側の立場は支配株主なので、配当還元価額は使えないこととなります。これについては、判決の事案が平成4年の取引であり、通達改正が平成12年であるため、現状であれば、やはりみなし譲渡課税が生じると取り扱われるとの意見がある一方、このような事業承継色の強い事案では、譲渡後の態様で判定するのが本来であるとの意見もあります。さらに本事案では売買実例もあり、売買実例価額や配当還元価額と純資産価額等との間に著しい差異が生じるため、純資産価額等に合理性が判断されています。

仮にオーナーには、純資産価額等での時価によってみなし譲渡所得課税が生じるとされれば、多額の株式譲渡益課税が生じます。

なお、本問の場合であれば、配当還元価額が使えるかどうかには、一般法人が第三者と言えるかどうかの問題も検討が必要と考えられます。

(2)　受入側一般法人の課税関係

　そして、一般法人側での株式受入時には、その法人の所得課税の範囲によって、対価のない資産の取得に対する受贈益に対する課税が生じる場合と生じない場合があります。全所得課税型の普通法人であれば、受贈益に課税が生じます。しかし、収益事業課税型の非営利型法人であれば、配当収入は34業種の収益事業に入らないでしょうから、株式受入についての受贈益課税も生じないものと考えられます。

　ただし、実際に非営利型法人で設立する場合には、持株会の性格から非営利徹底型を選択するのは困難であり、共益型を選択することになります。共益型を選択する場合には、会費収入による運営を前提としたクラブ型の組織設計をすることになります。単なる持株法人というだけでは、共益型の要件を具備することはできない点に注意が必要です。

　なお、この一般法人が租税回避目的での利用と判断されれば、相続税法66条4項によって、一般法人を個人とみなして贈与税課税がなされることとなります。その場合、全所得課税型法人であれば、受贈益課税に対応する法人税相当額の控除が行われます。

③　事業移転

Q

　これまで会社で行って来た事業を、一般法人に事業譲渡しようと思います。どのような課税関係が生じるでしょうか。

A

　通常の事業譲渡・事業譲受と同様、時価での資産移転であり、譲渡側である会社では資産譲渡損益が生じます。譲受側一般法人では時価による資産取得が生じますが、収益事業課税法人であれば、課税関係が生じない可能性もあります。

解説

1.　一般法人で事業を行うことの意味

　一般社団法人・一般財団法人こと一般法人には、持分の定めがなく、法人の所有者を観念することができません。出資概念もなく、法人に財産を入れる方法は、出捐つまり贈与・寄附による方法と、一般社団法人についてだけ認められている基金制度を用いるかしかありません。基金とは、純資産の部に表示されるものの、本質は他の一般債務の弁済に劣後するという意味での劣後債務です。

　また、一般法人は、剰余金の分配もできないとされていますので、出資に対する配当のようなものも受け取ることはできません。残余財産についても、予め定款で社員を帰属者として決めておくこともできません。これは、非営利のための器を用意しようとした点から、当然でもあります。

　しかし、だから事業ができないというわけではありません。具体的には、法人に出捐した財産を返して貰おうなどと思わず、事業から生じる収入から、役員報酬などとして役務提供対価相当額での還元を受けるだけであれば、普通の株式会社などと変わらない運営ができます。

　そして、持分がないことから、将来、株式のように出資証券を相続財産として認識することがありません。相続税を心配するくらいなら、一般法人で事業を行うことも考えられます。

　これに対しては、財産放棄するようなものだとの批判があり、もっともではあるのですが、事業を続けていく限りは、法人財産が没収されるわけではなく、普通に利用できます。事業承継者が、出捐者の意のままになるかどうかとの問題は残りますが、一つの考え方でしょう。

　なお、残余財産については、事前に定款で社員への帰属を定めておくことはできないものの、最終的な決議で引き渡し先を決めることは一般社団法において許されています。

　ただし、個人の支配が維持されていたり、このような残余財産の引き渡しなどの分配が生じると、法人税法上は、収益事業課税たる非営利型法人でなく、全所得課税たる普通法人とされることなどには、注意が必要でしょう。

2.　事業譲渡の法制

　事業譲渡とは、継続している会社の事業を、その組織的価値を損なわずに移転させようとする行為です。ただ、会社法では、譲渡会社の競業避止義務を21条以下で、株主総会による重要な事業譲渡の承認について467条で規定するものの、事業譲渡の定義を行なっていません。

　事業譲渡については、合併・会社分割のような組織法上の行為でないことから、事実上の組織再編成に係わるスキームでありつつも、権利義務の包括的移転は生じないこととなります。債務の承継や契約上の地位の移転には、債権者や契約相手方の個別同意が必要です。したがって、事業譲渡契約に際しては、移転する資産を網羅的に記載し、承継させたくない資産は記載から外しておくことが重要です。

　また、事業には債務を含むものと解されており、この点、解散時の現物分配などとは異なる位置付けがなされています。

　事業譲渡が使われる局面についてですが、関係者が多数の場合には、個別

同意を得にくく、事業譲渡によるのは困難です。しかし、逆に、関係者が少なく個別同意が簡易な場合には、債権者保護手続期間などがないため、迅速な手続が可能となる場合があり、合併や分割で間に合わない場合の手続として選択されることがあります。ただし、法制上は、一般法人は一般法人同士の合併しか認められておらず、会社との合併・分割は認められていません。

本問では移転先が一般法人であるため、事業譲渡しか使えませんが、事業譲渡は会社分割との間で、どちらか有利な手続きが選択されることが多々あります。不動産取得税・登録免許税などの特例が、会社分割にのみ用意されていることもあり（地法73の7二・地令37の14・措法79・80・80の2）、不動産が絡む場合には、事業譲渡はあまり利用されないようです。

3. 事業譲渡の課税関係

(1) 譲渡側の課税関係

事業譲渡とは、税制上は、事業を伴う資産等の移転であり、譲渡側では、資産の時価譲渡としての課税関係が生じることになります（法法22②）。法人税に限れば、非適格組織再編成と同様の課税関係と考えればよいのですが、非適格組織再編成と異なる点として、組織法上の行為でないため、包括的な資産の移転とはなりません。個別の資産移転が非課税取引に該当しないか等、消費税法の課税関係を考慮する必要がある点、注意が必要です。

(2) 譲受側の課税関係

次に、譲受側では、時価による資産の取得が生じます。この際、法人税法上ののれんとも呼ばれる資産調整勘定や負債調整勘定（法法62の8）を考慮することになるのも、非適格組織再編成と同様です（「Ⅰ4組織再編・グループ法人税制」103ページ参照）。

4.　一般法人による事業譲受時の処理

（1）　全所得課税型法人の場合

　普通法人つまり全所得課税型法人の場合、上記３．で説明した通りの処理であり、通常の株式会社などと変わりありません。

（2）　収益事業課税型法人の場合

　非営利型一般法人など法人税法上公益法人等として整理される法人は、収益事業課税型法人であり、収益事業に係る課税のみが行われることになります。事業譲受によって取得する資産等が、収益事業に帰属するものであれば、収益事業における資産等として、法人税計算に影響させることになります。

　しかし、事業譲受によって取得する資産が、非収益事業に属するものであれば、税制上は、何ら処理がなされないことになります。

5.　一般法人が非営利型法人とされるための条件

　一般法人が法人税法上の非営利型法人とされるための要件は、法令３条１項・２項に規定されています。条文中で、特別の利益を与えないことということが出てきます。

　この特別の利益を与えないことの具体的内容については、税目が異なりますが、相続税・贈与税関係の個別通達「贈与税の非課税財産（公益を目的とする事業の用に供する財産に関する部分）及び持分の定めのない法人に対して財産の贈与等があった場合の取扱いについて（令和５年６月28日付　課資2-12改正）」（https://www.nta.go.jp/law/tsutatsu/kobetsu/sozoku/640609-2/01.htm）が参考になります。

　この中では、特別の利益を与えることにつき、以下のように例示しています。これらはかなり細かい規定となっている点から、確認しておくべきでしょう。

16（特別の利益を与えること）

　法施行令第33条第3項第2号の規定による特別の利益を与えることとは、具体的には、例えば、次の（1）又は（2）に該当すると認められる場合がこれに該当するものとして取り扱う。

（1）　贈与等を受けた法人の定款、寄附行為若しくは規則又は贈与契約書等において、次に掲げる者に対して、当該法人の財産を無償で利用させ、又は与えるなどの特別の利益を与える旨の記載がある場合

イ　贈与等をした者

ロ　当該法人の設立者、社員若しくは役員等

ハ　贈与等をした者、当該法人の設立者、社員若しくは役員等（以下16において「贈与等をした者等」という。）の親族

ニ　贈与等をした者等と次に掲げる特殊の関係がある者（次の（2）において「特殊の関係がある者」という。）

（イ）　贈与等をした者等とまだ婚姻の届出をしていないが事実上婚姻関係と同様の事情にある者

（ロ）　贈与等をした者等の使用人及び使用人以外の者で贈与等をした者等から受ける金銭その他の財産によって生計を維持しているもの

（ハ）　上記（イ）又は（ロ）に掲げる者の親族でこれらの者と生計を一にしているもの

（ニ）　贈与等をした者等が会社役員となっている他の会社

（ホ）　贈与等をした者等、その親族、上記（イ）から（ハ）までに掲げる者並びにこれらの者と法人税法第2条第10号に規定する政令で定める特殊の関係のある法人を判定の基礎とした場合に同号に規定する同族会社に該当する他の法人

（ヘ）　上記（ニ）又は（ホ）に掲げる法人の会社役員又は使用人

(2)　贈与等を受けた法人が、贈与等をした者等又はその親族その他特殊の関係がある者に対して、次に掲げるいずれかの行為をし、又は行為をすると認められる場合

イ　当該法人の所有する財産をこれらの者に居住、担保その他の私事に利用させること。

ロ　当該法人の余裕金をこれらの者の行う事業に運用していること。

ハ　当該法人の他の従業員に比し有利な条件で、これらの者に金銭の貸付をすること。

ニ　当該法人の所有する財産をこれらの者に無償又は著しく低い価額の対価で譲渡すること。

ホ　これらの者から金銭その他の財産を過大な利息又は賃貸料で借り受けること。

ヘ　これらの者からその所有する財産を過大な対価で譲り受けること、又はこれらの者から当該法人の事業目的の用に供するとは認められない財産を取得すること。

ト　これらの者に対して、当該法人の役員等の地位にあることのみに基づき給与等を支払い、又は当該法人の他の従業員に比し過大な給与等を支払うこと。

チ　これらの者の債務に関して、保証、弁済、免除又は引受け（当該法人の設立のための財産の提供に伴う債務の引受けを除く。）をすること。

リ　契約金額が少額なものを除き、入札等公正な方法によらないで、これらの者が行う物品の販売、工事請負、役務提供、物品の賃貸その他の事業に係る契約の相手方となること。

ヌ　事業の遂行により供与する利益を主として、又は不公正な方法で、これらの者に与えること。

　なお、陰の支配者がいる一般法人に事業譲渡の形をとって、資産移転を行う場合、相続税法66条４項の射程になると考えられます。

④　奨学金財団

　奨学金財団を作って相続税対策とともに自社の安定株主対策とする手法があると聞きました。どのようなものか教えて下さい。

A

　従来は公益法人としての財団法人を作るためには、かなりハードルが高かったのですが、一般社団法人・一般財団法人制度ができたことから、法人設立面での官庁許可の問題はなくなりました。純粋に、税務上の租税回避防止措置条項に該当させないための組織作りや運営に注力すればよいことになります。

解説

1.　従来からある財団設立による自社株相続税対策手法

　財団法人はオーナーのいない法人ですので、ここに自社株式を保有させれば、安定株主を得るとともに、相続税の課される財産を実質的に減少させることが可能になります。そこで、従来から、財団法人を設立する相続税対策手法が、資産家を中心に行われてきました。

　財団法人は、公益法人として、官庁の許可によって設立が可能であり、公益目的事業を行うことが必要になるとともに、公益目的財産の保有が義務づけられています。この場合、自社株を財団法人に寄贈して、その配当原資を用いて、公益目的事業を行うことになり、オーナーの住所地や故郷などの苦

学生向けに奨学金貸与事業を行うのが通常です。

　なお、この際、公益目的財産として自社株式が組み込まれますが、株式保有割合については規制されており、一定割合以下に収まるように指導監督されています。

　公益法人は、法人税法上、収益事業課税のみが行われる制限納税義務者とされ、寄附金税制による寄附者への優遇やみなし寄附金制度などが用意され、税制上の恩典が与えられてきたのは周知の通りです。この結果、自社株配当金については、源泉徴収も行われず、収益事業課税もないため、全額が公益目的事業に利用することが可能でした。

　財団法人の運営については、所轄官庁による監督が行われますが、税務面でも、相続税逃れのための財産移転でないかが、相続税法66条4項によって問われることになります。相続税法66条4項は、受贈を受ける法人を個人とみなして贈与税を課すもので、相続税法9条と同様の租税回避防止措置条項であるとされています。

　また、オーナーが自社株を財団法人に寄贈する際には、本来、所得税法59条によるみなし譲渡所得課税が行われることになりますが、実際には、租税特別措置法40条により譲渡所得の非課税措置が適用されるため、課税当局によって、相続税法66条4項と租税特別措置法40条によるチェックが同時に行われてきました。従来は、公益目的事業を行っている法人のみが、出資持分のない法人として設立可能であったことから、相続税法66条4項と租税特別措置法40条とが軌を一にしていた規定であったからです。

　この際には通達で詳細が規定されており、たとえば、奨学金財団においては、30人以上の奨学生が事業の規模要件として要求されていました。

　この手法は、これまでも多くの資産家に対して節税手法として行われてきましたが、公益法人制度改革によって、一般社団法人・一般財団法人制度が

できたことで、法制面及び税務面でも見直しが行われました。

2.　一般社団法人・一般財団法人制度の導入と税制面での見直し

　それまでの民法34条に基づき設立された公益法人制度は、新たに導入された一般社団法人・一般財団法人制度によって置き換えられることになりました。従来の制度との大きな違いは、公益法人を官庁の許可によって設立する従来制度を廃し、まず一般社団法人あるいは一般財団法人を設立して、次に、公益認定等委員会による公益認定を受けることで、公益認定社団法人あるいは公益認定財団法人となるとの二段階の仕組みを導入した点です。

　ここで重要なことは、公益認定を受けるまでもなく、一般社団法人あるいは一般財団法人という出資持分の定めのない法人の設立が認められたことです。しかも、これらの法人は、分配行為を行わないとの意味での非営利法人として位置づけられるものの、公序良俗違反などの違法行為を行わない限り、実質的に定款の目的に規制が課されていません。

　この一般社団法人あるいは一般財団法人は、一定の条件を充足すれば、法人税法上は収益事業課税のみが行われる制限納税義務者とされています。奨学金財産スキームを、一般社団法人・一般財団法人で行ったとしても、自社株配当金への課税が行われないことになります。

　ただし、公益法人の場合と異なり、この配当金への源泉所得税の課税が行われ、税額控除あるいは還付請求も行えないことや、寄附金税制の優遇やみなし配当課税がないことなど、従来の公益法人と同様のレベルではなく、人格のない社団等と同様のレベルとの整理が行われています。

　そして、従来の財団法人に代えて、一般社団法人あるいは一般財団法人に対して自社株を拠出する場合の、相続税法66条4項及び租税特別措置法40条についても、手当がなされています。すなわち、相続税・贈与税の租税回避

防止規定である相続税法66条4項については、公益目的事業を行っていることが要件から外されました。

　具体的には、政令（相令33③）の以下の要件を満たせば法律が発動しないとされています。

(1)　その運営組織が適正であるとともに、その寄附行為、定款又は規則において、その役員等のうち親族関係を有する者及び特殊関係者の数がそれぞれの役員等の数のうちに占める割合は、いずれも3分の1以下とする旨の定めがあること（運営組織の適正性要件）。

(2)　当該法人に財産の贈与若しくは遺贈をした者、当該法人の設立者、社員若しくは役員等又はこれらの者の親族等に対し、施設の利用、余裕金の運用、解散した場合における財産の帰属、金銭の貸付け、資産の譲渡、給与の支給、役員等の選任その他財産の運用及び事業の運営に関して特別の利益を与えないこと（特別の利益供与の不存在要件）。

(3)　その寄附行為、定款又は規則において、当該法人が解散した場合にその残余財産が国若しくは地方公共団体又は公益社団法人若しくは公益財団法人その他の公益を目的とする事業を行う法人（持分の定めのないものに限る。）に帰属する旨の定めがあること（残余財産帰属規定要件）。

(4)　当該法人につき法令に違反する事実、その帳簿書類に取引の全部又は一部を隠ぺいし、又は仮装して記録又は記載をしている事実その他公益に反する事実がないこと（仮装隠蔽等の不存在要件）。

　ここには、贈与による財産の移転先法人が公益目的事業を行っていることが要件とされていません。

　しかし、租税特別措置法40条はあくまでも、公益目的事業を行うないし行う可能性がある法人に対する寄贈を非課税とする趣旨の規定なので、対象法

人が公益認定社団法人・公益認定財団法人ないし非営利徹底型法人のみとされ、ここで、両者の関係が崩れました。

　この公益目的事業を必須とするかどうかの点は、両規定を具体化する通達レベルでの事業規模要件においても影響を与えています。つまり、奨学金財団であれば、奨学生30人以上必要というのは、租税特別措置法40条の申請承認を受けるためには必須の要件となりますが、相続税法66条4項ではこれを直接要求することはできないからです。

　ただし、現状では、課税当局は、両者を従来同様、できるだけ軌を一にした取扱いのまま運用したいと考えているようで、相続税法66条4項通達でも、運営組織の適正性要件の中で、社会的に認知される規模を具備すべきとして、奨学生30人以上要件を必要としています。この点は、法律上必要とは考えることができない通達規定であり、今後具体的な事例の中で、問題となってくる可能性があると考えられます。

4. 特別の利益供与の不存在要件

　上記の要件のうち、「特別の利益供与の不存在要件」については、非営利法人に関して取扱いを定めた法人税基本通達1－1－8（非営利型法人における特別の利益の意義）よりも厳しい内容である点注意が必要です。

　「特別の利益供与の不存在要件」における特別の利益供与は、贈与者等に対し、特別の利益を与える旨を定款等で謳うあるいは実際に利益供与を行えば、それをもって不当減少事由に該当すると取り扱われます。

　つまり、法人所有財産を私事に利用させたり、低額貸付けや低額譲渡したり、資金流用させたり、低利融資などで有利貸付するなどの行為は全てアウトです。

　また、個人から高額買取りしたり、不要な資産の買取りするなどもアウト

とされます。また、役員等の地位のみに基づいて給与支給することや、他の従業員と比較して過大な給与を払うこともアウトです。

　また、贈与者等の債務引き受けや保証行為などもアウトとされる他、少額な契約以外で入札等を用いず各種契約を行って、これらの者と取引を行うこともダメと、厳しい要件が課されています。

　これらに該当しない場合でも、事業遂行で供与する利益を主として又は不公正な方法でこれらの者に与えるものと認定されれば、アウトになります。特別の利益供与が認定されると、単にその部分だけに課税を生じることに留まらず、非収益事業部分の未課税部分に一括して課税が生じる点につき、要注意です。この点は、通常の株式会社などの課税実務と全く異なる感覚を持つことが必要になります。

　なお、平成30年度税制改正により、相続税法66条4項の不当減少防止要件の明確化が図られ、非営利型法人に該当しない一般社団法人・一般財団法人については、定款に、親族役員の制限や残余財産帰属規定を置かない限り、不当減少要件を満たすものと扱われることとされています（相令33④）。必要であれば、定款の見直しなども検討すべきでしょう。

⑤　陸自演習場地権者団体である一般社団法人が巨額の申告漏れを指摘された事件

　　非営利型の一般社団法人を組成して、沖縄の米軍基地の軍用地として、国に貸与する不動産賃貸業を営ませています。国に対する土地の貸付は、収益事業課税の対象外となることから、法人税の申告は行わずとも問題ないでしょうか。

A

　　特別の利益供与が行われたとされ、非営利型法人であることを否認された例があります。

解説

1.　一般社団法人・一般財団法人の法人税における課税類型

　一般社団法人・一般財団法人は、法人税法上、普通法人同様、全所得に課税される特定普通法人と、収益事業にのみ課税される非営利型法人及び公益認定法人とに大きく2分されることになります。正確に言えば、非営利型法人と公益認定法人とは、同じ収益事業課税と言っても、若干の違いがありますが、ここでは捨象して、以下では公益認定法人は除外して確認を進めます。

　非営利型法人における収益事業課税とは、法人税法施行令5条に規定する34業種の収益事業に該当するものだけを課税所得として認識し、その他の収益事業に該当しない非収益事業部分については、課税しないという特別な取扱いです。

　ここで若干注意を行うと、法人税法における収益事業の判定は、極めて難しいものです。とりわけ、請負業については、他の業種で漏れた部分を一定

程度包括的に吸収する仕組みになっており、必ずしも文字通りの請負に限定されず、委任契約の場合であっても含まれることがあるからです。

　また、収益事業課税が行われないことが有利かと言えば、必ずしもそうは言えません。例えば、収益事業となれば、赤字分を他の収益事業の黒字分と通算することが可能ですが、非収益事業とされれば、課税所得の計算上は切り捨てが行われることになるからです。

　とは言え、一般論で言えば、全所得課税よりも収益事業課税で済む非営利型法人となることが有利な場合が多いでしょう。そこで、一般社団法人・一般財団法人は、非営利型法人として設計されることが多いと思われます。

　ところが、この非営利型法人への該当性については、非常に大きな落とし穴があるのです。

2.　非営利型法人への該当性

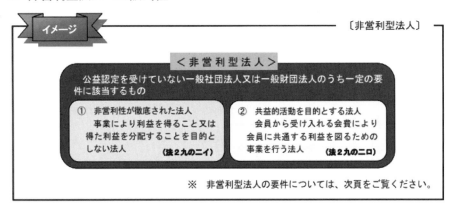

新たな公益法人関係税制の手引（平成24年9月）

https://www.nta.go.jp/publication/pamph/hojin/koekihojin.pdf

　一般社団法人・一般財団法人が非営利型法人に該当するためには、非営利

徹底型法人・共益型法人との2類型のいずれかでそれぞれすべての要件を満たす必要があります。

<table>
<tr><td colspan="2" align="center">＜非営利型法人の要件＞（法2九の二、令3）</td></tr>
<tr><td colspan="2">　一般社団法人・一般財団法人のうち、次の①又は②に該当するもの（それぞれの要件の全てに該当する必要があります。）は、非営利型法人になります。</td></tr>
<tr><td>類型</td><td align="center">要　　件</td></tr>
<tr><td rowspan="4">①
非営利性が徹底された法人
〈法二九の二、イ、令3①〉</td><td>1　剰余金の分配を行わないことを定款に定めていること。</td></tr>
<tr><td>2　解散したときは、残余財産を国・地方公共団体や一定の公益的な団体に贈与することを定款に定めていること。</td></tr>
<tr><td>3　上記1及び2の定款の定めに違反する行為（上記1、2及び下記4の要件に該当していた期間において、特定の個人又は団体に特別の利益を与えることを含みます。）を行うことを決定し、又は行ったことがないこと。</td></tr>
<tr><td>4　各理事について、理事とその理事の親族等である理事の合計数が、理事の総数の3分の1以下であること。</td></tr>
<tr><td rowspan="7">②
共益的活動を目的とする法人
〈法二九の二ロ、令3②〉</td><td>1　会員に共通する利益を図る活動を行うことを目的としていること。</td></tr>
<tr><td>2　定款等に会費の定めがあること。</td></tr>
<tr><td>3　主たる事業として収益事業を行っていないこと。</td></tr>
<tr><td>4　定款に特定の個人又は団体に剰余金の分配を行うことを定めていないこと。</td></tr>
<tr><td>5　解散したときにその残余財産を特定の個人又は団体に帰属させることを定款に定めていないこと。</td></tr>
<tr><td>6　上記1から5まで及び下記7の要件に該当していた期間において、特定の個人又は団体に特別の利益を与えることを決定し、又は与えたことがないこと。</td></tr>
<tr><td>7　各理事について、理事とその理事の親族等である理事の合計数が、理事の総数の3分の1以下であること。</td></tr>
</table>

新たな公益法人関係税制の手引（平成24年9月）

https://www.nta.go.jp/publication/pamph/hojin/koekihojin.pdf

　ここで最も重要な要件は、特定の個人または団体への特別の利益供与が行われないことです。一般社団・財団法人は、所得のうち課税されない部分が生じることから、租税回避が生じる可能性が高いと言えます。制度上、これを封じるために、特定者への利益供与があれば、過去に課税されていなかった非収益事業部分相当額まで、一括して課税する仕組みを予め設けてあるのです。

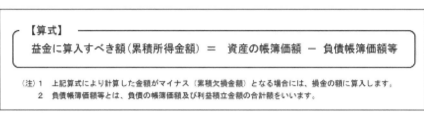

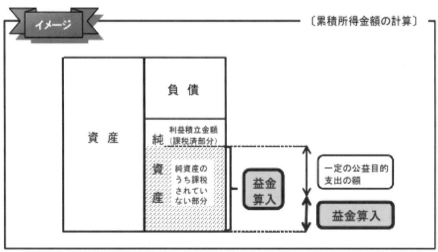

新たな公益法人関係税制の手引（平成24年9月）

https://www.nta.go.jp/publication/pamph/hojin/koekihojin.pdf

　かなり厳しい課税ではありますが、租税回避防止措置だと理解すれば、それほど驚くには値しないかもしれません。ただ、問題は、ここでの特別の利益供与とは、どの程度のものかです。

　結論から先に言えば、一般人あるいは一般の税理士の想像を絶する厳しさが、この特別の利益供与の判定で求められています。このことを証明する事件が報道事例で登場しました。

3.　一般社団法人が巨額の申告漏れを指摘された事件

「陸自演習場の地権団体、１００億円申告漏れ　国税局指摘」朝日新聞デジタル　渋井玄人　2018.6.8（https://www.asahi.com/articles/ASL5Q61MVL5QOIPE021.html 最終訪問2021.9.17 14:45）

　静岡県にある陸上自衛隊東富士演習場の土地を国に貸し、賃料を得ている同県内の一般社団法人と一般財団法人の計10法人が、名古屋国税局から総額約100億円の申告漏れを指摘された。これらの法人は、御殿場、裾野、小山の２市１町で演習場に土地を貸している。

　公益法人制度改革前、これら10法人は公益法人の社団・財団法人であり、国に直接貸した土地の賃料は所得から除外され、非課税とされており、演習場の賃料も税金がかからなかった。しかし、制度改革後、10法人は一般社団・財団法人となり、公益法人ではなくなった。引き続き演習場の賃料が非課税とされるには、「特定の個人・団体に特別の利益を与えていない」ことなどが要件になった。

　国税局は、10法人は事務所がある一部の地域に限って寄付や助成をしており、これが特定の個人や団体への利益供与にあたると認定。非課税

の要件を満たしていないとして、演習場の賃料は申告が必要な所得と判断された。

　年間約5億円の賃料収入があるという御殿場市の法人代表は取材に、5年分で計約25億円の申告漏れを指摘されたことを認めた。代表は「演習場による賃料は非課税だと思っていた。税理士にも相談したが、わからなかった」としている。

　地元団体が富士裾野の土地を、自衛隊の演習場として貸しており、この賃料収入に関連して、巨額の申告漏れを指摘されました。当事者は、団体内で共益的な活動を行っており、地元貢献とも言える活動も行っていたことから、非営利型法人であるとの認識でした。

　そして、国に対する土地貸付は、収益事業たる不動産賃貸業から除外されており、この法人においても、土地貸付は非課税だと認識されていました。

　ところが、この法人は、別の地主への振り込みをまとめて収受する役割を担っていたのです。その手数料収入は請負業となり、法人税申告が必要でした。これが申告されていなかったことから税務調査が行われ、課税庁はこの法人の活動実態を確認しました。その結果、この法人は、収益事業課税で済む非営利法人ではなく、全所得課税対象となる特定普通法人であるとの判断が行われることになったのです。

　結果、過去5年分の地代収入への課税が生じることになり、報道にあるような多額の課税へと繋がりました。納得がいかず、国税不服審判所の審判を仰いだ一般社団法人がありました。

　ここで問題になったのが、特別の利益の供与です。裁決では要旨次のように述べています（令元.5.7 名裁(法)平30-32）。

　審査請求人（以下「請求人」という）は、法人税法施行令第3条《非営利型法人の範囲》第1項第3号に規定する「特定の個人又は団体に特別の利益を与えることを決定し、又は行ったこと」はなく、法人税法第2条《定義》第9号の2イに規定する非営利型法人に該当する旨主張する。しかしながら、請求人は、請求人が定める交付規程等に基づき、特にそれと指定した請求人の社員等の対象者に対し、当該対象者が所有する家財に対する共済掛金の負担、敬老祝金の交付及び当該対象者に交付した宿泊施設の利用券の利用に伴う当該宿泊施設への支払代金の負担などをしており、これらの当該対象者に対する経済的利益の供与又は金銭の交付は、法人税法施行令第3条第1項第3号に規定する「特定の個人又は団体に特別の利益を与えること」に該当するため、請求人は普通法人に該当する。

　この法人は、公益目的支出計画による公益目的実施事業を行う必要があり，教育事業，地域振興事業，福祉事業，勧業事業，環境事業及び防犯・防災事業を行い、更に他の事業として，不動産賃貸事業及び観光事業等を行っていました。

　この法人は、会員制度を持っており、一般社団法人の社員つまり構成員が会員となる前提で、一定年数以上住んでいる住民で住民としての義務を果たし永住見込みがある人のうち、一定額を寄附したものが理事会承認で会員となるものとされていました。また、会員は年間1万円の会費を払い、枝打ち作業など法人行事への参加義務を負うとされていました。

　そして、会員以外であっても、地区民であれば、会員に準じて行事に参加することが可能ですが、地区民には会費納入義務などは当然ありませんでした。

　要するに、当事者の意識としては、地域コミュニティを意識した組織であ

り、共益型法人のようなものだったのだろうと想像できます。ところが、実際には、非営利徹底型法人としての要件が争われています。手数料収入が大きいだけに、共益型法人というのには無理があったのでしょう。

そして問題は、会員・地区民に対する事業と特別の利益供与です。

共済事業における共済掛金負担が、年間一人あたり数千円、建物更生共済掛金が20,500円で返戻金ありでした。また、70歳以上で，会員やその親族あるいは地区民で一定の者には、毎年3万円あるいは1万円の敬老祝金の交付が行われていました。更に、会員各世帯には、毎年温泉旅館の宿泊利用券交付とその費用負担を行っており、1枚9000円程度だが、各世帯年4枚ないし5枚程度の交付がありました。

恐らく、これらは通常の税理士実務では、少額な経済的利益に過ぎないと認識されることが多いでしょう。仮に修正申告を勧奨されても、個人の所得税申告・源泉徴収・役員給与の損金不算入なので、影響は少ないだろうというわけです。

ところが、この非営利型法人における特別の利益供与認定は、全く次元が違います。つまり、本事例のように非収益事業部分と認識していた所得が、課税所得として認識せざるを得なくなるのです。本事例では、過去5年分遡及で済んでいるが、累積利益への一括課税が行われていてもおかしくはない事例でした。

税理士は、各種事業の器として、一般社団法人・一般財団法人を提案することも徐々に増えてきているでしょう。しかし、その場合、通常の株式会社運営などとは桁違いに大きな課税リスクを生じることを果たして認識しているでしょうか。十分な知識をもって、関与先に指導・提案を行わなければ、恐ろしい事故を生じかねません。本件は、改めてその点への警鐘を鳴らしたものだと理解すべきではないでしょうか。

　なお、公益法人制度改革については、令和5年6月2日に有識者会議の最終報告が出ており、今後の様々な制度変更が行われることになりそうです。これに付随して、公益認定を受けていない一般社団法人や一般財産法人でも何らかの制度改革が行われる可能性があります。制度変更の動向を注視しておくべきでしょう。

(2) 持分なし医療法人への移行

① 持分あり医療法人から持分なし医療法人への移行

Q

　持分のある社団医療法人で診療所を経営しています。息子が医師になったので、持分の定めのない医療法人に移行することを検討しています。相続税の心配が要らなくなるので、移行したほうがよいと、金融機関から紹介を受けた税理士に言われています。移行時の課税がなくなる制度を使って、持分なし医療法人への移行を前向きに進めてよいでしようか。

A

　持分なし移行後は、医療法人に対する残余財産請求権がなくなりますので、息子さんが廃業する際には、退職金以外の財産取り出し方法がなくなります。また、持分なし医療法人への移行時から免除までの6年間の納税猶予期間においては、遊休財産規制などの他に、特別の利益供与規制があります。特別の利益供与規制をクリアするための要件は、通常の法人税調査とは異質の厳しさである点を十分に理解しておく必要があります。

解説

1. 持分のある医療法人から持分のない医療法人への移行時課税と納税猶予・免除制度

　平成29年度税制改正で改組された認定医療法人制度では、移行時課税における不当減少防止要件の緩和・明確化を図るとともに、移行後6年間のモニタリングによる結果で、最終的な猶予税額の減免を図る仕組みになりました。

　元々、医療法人は、法制上、配当禁止とされてきたこともあり、出資持分のある医療法人においては、内部留保の蓄積が悩みの種でした。内部留保を裏付ける財産が、可処分性の高い現預金であればまだしも、実際には、拘束性の高い、病院・診療所用不動産や高額医療機器が財産の大部分を占めることから、事業承継者とならない相続人からの退社による残余財産払戻請求が、医療法人経営を圧迫することが多いとの指摘がありました。

　そこで、持分のない医療法人への移行が課題とされたわけですが、定款を変えただけでは後戻りができることもあり、持分のない医療法人への移行は現実的にはなかなか困難でした。厚生労働省が平成18年の第五次医療法改正を契機に、新設法人は全て持分のない医療法人とするとともに、既設法人については、経過措置で当面の存続を認めつつも、持分のない医療法人への移行を勧める方向に大きく政策転換しました。

　ところが、実際に、持分のない医療法人への移行を図る場合に、相続税法66条4項による不当減少防止規定がネックになるという問題が顕在化しました。この規定は、租税回避防止のため、持分のない法人を個人とみなして贈与税課税するものですが、課税要件が抽象的であり、本当に課税されないかどうか、課税関係が明確にならなかったからです。

　この点を踏まえて、平成29年度税制改正で、平成29年10月以後、厚生労働大臣から認定を受けた認定医療法人については、持分のない医療法人への移

行時に相続税法66条4項による課税を行わないことを明確化しました。その上で、その後6年間においては、特別の利益供与を行わないなどの継続的報告を行わせることとし、その期間中に違反する事項があれば、移行時に遡って、医療法人への贈与税課税を行う制度を創設しました。逆に言えば、6年間の監視・監督期間が過ぎた時点で、もはや贈与税課税されないことが明確になったわけです。

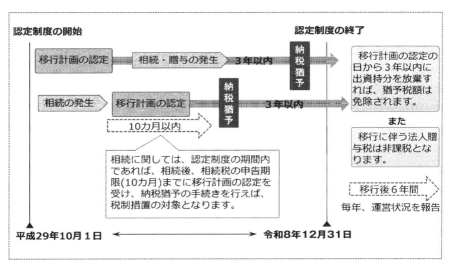

（図出典：厚生労働省パンフレット「「持分なし医療法人」への移行を検討しませんか？」）
https://www.mhlw.go.jp/content/10800000/000864652.pdf#page=5

　また、医療法施行規則により役員の定数や、親族要件など、認定のネックといわれていた要件の一部が削除されました。

○移行計画の認定要件

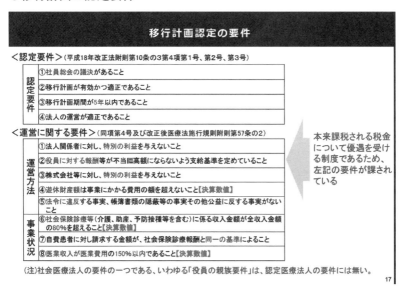

持分の定めのない医療法人への移行計画認定制度（認定医療法人制度）の概要移行計画認定の要件

https://www.mhlw.go.jp/content/10800000/001016668.pdf#page=17

　持分のない医療法人への移行計画の認定期間は、令和5年9月30日までで認定期間は終了していました。しかし、令和5年5月19日公布の「全世代対応型の持続可能な社会保障制度を構築するための健康保険法等の一部を改正する法律」（法律第三十一号）第十二条において、良質な医療を提供する体制の確立を図るための医療法等の一部を改正する法律の一部改正が行われており、認定期限が令和8年12月31日まで延長されています。

2.　特別の利益供与規制の具体的な内容

　この制度を利用しようとする場合、認定医療法人制度において経済的利益の判定基準が厳しいことを理解する必要があります。国税庁が先行して出した「特定医療法人制度FAQ」を受けて、認定医療法人制度について、厚生労働省からもQ＆Aが出されました（注）。ここでは、実際に問題になりそうなものを参考に挙げてみます。

　以下「持分の定めのない医療法人への移行計画認定制度Q＆A」（令和5年5月改訂厚生労働省医政局医療経営支援課）https://www.mhlw.go.jp/content/10800000/000951888.pdf

---

　Q4-3　役員に社宅として建物を貸与していますが、問題となること
　　　　はありますか。

【A】

　役員等に対して社宅を貸与していることについて、

　①福利厚生規程に基づき、他の職員と同じ基準で貸与している場合

　②救急対応や建物管理等の業務上の必要性から貸与している場合（規程等に基づき貸与している場合や相応の賃料を受領している場合に限る）

のように、合理的な理由があると判断される場合には問題となりませんが、こうした合理的な理由が無いと判断される場合には、その役員等に特別の利益を与えていることになります。

　なお、②のような理由で特定の役員等に社宅を貸与している場合には、受領している賃料の適正性についての説明を求める場合があります。賃料が適正であることの根拠資料としては、当該物件の不動産鑑定評価書

や、近隣類似物件の賃貸借料の資料等が考えられます。

　（※）　当該認定制度は、他の法人よりも税制面での優遇を受ける制度であることから、特別の利益供与に当たるか否かの判断は、一般的な税法上の役員に対する社宅等の貸与の取扱いにおける賃貸上相当額の判断基準よりも、厳格に解されることとなります。

Q4-4　役員が法人の施設間を移動する際や自宅からの通勤の際に、法人所有の自動車を使用していますが、問題となることはありますか。

【A】

　社用車の利用については、その利用状況が法人の業務として合理的であるか等により判断することとなります。合理的な理由なく、自宅からの通勤等の私的な利用が恒常的に行われている場合には、特別の利益供与に該当するものとして利用の解消を求めることがあります。

　役員による社用車の利用がある場合には、利用日、利用時間、行先、目的及び移動距離等を記録した運行記録を作成する等、法人の業務のための利用であることが合理的に説明できるようにしておいてください。

Q4-5　職員の福利厚生の一環として、各種会員権を法人で所有していますが、この会員権を役員が利用した場合、問題となることはありますか。

【A】

　福利厚生施設や会員権の利用については、その利用について規程等を定めており、当該規程等において特定の者だけでなく広く職員が利用可

能となっている等の場合には問題とはなりませんが、こうした対応を行っていない場合には、特別の利益供与に該当するものとして利用の解消を求めることがあります。

同様に、関係者への貸付金についても、奨学金等福利厚生を目的とするものであれば、特別の利益供与には該当しないものと判断されます。法人内で利用規程等が整備されていない場合には、申請の前に作成しておくようにしてください。

Q4-6　関係者に施設を貸与する場合、医療法人の所有施設ではなく他者から借りている施設を又貸しする形であっても、特別の利益供与の該当有無を検討する必要がありますか。

【A】

医療法人が自己所有している施設でなくても、その施設を関係者に貸与する場合には、「事業の遂行により供与する利益を主として、又は不公正な方法で法人関係者に与えること」として、特別の利益供与に該当する可能性があります。特別の利益供与の該当有無を整理する上では、自己所有資産だけでなく、他者からの借用資産についても同様に検討するようにしてください。

Q4-7　理事長所有の不動産を、病院敷地として医療法人が賃借していますが、問題となることはありますか。

【A】

関係者から資産を借り受ける際は、支払う賃料が適正な価額であることが必要であり、不当に高額な賃料を支払っていると認められる場合は、

特別の利益供与に該当することになります。

　審査に当たっては、賃料が適正であることの説明が求められるため、対象不動産の不動産鑑定評価書や、近隣類似物件の価額・賃借料、路線価、過去の取引実績等を元に、賃料についての客観的な説明資料を準備しておくことが重要です。

Q4-8　役員を被保険者とし、法人を保険金・解約返戻金の受取人とする生命保険に加入し、保険料を支払っていますが、問題となることはありますか。

【A】

　保険金や解約返戻金の受取人が、役員やその親族等ではなく法人に限定されている契約形態であれば、一般的には特別の利益を与えるものではないと判断されます。

　一方、その保険が例えば逓増型生命保険（解約返戻率が経過期間に応じて増加するもの）であり、これを解約返戻率が低い段階で役員等に時価で譲渡したような場合には、実質的に医療法人の資金を役員等に移転させているものと考えられるため、特別の利益供与と判断される可能性があります。

　実際には上記の例に限らず様々な商品があるため、個別商品の内容や目的等を踏まえ、適正な取引であるかを審査することとなります。

Q4-9　医療法人から役員が兼務している社会福祉法人やNPO法人に寄附を行っている場合、問題となることはありますか。

【A】

　公益目的事業又は医学若しくは医術又は公衆衛生に関する事業のために、社会福祉法人やNPO法人等を含む公益法人等に対して行う寄附については、例外的に特別の利益供与に該当しないこととされています。

　しかし、これらの法人への寄附であれば一律に問題ないというわけではなく、その寄附の目的が合理的なものであるか等を踏まえ、個別に判断することになります。例えば、社会福祉法人への寄附であっても、合理的な理由
なく、役員が兼務していること等を主な理由として寄附を行っている場合には、特別の利益供与を行っていると判断されることがあります。

Q4-10　医療法人の役員が取引のあるMS法人（メディカル・サービス法人）の役員を兼務している場合、問題となることはありますか。

【A】
　医療機関の開設者である法人の役員については、原則として当該医療機関の開設・経営上の利害関係にある営利法人等の役職員を兼務しないこととされているため、医療法人の運営上問題があります。そのため、以下の通知
（※）で特に認められる場合を除き、原則兼務を解消することが求められます。
　（※）『医療機関の開設者の確認及び非営利性の確認について』平成5年2月3日付け厚生省健康政策局総務課長・指導課長通知
　http://www.mhlw.go.jp/topics/bukyoku/isei/igyou/igyoukeiei/tuchi/050203.pdf

　また、審査に当たり、このようなMS法人との取引がある場合、取引
の相手方の選定理由や、取引価額の決定方法についての説明を求めるこ
とがあります。取引の適正性を担保する観点からも、なるべく入札や同
業他社との見積もりによる比較を実施するようにしてください。

Q5−1　理事等への報酬が不当に高額であるかどうかは、どのように
　　　　判断されますか。

【A】

　一般的な医療法人や民間事業者の役員の報酬等・従業員の給与、当該
医療法人の経理状況等を考慮して判断することとなります。なお、医療
法人の規模・利益率等は判断の一要素にはなりますが、医療法人の非営
利性の観点から、収益額に比例して無制限に役員報酬の支給が認められ
るものではありません。

　一般的な役員報酬額の基準としては、以下のものが参考として挙げら
れます。

① 　医療経済実態調査（医療機関等調査）

http://www.mhIw.go.」p/bunya/iryouhoken/database/zenpan/
iryoukikan.html

② 　特定医療法人の役員の報酬額

http://www.mhlw.go.jp/stf/seisakunitsuite/bunya/0000152180.
html

③ 　人事院調査「民間企業における役員報酬（給与）調査」

https://www.jinji.go.jp/toukei/0321_yakuinhousyu/0321_
yakuinhousyu_ichiran.html

Q5-2　一般的な役員報酬額の水準と比較して高額な役員報酬の支給
　　　が認められるのは、どのような場合ですか。

【A】

　医療法人の役員としての一般的な業務に加え、更に報酬を支給するこ
とが妥当と考えられるような勤務実態があれば、一般的な役員報酬額を
超えるような支給を行っていたとしても、不当に高額な報酬では無いと
判断されることがあります（例えば、医師である理事が日常の通常業務
に加え、更に夜間当直や休日当直などを恒常的に行っている場合等）。

　このような場合には、役員報酬の支給額についての理由を説明する書
類の提出を求めることがあります。理由の説明書類では、高額な支給の
対象となる役員について、以下のような内容を説明いただくことになり
ます。

・医師としての勤務実績（当直、オンコール対応、手術件数等）
・これまでの法人への貢献度や地域での活動
・医療法人の役職員全体の平均給与　等

Q5-3　理事等への報酬が不当に高額であるかどうかは、どの時点で
　　　判断されますか。

【A】

　原則、申請時点において判断されます。

　例えば、従来は高額な報酬を支給していたものの、会計年度の途中で
役員報酬規程を改正し、不当に高額でない水準にまで報酬額を引き下げ
たという場合には、申請時点で改正された規程が適用されていれば、認
定を受けることが可能です。

　読んでみていただければ分かるように、通常の税務調査では普通に通ってきているようなことでも、特別の利益供与として問題視されることが明確化されています。そして、これは、従来から、特定医療法人における税務調査では、普通の実務でした。

　持分の定めのない医療法人への移行計画認定においては、Ｑ＆Ａに書かれてはいるけれど、実際には執行されないと期待するのは、極めて危険です。この点、関与する税理士側では、感覚を切替えておかないと、大事故に繋がりかねないということを注意喚起しておきたいと思います。

　恐らく、多くの医療法人では、現時点での体制では、ここで要求されている水準の経済的利益への配慮ができていません。実際にこの制度を利用する場合には、まず、抜本的な運営体制見直しから必要になる可能性が高い点を確認しておくべきでしょう。

3.　本質的な問題としての残余財産請求権放棄の是非

　認定医療法人制度の利用により、相続税の課税がなくなり、医療経営の安定に資するというのが、各種医療関係団体での言い分です。しかし、そもそも、現状の医療の置かれている状況を考えてみると、この点は、即断すべきではないでしよう。

　これが、相当規模の病院であり、地域になくてはならない存在となっているという場合には、持分をなくすことで今後の憂いをなくす意味は大きいでしよう。しかし、中小規模の病院あるいは診療所であれば、本当に持分なしにすべきかを再度検討すべきです。

　そもそも、仮に、後継者が医師にならなければ、出資持分を失えば、将来、法人から取り出せる財産は、退職金だけになってしまうという点を、まずきちんと確認しておくべきです。出資持分を放棄することは、残余財産請求権

も放棄することになるからです。

　そして、仮に後継者が医師になったとしても、その後の時点では、同じ後継者等の問題が生じるリスクがあります。半永久的に、中小規模の病院や診療所が経営していけるのか、という問題も既に切実です。医療機関が地域医療に半永久的に貢献することを目指すという、医療法人制度創設時の趣旨から言えば、病院はともかく、診療所規模であれば、この制度を使うことには大きな違和感があります。

　更に、病院であっても、既にダウンサイジングで、診療所に規模縮小する事例も増えてきている現在、本当に、この制度を利用すべきなのか、疑問視する医療機関も存在します。多くの場合、単に目先の相続税がなくなるという視点ではなく、地域医療への長期継続的な医療の提供という視点から、再度、当事者が検討することが必要と思われます。

　なお、第三者間での持分なし法人における経営権の異動は、これまで退職金の支給により、事実上の経営権売買が行われるのが通例でした。古くから、宗教法人などで用いられていたものの、脱法行為的な側面がある点は懸念されていました。最近、広島県の社会福祉法人サンフェニックス破綻時にこの点が問題視されました。今後、同様の手段への制度的規制が創設される可能性もないとは言えません。

　ちなみに、この事件では、元経営者が、この経営権移動時の対価を自己の所得として申告しておらず、国税不服審判所で争いましたが、「当該金員は、社会福祉法人の理事、監事及び評議員の交代に係る活動を履行することで得られる役務の提供の対価であると認められるから、請求人の雑所得の金額の計算上、総収入金額に算入すべきである。」（令4.11.15 広裁（所・諸）令4-5）と判断されました。

Ⅲ 保険・金融商品を介する移転

① 保険契約の利用による財産と権利の移転

(1) 法人が契約者となる生命保険契約

① 法人・個人間の利益移転と課税

Q

　会社契約の養老保険で、満期保険金受取人を個人とした場合、満期保険金受取りによる所得税の申告の際、会社で支払った保険料相当額を控除できると聞きました。どのような課税関係になるのでしょうか。

A

　個人が受け取る会社契約の保険金で一時所得となるものについて、収入を得るために支出した金額として控除できるのは、会社支払保険料のうち、給与所得に係る収入金額に含まれるものとされた金額に限られます。

解説

1. 法人が契約する養老保険契約の課税関係

　会社にとって、もっとも重要な財産は「人」であるため、多くの会社が役員又は従業員（これらの者の親族を含みます。）を被保険者とする生命保険契約に加入しています。その代表的なものが養老保険と定期保険です。養老保険は、被保険者が保険期間中に死亡した場合には死亡保険金が、保険期間満了時に生存しているときは満期保険金が支払われる生死混合保険であり、定期保険は、一定期間内に被保険者が死亡等した場合に保険金が支払われるものです。養老保険の保険料は、死亡保険金の支払財源となる危険保険料、満期保険金の支払財源となる積立保険料、事務運営費に充てられる付加保険

料から構成されていますが、その契約において、危険保険料と積立保険料が実際に区分されているわけではないため、税務上はそれぞれ1／2ずつからなるものとされています（法基通9‐3‐4（3））。また、定期保険の保険料は危険保険料と付加保険料から構成されています。そして、税務上は付加保険料について、特に考慮されていません。

　生命保険契約では、保険金の受取人を誰にするかにより、支払保険料や受取保険金の税務上の取扱いが異なることになり、図表1によりこれらをまとめておきます。

　なお、個人事業者の事案では、保険料の一部が福利厚生費等となるものについては、あくまでも保険契約が、従業員退職金の原資の確保又は福利厚生を目的として締結されたものである場合に限るとした裁決例（平23.3.23裁決・広裁（所）平22-21・F0‐1‐402）がありますので、留意する必要があります。

2.　法人負担保険料を一時所得の計算上収入を得るために支出した費用

　一時所得等の金額の計算上控除する保険料については、以前は、誰が支出したものか条文上明記されていませんでした。そのため、養老保険のいわゆる逆福利厚生プランといわれるもの、つまり、会社契約の養老保険について、役員又はその親族を被保険者とし、満期保険金受取人を役員、死亡保険金受取人を会社とするものが節税プランとして売り出されていました。会社は保険料の支払時に、1/2を保険料として損金処理し、残り1/2を役員らに対する貸付金等の科目で経理処理します。役員等は、保険契約が満期になった時点で、会社に対する借入金を返済し、受け取った保険金については、一時所得として申告するのですが、その際、会社において損金処理した保険料を含めた支払保険料全額を、その保険金を得るために支出した金額として、一時所

得計算上控除します。

　このスキームに乗っかった形で実際に所得税の確定申告をしたことについて、会社が負担した保険料を一時所得の金額の計算上控除できないとして、所轄税務署長が課税処分をしたことから、訴訟となったのが、福岡養老保険裁判です（最判平24.1.13・Z262-11855、福岡高判平21.7.29・Z259-11251、福岡地判平21.1.27・Z259-11125）。

　この裁判では、地裁及び高裁判決において、条文上、所得者以外の者が負担した保険料も、収入金額から控除できると解するのが相当であるとして国側を全面敗訴としました。しかし、一時所得に計算上、本人が負担したわけでない保険料を、収入を得るために支出した金額として控除できるのであれば、その保険金相当額の利益移転が課税なしで行えることになります。そこで、平成23年度税制改正における所得税法の改正では、生命保険契約等及び損害保険契約等に基づく一時金に係る一時所得の計算等において、その支払を受けた金額から控除できる事業主が負担した保険料は、給与所得課税が行われたものに限る旨、明確にし（所令183④三、184③一）、その後下された最高裁判決においては、一時所得に係る支出が所得税法34条2項にいう「その収入を得るために支出した金額」に該当するためには、それが当該収入を得た個人において自ら負担して支出したものといえる場合でなければならないと解するのが相当であるとして、原判決を破棄差し戻しました。

　なお、この最高裁判決では、租税法律主義に関して、須藤正彦裁判官の補足意見があり、「租税法の趣旨・目的に照らすなどして厳格に解釈し、そのことによって当該条文の意義が確定的に明らかにされるのであれば、その条項に従って課税要件の当てはめを行うことは、租税法律主義（課税要件明確主義）に何ら反するものではない。」とあることにも留意すべきでしょう。

3.　役員等が負担すべき保険料の支払い方法

　通常、給与とされる、役員等の負担すべき保険料について、役員等への貸付金として処理する場合があります。これは、その役員等の所得が多く、所得税の税率が法人税の税率を超えているときは、保険料を役員等の給与として法人の損金に計上し、個人で所得税を課税されるよりも、あえて、個人負担とした方が、個人、法人をトータルでみた場合、税負担が少なくなるとの計算によります。

　上述の福岡高裁等の事案がまさにその例ですが、役員等を被保険者とする法人契約の養老保険契約等では、このような個人、法人の税率差にも着目して、プランニングされることが多いようです。しかし、経済的利益の供与がある場合はそれについての課税、例えば上記の場合は、借入金に対する認定利息の問題なども考慮する必要があります。

図表1　役員又は従業員（これらの者の親族を含む）を被保険者とする法人契約生命保険の課税関係

種類		保険金受取人		保険料の処理		根拠	保険料負担者（とされる者）	保険金の処理	一時所得の計算上控除される金額	根拠
養老	①	死亡	法人	危険保険料	資産計上	法基通9-3-4(1)	法人	益金（受取保険金－保険積立金）	–	法法22②
		生存	法人	積立保険料	資産計上		法人	益金（受取保険金－保険積立金）	–	法法22②
	②	死亡（役員・従業員）	役員・従業員の遺族	危険保険料	給与	法基通9-3-4(2)	役員・従業員	みなし相続（相法3①一）	–	相基通3-17(1)
		死亡（親族）	役員・従業員				役員・従業員	一時所得	保険料の総額	相基通3-17(2)、所令183④三
			親族の遺族				役員・従業員	贈与（相法5①）	–	相基通3-17(3)
		生存	役員・従業員	積立保険料	給与		役員・従業員	一時所得	保険料の総額	所令183④三、所基通34-4

	No.	事由	受取人・対象	保険料	経理処理	通達等	課税者	課税区分	金額	根拠
	③	死亡（役員・従業員）	役員・従業員の遺族	危険保険料	福利厚生	法基通9-3-4（3）	役員・従業員	みなし相続（相法3①一）	－	相基通3-17（1）
		死亡（親族）	役員・従業員				役員・従業員	一時所得	事業者支払保険料のうち、給与所得に係る収入金額に含まれないものの額を控除した金額	相基通3-17（2）、所令183④三、所基通34-4
			親族の遺族				役員・従業員	贈与（相法5①）	－	相基通3-17（3）
		生存	法人	積立保険料	資産計上		法人	益金（受取保険金－保険積立金）	－	法法22②
							法人	（死亡時保険積立金損金）	－	法法22③三
		死亡	法人	危険保険料	損金	－	法人	益金	－	法法22②
	④	生存	役員・従業員	積立保険料	給与		役員・従業員	一時所得	事業者支払保険料のうち、給与所得に係る収入金額に含まれないものの額を控除した金額	所令183④三、所基通34-4
定期※	⑤	死亡	法人	危険保険料	損金	法基通9-3-5	法人	益金	－	法法22②
	⑥	死亡（役員・従業員）	役員・従業員の遺族	危険保険料	福利厚生	法基通9-3-5	役員・従業員	みなし相続（相法3①一）	－	相基通3-17（1）
		死亡（親族）	役員・従業員				役員・従業員	一時所得	事業者支払保険料のうち、給与所得に係る収入金額に含まれないものの額を控除した金額	相基通3-17（2）、所令184③一
			親族の遺族				役員・従業員	贈与（相法5①）	－	相基通3-17（3）

※定期保険等の保険料に相当多額の前払部分の保険料が含まれる場合を除く

②　保険契約の引継ぎ

　　退職の際、会社契約の保険の保険金を原資として退職金を受け取る方法の他に、保険契約自体を払い下げてもらう方法があると聞きました。どのような課税関係になるのでしょうか。

　　払い下げを受ける保険契約の時価が退職所得の収入金額となることになります。

解説

1.　生命保険契約の保険金を退職金の原資とした場合

　創業者社長などの死亡や退職により退職金を支給するための原資として、生命保険契約を締結する例がよくみられます。創業者社長等に退職金を支払うのは、その役員自身の老後資金や遺族の生活保障という側面もありますが、社長保有の自社株を後継者に引き継ぐ際、株式が分散しないよう後継者以外の相続人に支払う代償金の原資という側面もあります。

　その際に一般に誤解されやすいのは、生命保険金と退職金の紐付き関係です。生命保険金を原資にして退職金を支払うとしても、保険金という収益と対応関係にある費用は、あくまでもその支払保険料であり、適正退職給与の額の判定は、受取保険金の額とは独立にされることはいうまでもありません。

2.　生命保険契約を引き継いだ場合

　役員としての就任年数が短い場合、功績倍率法による適正退職給与の額が低く算出されることなどから、生命保険金を原資として退職金を受け取る代

わりに、生命保険契約自体を受け取る方法も考えられます。また、退職時に
生命保険契約が満期に達していない場合、生命保険契約を解約して保険金を
受け取るよりも、保険契約自体を受け継ぎたいという考え方もあります。

　そこで、会社契約の生命保険契約の契約者を退職する役員に変更すること
により、保険契約そのものを退職金とする方法もとられています。その場合
の退職金の金額は、この生命保険契約に関する権利の評価額となり、従来は
解約返戻金相当額（財基通214）であるとされていました（旧所基通36-37）。

3. 低解約返戻金型終身保険契約の問題点

　生命保険契約を引き継ぐ際の、その契約の時価が、その解約返戻金相当額
となるであろうことを利用して、あえて会社で解約返戻金相当額が逆L字
カーヴを描くような低解約返戻金型終身保険を契約し、解約返戻金が高くな
る直前で役員等に引き継がせることも行われていました。

　保険契約における解約返戻金の額はある程度自由に設計できることから、
満期直前まで解約返戻金を低く抑えられている生命保険契約について、その
権利の時価を解約返戻金相当額とすることには、違和感を感じます。

　また、税務雑誌においても、このような保険商品に対して、上記所得税基
本通達を形式的に適用して評価することについての疑問を呈するものがでて
きました（週刊税務通信3402号）。

　解約返戻金を低く抑えられた保険契約を締結することにより、会社が突発
的に資金を必要としたときに捻出できる金銭が少なくなるなどの経営上のリ
スクもあります。さらに、解約返戻金と会社支払保険料とがアンバランスで
あることにより、法人税の負担を不当に減少させるものとされないか、特に、
あと1月分保険料を支払ってから解約すれば、会社は高い解約返戻金が得ら
れるのに、それをせずに、低い解釈返戻金相当額で役員に譲渡する行為に、

どのような経済的合理性を見出すことができるのか、はなはだ疑問です。そのようなことから、所得税基本通達36-37は見直されることとなりました。

4. 保険契約等に関する権利の評価に係る所得税基本通達の改正

　2019年2月中旬、国税庁が「返戻率が50％以上の保険商品について課税方法を定めた通達を見直す」と発表し、同年6月に行われた法人税基本通達（定期保険及び第三分野保険に係る保険料の取扱い）の一部改正において、過剰な解約返戻率を設定した定期保険等の税務上の取扱いに一定の歯止めを掛ける格好で、最高解約返戻率（ピーク時の解約返戻率）が50％超の定期保険等は、保険料の一部を資産計上することが原則となりました（法基通9－3－5・9－3－5の2）。

　このような法人税基本通達の取扱いを踏まえ、低解約返戻金型終身保険契約について、使用者が役員又は使用人に対して保険契約等に関する権利を支給した場合の評価額が見直されました。具体的には、保険契約上の地位（権利）について、原則として、その支給時において当該保険契約等を解約した場合に支払われる解約返戻金の額（解約返戻金のほかに支払われる前納保険料の金額、剰余金の分配額等がある場合には、これらの金額との合計額。以下「支給時解約返戻金の額」という。）により評価するとしながら、次のような場合には、それぞれ次のとおり評価するとしました（所基通36-37、「保険契約等に関する権利の評価に関する所得税基本通達の解説」2021.7.9 国税庁）。

　(1)　支給時解約返戻金の額が支給時資産計上額の70％に相当する金額未満である保険契約等に関する権利（注1）を支給した場合　……　支給時資産計上額により評価

　(2)　復旧することのできる払済保険その他これに類する保険契約等に関す

る権利（注2）を支給した場合　……　支給時資産計上額に法人税基本通達
9－3－7の2の取扱いにより使用者が損金に算入した金額を加算した金額に
より評価

　（注1）　法人税基本通達9－3－5の2の取扱いの適用を受けるものに限
　　　　　ります。
　（注2）　元の契約が法人税基本通達9－3－5の2の取扱いの適用を受け
　　　　　るものに限ります。

　上記の「支給時資産計上額」とは、使用者が支払った保険料の額のうち当
該保険契約等に関する権利の支給時の直前において前払部分の保険料として
法人税基本通達の取扱いにより資産に計上すべき金額をいい、預け金等で処
理した前納保険料の金額、未収の剰余金の分配額等がある場合には、これら
の金額を加算した金額をいうことになります。そして、上記(1)で「支給時
解約返戻金の額が支給時資産計上額の70％に相当する金額未満である保険契
約等に関する権利」としているのは、保険商品の実態や所得税基本通達39-
2（家事消費等の総収入金額算入の特例）の取扱いを踏まえ、支給時解約返
戻金の額が支給時資産計上額の70％に相当する金額未満である期間を低解約
返戻期間と取り扱うこととしたものです。

　この評価方法は、保険種別と最高解約返戻率という外形的に把握できる指
標に応じて、課税上の弊害が無くなる程度に、保険料積立金額に近似する金
額を得ることができるというメリットがあるとされています（上田正勝「法
人から従業員に譲渡された生命保険契約に関する課税の在り方」租税研究
2021.6 日本租税研究協会参照）。

　これらの保険契約等に関する権利の支給に係る評価についての改正は、令
和元年7月8日以後に締結した法人税基本通達9－3－5の2の適用を受ける
保険契約であり、令和3年7月1日以後に支給されるものが対象となります。

　なお、これに先立つ平成27年度税制改正により、生命保険契約等の契約者変更があった場合には、「生命保険契約等の一時金の支払調書」に契約変更前の契約者の氏名等、保険金等の支払時の契約者の払込保険料等及び契約変更回数を記載することとされ、平成30年１月１日以後に支払が確定する生命保険金等で同日以後に名義変更が行われたものについて、その情報が税務当局に報告されることになっています（所法225①四、所令351①、所規86、平27改正所規附則17）。

(2)　個人が契約者となる生命保険契約

①　個人・個人間の利益移転と課税

Q

　創業者社長である私は、保有する自社株全てを後継者である長男にスムースに相続させるため、長男以外の子らには、自社株以外の財産を分ける必要があります。しかし、自社株に見合うほどの資産の持ち合わせはありません。どのようにすればよいでしょうか。

A

　生命保険契約を利用して生前に保険料相当額として資産を移転させる方法があります。

解説

1. 生命保険料の贈与

　遺産分割の際、後継者に自社株等の財産をスムースに承継させるためには、他の相続人の合意を取り付けるため、自社株以外の財産を他の相続人に承継させることが必要です。また、納税資金の手当てもしなければなりません。

これらの原資に生命保険金を充てる方法もありますが、そのすべてを保険金で賄おうとすると、相続税の計算における生命保険金の非課税限度額を超過することになり、課税される相続財産がさらに増えることとなります。

　そこで、よく提案されるのが、相続人となる者に対する生命保険料の贈与です。これについて、毎年保険料相当額の贈与を受けその保険料の支払に充てていた場合における受取保険金は、相続により取得したものとはみなされないとした裁決例があります（昭59.2.27裁決・J27-4-01）。未成年者である審査請求人（以下「請求人」という）は、被相続人が請求人の親権者となることにより、被相続人を被保険者とし、保険契約者及び保険金受取人を請求人とした保険契約を締結し、その保険料として、被相続人の生前である5年間の間、請求人名義の普通預金口座に被相続人が現金を振り込む形で入金を受けていました。そのため、この保険契約の保険料は、実質的に被相続人が支払ったものであるのか、被相続人から贈与を受けた請求人が支払ったものであるのかが争いとなったものです。なお、年払いの保険料の金額は1,028,000円であり、毎年の入金額は100万円か110万円でした。審判所は次の事実を認め、この保険契約の保険料は被相続人の生前に相続人に贈与されたものであるとして、保険金は相続税の対象とならないとしました。

①被相続人である被保険者の保険事故発生により、保険金20,000,000円及び配当金804,056円合計20,804,056円の本件保険金が保険金受取人である請求人に支払われたこと。

②保険契約者となつている請求人は、本件契約時には13才の未成年者であり、当時被相続人と生計を一つにして、その扶養を受けていること。

③本件契約締結の交渉及び本件保険料の払込みの行為者は、被相続人であること。

④本件保険料は、被相続人の所得税の確定申告に係る生命保険料控除におい

て控除されていないこと。

⑤請求人は、それぞれの年分において贈与税の申告書を提出し納税していること。

　本裁決例は、具体的な事例における生命保険料の負担者についての判断を示したものとなります。

2.　生命保険料の負担者の判定についての事務連絡

　上記のような事例における生命保険料の負担者の判定について、国税庁は、生命保険会社から照会を受け、上記裁決例に先立ち、事務連絡を各国税局に対して行うとともに生命保険業協会へも連絡しています（昭58.10.6　国税庁）。さらに、上記事務連絡に係る補足説明を昭和58年11月29日付で、各国税局に行っています。

　これら事務連絡の要旨について、国税速報令和2年9月21日（6625）号に掲載されておりましたので、下記に引用します（「Ｑ＆Ａ疑問相談　資産税（相続税・贈与税）平岡良著『亡父から保険料相当額が振り込まれた場合の生命保険料の負担者の判定について』」大蔵財務協会）。

【1】　生命保険料の負担者の判定について（事務連絡）

（1）　被相続人の死亡又は生命保険契約の満期により保険金等を取得した場合若しくは保険事故は発生していないが保険料の負担者が死亡した場合において、当該生命保険金又は当該生命保険契約に関する権利の課税に当たっては、それぞれ保険料の負担者からそれらを相続、遺贈又は贈与により取得したものとみなして、相続税又は贈与税を課税することとしている（相法3①一、三、5）

（2）　生命保険契約の締結に当たっては、生計を維持している父親等が契

約者となり、被保険者は父親等、受取人は子供等として、その保険料の支払いは父親等が負担しているというのが通例である。

　このような場合には、保険料の支払いについて、父親等と子供等との間に贈与関係は生じないとして、相続税法の規定に基づき、保険事故発生時を課税時期としてとらえ、保険金を受け取った子供等に対して相続税又は贈与税を課税することとしている。

　ところが、最近、保険料支払能力のない子供等を契約者及び受取人とした生命保険契約を父親等が締結し、その支払保険料については、父親等が子供等に現金を贈与し、その現金を保険料の支払いに充てるという事例が見受けられるようになった。

　この場合の支払保険料の負担者の判定については、過去の保険料の支払資金は父親等から贈与を受けた現金を充てていた旨、子供等（納税者）から主張があった場合には、事実関係を検討の上、例えば、①毎年の贈与契約書、②過去の贈与税申告書、③所得税の確定申告等における生命保険料控除の状況、④その他贈与の事実が認定できるものなどから贈与事実の心証が得られたものは、これを認めることとする。

【2】「生命保険料の負担者の判定について」（事務連絡）の補足説明

(1) 子供等は、生命保険契約及び贈与契約を締結することができるか。

　未成年者の法律行為は、親権者又は後見人が同意を与えることで有効であり、また、単に負担のない贈与、債務免除を受けることは同意も必要としない。したがって、父子間の贈与は、受贈者が0歳児であっても有効に成立し、また0歳児を契約者とする生命保険契約も同様に有効に成立するが、要は0歳児が実際に現金の贈与を受け、その現金で保険料を支払ったことを確認できるものが必要であるということである。

(2) 保険事故発生の時において、子供等（納税者）が未成年者である場
　合、保険料の支払事実等の主張は誰が行うことになるのか。

　課税時期において、納税者が未成年者であるときは、親権者又は後見
人が代理することになる。

(3) 毎年の贈与契約書等があれば、それに基づいて保険料の負担者を判
　断することになるのか。

　贈与契約書等列挙されているものは、贈与事実があったことの足跡と
して残されるものであり、これが事実に基づかず仮装されたものである
ときは当然に贈与事実の認定資料として採用することはできない。

(4) 毎年の贈与金額が贈与税の基礎控除額以下の場合、贈与税の申告書
　の提出は必要か。

　贈与税の申告書は、原則として贈与税が算出される者に限り提出義務
があり、贈与を受けた財産の価額が基礎控除額以下のものは提出を要し
ない。

(5) 父親が子供等に現金を贈与し、子供が保険料の支払を行っている場
　合、所得税の生命保険料控除の扱いはどのようになるか。

　生命保険料控除の適用を受けられる者は、契約者名義人でなく、あく
まで保険料を実際に支払った者となる（所法76条）。

(6) 保険料の支払を預金口座からの自動引落しとした場合の保険料の負
　担者は預金名義人となるのか。

　生命保険料の支払を預金口座からの自動引落しとしている場合、預金
口座名義人以外の者が当該保険料以外の入出金等を行っている事実があ
るときは、実質入出金を行っている者が保険料の負担者となる。

(7) 生命保険契約の締結の際「生命保険契約申込書」等に、例えば「保

険料は父親が責任をもって支払う」又は「保険料の支払が滞った場合は、父親が責任をもって支払う」旨の記載がある場合の保険料負担者は誰か。

「生命保険契約申込書」等にそのような記載があるかどうかにかかわらず、保険料の負担者は、保険料の実際の支払を父親が行ったものであるか、子供が贈与を受けた現金により行ったものであるかにより判定する。

(8) 例えば、父親と子供との間で「毎年○○万円を○○年間贈与する」旨の贈与契約が取り交わされている場合の贈与税の課税及び保険料の負担者は誰か。

「毎年○○万円を○○年間贈与する」旨の契約がある場合は、いわゆる「定期金給付契約」となるので、定期金の贈与として贈与税が課税される。また、この定期金給付契約に基づいて子供が給付を受けた現金を保険料の支払に充てた場合には、子供が保険料の負担者となる。

なお、定期金給付が契約締結されている場合でも、父親が直接保険料を支払っているときは、父親が保険料の負担者となる。

(9) 定期金給付契約とみなされる贈与契約を取り交わさないで毎年父親が子供に現金を贈与し、子供が保険料を支払っている場合の保険料の負担者は誰か。

子供が父親から現金贈与を受けたものとして毎年子供に贈与税が課税され、また、子供が保険料の負担者となる。

(10) 保険料の支払が父親の給与から天引して支払われている場合の保険料の負担者は誰か。

保険料の負担者は当然父親となる。

(11)　父親が保険契約者である子供の保険料支払債務を引き受けた場合
　　の保険料の負担者は誰か。

　　子供が保険契約上負っている保険料支払債務を父親が引き受けて直接
　保険会社に保険料を支払うものは、相続税法が予定している保険料の負
　担者の概念の典型的なものであり、この場合の保険料の負担者は当然父
　親となる。

　上記の事務連絡は、未成年者が保険契約を締結するケースだけでなく、一
般に保険料相当額の贈与を受けた場合の真の保険料負担者を、税務的にどの
ように判定するかについて、国税庁側の判断を示したものとなります。

3.　生命保険契約に係る課税関係

　生命保険契約では、保険契約者、保険料の負担者、被保険者、保険金受取
人により、課税関係が異なってきます。父Aを想定被相続人とし、母B、
子Cとした場合の、よくある契約パターンと課税関係を示します。

	契約者兼負担者	被保険者	受取人	所得区分等
①	A	A	B・C	相続税
②	A	B	B	相続税 （生命保険契約に関する権利）
③	B	A	B	一時所得
④	B	A	C	贈与税

　通常の保険契約は、①に該当します。②は前問にて取り上げた生命保険契
約に関する権利を課税対象とするものです。これらに対し、生命保険料の贈
与は③に該当します。③の場合は一時所得課税ですので、50万円控除後の金

額の2分の1が他の所得と合算となります。生命保険料の贈与は、贈与税の基礎控除、保険契約のレバレッジド効果、相続税と一時所得の税率の差を利用して、財産の移転を図ろうとするものです。

その場合に重要となるのは、各保険契約における契約上の保険料負担者だけではなく、真に保険料を負担している者は誰であるかということです。一般的な保険契約では保険契約者が保険料負担者となりますが、課税関係は真の保険料負担者は誰であるかにより判断します。

したがって、いわゆる生命保険料の贈与においては、保険料相当額を贈与され、それにより保険料を支払ったということが重要なのであり、上記1の①～⑤においては、①、④、⑤がその判断のうえでポイントとなります。

さらに、実際の保険の契約や保険料の支払を契約者以外の者が行っている場合には、保険契約上の契約者が真の契約者といえるかということも確認する必要があります。

上記1では、②、③により、実際の契約締結や保険料支払を他の者が行っているとしても、未成年者である保険契約上の契約者の親権者として行っているならば、保険契約上の契約者が真の契約者であるとして課税関係を考えるものとしています。

4. 保険料の贈与と暦年贈与

生命保険契約における保険料の贈与プランでは、最初から保険料相当額を保険金受取人に贈与するという前提で行われるものです。

そうすると、当初から保険料の総額を贈与するつもりで、毎年分割払いをしているとも考えることもできそうです。となると、保険料の総額相当額が保険料支払開始年に一括贈与されたことになりますので、贈与税の税額が当初想定を超えた金額となってしまいます。

　しかし、分割贈与の認定は、贈与を行う期間が定められていること等により総額が算定される場合に可能であると考えられます。生命保険契約は保険事故発生により、以後の保険料の支払がないことから、贈与される保険料の合計額が確定せず、また、贈与期間も未定であることから、保険料の総額の贈与とはいえないとされています。

　なお、令和5年度税制改正により、令和6年1月1日以後に暦年贈与により取得する財産(＊1)を、相続税の課税価格へ加算する期間が、相続開始前3年以内から7年以内に延長される(＊2)一方、相続時精算課税を選択した場合、暦年課税と別に各年110万円の基礎控除が設けられ、令和6年1月1日以後に贈与により取得した財産の価額は、基礎控除額を控除した後の残額とされました(＊3)。

　　＊1　その財産のうち相続開始前3年以内に贈与により取得した財産以
　　　　　外の財産については、その財産の価額の合計額から100万円を控除
　　　　　した残額
　　＊2　相法19①、令5改正法附則1三イ
　　＊3　相法21の11の2・21の15①・21の16①②、措法70の3の2

❷ 金融商品等の利用

(1)　投資商品としての組合及び信託契約

①　民法組合契約と航空機リース

　　コロナ禍も一段落し、航空機リース商品が気になってきました。節税効果があるということですが、どのような課税関係になるのでしょうか。

A

　　民法組合契約による航空機リースについては、損失規制があります。

解説

1.　民法組合契約と航空機リース

　平成17年度税制改正において、組合税制が整備された背景には、民法組合契約利用による航空機リースなどの節税商品が問題とされたことがありました。この航空機リースは次のような仕組みとなっていました（国税庁資料による）。※①〜⑥は図を参照

①　全国の投資家は5千万円から2億円を出資し組合（民法上の組合）を設立

②　金融機関からノンリコースローン（非遡及型借入金：借手の返済義務が、一定の範囲内を限度とするもの）の借入れ

③④　事業組合は、出資金と金融機関からの借入金により航空機を購入し、航空会社にリース

⑤⑥　リース期間中はリース事業に係る損失を不動産所得の計算における損

失として分配し、リース終了後は、航空機の売却益を2分の1課税となる長期譲渡所得として分配

リース期間中の損益＝（リース料－（減価償却費＋借入利息））

⑦　リース期間終了後、航空機を売却。アレンジャーが手数料を収受

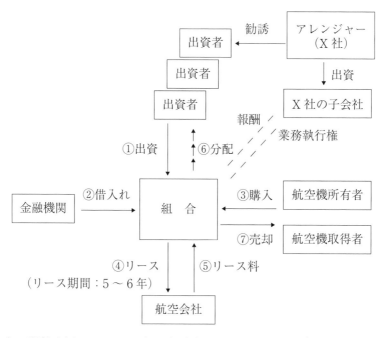

　当時の課税当局は、このような組合契約は、その契約内容等から判断すると共同事業性、共同所有性という民法上の組合の成立要件を欠くことから、民法上の組合契約ではなく、利益配当契約であり、組合が行ったとするリース事業は各出資者に帰属するものではないと判断しました。そこで、各出資者においては、組合事業に係る減価償却費等の必要経費は発生せず、損失の計上は認められないとして、各出資者の所得計算におけるリース契約から生じた損失の計上を否認しました。しかし、名古屋地裁の平成16年10月28日判

決等により、国側の主張は軒並み否定され、そのことが組合税制整備の契機となりました（Z254-9800、名古屋高判平17.10.27・Z255-10180）。

上記判決では趣旨次のように述べています。

原処分庁においては、本件各事業は、各業務執行会社によって行われ、一般組合員は事業に関与せず、組合財産たる各航空機は各業務執行会社の単独所有に帰し、一般組合員は、各ローン契約及び各リース契約のいずれについても実質的に責任を負わず、一般組合員の地位は実質的には出資者・投資家としての地位と変わらないなどの事情に照らすと、本件は、所得の性質そのものに着目して所得区分を判断すべき場合に当たるのであり、納税者らが得る「リース料分配金」は、雑所得であると主張する。つまり、課税当局は、民法上の組合に当たると判断されれば、組合の事業内容によって組合員個人の所得区分が決定されるとの前提で税務業務を行っていたと推測できる。

しかし、本件において、上記のような主張に基づく課税を行うことは、平等原則に反するおそれを否定できないし、また、原処分庁の上記主張によれば、組合員が組合事業に関与する程度、責任の実質的負担状況、その組合員の具体的関心などによって、組合を区別した上、その所得区分を判断することになるが、業務執行に対してどの程度の関与、関心等があった場合に、典型的な民法上の組合に当たるのかが明確でなく、ひいては租税法律関係の不安定をもたらしかねない。そもそも、上記組合に関する規定は民法にしかなく、その民法には、業務執行組合員を選任する組合とそうでない組合の区別はあっても、それ以外の区別を定めた規定はないから、法令上の根拠がないにもかかわらず、課税効果を異にするような解釈を行うことは、租税法律主義に反するおそれがあるため認められない。

この判決は、組合を区別して所得区分を判断するなどの対応を取るのであれば、法令上の根拠を定めるようにという趣旨とも受け取ることができます。

　そして、これらの敗訴を受けて行われた組合税制の整備により、航空機リースの出資者のような個人の特定組合員については、その民法組合等に係る不動産所得の金額の計算上生じた損失は生じなかったとみなされることとされ（措法41の4の2）、法人の特定組合員については、組合損失のうち法人組合員の出資額を超える部分の金額について損金不算入等とされました（措法67の12①）。

2.　その後の航空機リース関係の裁判例

　航空機リース関係で、その後2つの裁判例がありました。

　1つは、個人の所得区分について、航空機リース事業の清算に伴うローン債務免除益及び手数料免除益を問うたものです（東京地判平27.5.21・Z888-1956東京高判平28.2.17・Z266-12800）。

　原処分庁は、従来からの見解通り、この債務免除益を継続的行為から生じる雑所得であり、手数料免除益は不動産所得であると主張しましたが、裁判所は、「本件組合事業として行われた本件航空機の賃貸が営利を目的とする継続的行為であるとしても、本件ローン債務免除益は、あくまで本件ローン債務免除行為によって発生したものであって、本件航空機の賃貸自体から発生したものではない」こと及び「一定の場合に、本件借入金に係る債務の全部又は一部を本件融資銀行が当然に免除するというような条項は設けられていなかった」ことを踏まえ、このリース事業の個別な特異性を認め、債務免除益の発生は偶発的であったと認定して、非継続性要件と非対価性要件を満たすことから、一時所得であるとの判断を下しました。

　個人の所得課税に関する裁判例で、しかも個別性の高かったと思われる事件ではありますが、事案によっては、航空機リースの債務免除益等が、同じロジックで、株式評価における非経常的な利益とみることができる可能性を

示唆しているのかもしれません。

　もう1つは、匿名組合契約に基づき匿名組合員が受ける利益の分配と所得区分の判断について争ったものです（最判平27.6.12・Z888-1927）。この点は、従来からの扱い通り、組合員自身の事業として行われて事業所得となる場合以外、雑所得となることが確認されました。ただし、本件では、通達改正により加算税が課された点については、正当な理由があるものとして、納税者の主張が認められました。

3.　直接保有による方法

　航空機リース事業では、自らは業務執行に関わらない民法組合の組合員について、損失の取り込み規制がされたことから、組合を介さず、航空機1機を保有してオペレーティング・リースにより賃貸する方法が見られます。

　この方法では、航空機の管理を資産管理会社に任せたとしても、最終的なリスクは所有者が取ることになります。そして、リース料などの収入及び機体管理費、減価償却費などの費用は航空機の所有者に帰属し、所有者の不動産所得となり、損失の取り込み規制の対象とはなりません。また、リース期間終了後の機体譲渡による所得は、所有者の譲渡所得となります。

4.　航空機所有におけるリスクの管理

　オペレーティング・リースにより負うことになるリスクは次のようなものです。

（1）　残価リスク

　オペレーティング・リースではリース期間終了後の残価を貸主が見積もり、リース料を算定することになります。したがって、航空機市場の変動により見積もり通りにならない場合のリスクは貸主が負担することになります。

　航空機の購入原資を借入により行う場合、ノンリコースローンによるなどして対応します。

(2)　航空機の事故リスク

　リースの相手先である航空会社の負担により機体保険に加入することにより対応します。

(3)　リースの相手先である航空会社や資産管理会社の倒産リスク

　コロナ禍による航空機業界の危機が囁かれた際に、顕在化したリスクです。リース開始時に相手先から保証金を預かることにより対応します。資産管理会社の倒産の場合は他の資産管理会社に変更します。

　なお、航空機業の経営リスクを嫌って、最近はタンカーのオペレーティングリースを利用する例もあるようです。

(4)　為替変動リスク

　海外でのリースの場合はドル建て取引となるため為替変動リスクがあります。

(5)　税制変更リスク

　平成23年度税制改正により、250％定率法が200％定率法へ変更となりました。また、令和5年度税制改正により、特定船舶の特別償却制度において、対象船舶から匿名組合契約等の目的である船舶貸渡業の用に供される船舶（海上運送法の認定先進船舶導入等計画に従って取得等をした同法の先進船舶を除く。）を除外するとの改正もありました。このような減価償却方法の変更のリスクの他、特定の損失について、損益通算の禁止が税制改正により盛り込まれるなどにより、ビジネスモデルが壊れるリスクがあります。

② 損失規制と記帳方法

私は投資事業有限責任組合に出資して財産の運用を行っています。この投資事業有限責任組合は、ベンチャー企業に次々に投資して利益を得るものであり、私は有限責任組合員です。この組合に係る利益の額又は損失の額は、私の出資額に応じてパス・スルー課税されると聞きましたが、どのように計算すればいいのですか。

A

組合から送付を受ける組合員別持分等計算書に従って、各種所得の金額を計算することになります。

解説

1. 投資事業有限責任組合とは

投資事業有限責任組合（LPS）は、投資事業有限責任組合契約に関する法律を根拠としており、当初は未公開会社等の資金調達手段として考えられていたものです。その後、中小ベンチャー企業だけでなく、大企業や公開企業に対する融資や金銭債権及び社債の取得などができるようになっています。

LPS には、実際の業務執行にあたる無限責任組合員（ゼネラルパートナー）と、それ以外の有限責任組合員（LP）により構成されており、民法組合の特例として位置づけられています。

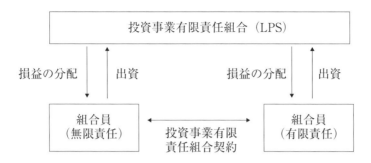

　税法上も、LPS についてはパス・スルー課税とされており、民法組合と同じ損失規制がされています。

2.　組合出資の記帳方法

　上述のように LPS や民法組合は、パス・スルー課税であることから、これらで営まれる事業に係る利益の額又は損失の額は、LPS 等の利益の額又は損失の額のうち分配割合に応じて利益の分配を受けるべき金額又は損失を負担すべき金額となります（所基通36・37共 -19）。具体的に、これらの組合員の各種所得の金額の計算上総収入金額又は必要経費に算入する利益の額又は損失の額の計算方法としては、次の３つの方法が認められています（所基通36・37共 -20）。

（1）　総額法

　組合事業に係る収入金額、支出金額、資産、負債等を、その分配割合に応じて各組合員のこれらの金額として計算する方法

（2）　中間法

　組合事業に係る収入金額、その収入金額に係る原価の額及び費用の額並びに損失の額をその分配割合に応じて各組合員のこれらの金額として計算する方法

(3)　純額法

　組合事業について計算される利益の額又は損失の額をその分配割合に応じて各組合員にあん分する方法

　所得税基本通達及び法人税基本通達では、(1)の総額法で計算することを原則としながらも、総額方式により計算することが困難と認められる場合で、かつ、継続適用している場合には(2)の中間法や(3)の純額法によることも認めています（所基通36・37共-20、法基通14-1-2）。そして、(2)、(3)の方法をとった場合、組合員の税額計算において、次のような制限がされることとなります。

（帰属計算方法による組合員の税額計算の異同）

	総額法	中間法	純額法
引当金の繰入れ	○	×	×
準備金の積立て等	○	×	×
減価償却計算	＊1		×
受取配当等の益金不算入 所得税額の控除等の規定 （法人組合員の場合）	○	○	×
寄附金の損金不算入 交際費の損金不算入 （法人組合員の場合）	○	○	＊2
非課税所得の規定 配当控除 源泉徴収税額の控除等 （個人組合員の場合）	○	○	×

＊1：組合が選定する償却方法によることができます。
＊2：不算入計算はあるが、総額法・中間法とは計算方式が異なります。
※匿名組合出資については、仕組み上、純額法以外の採用ができません。

3.　純額法による場合の問題点

　中間法や純額法により計算することについて、総額方式により計算することが困難と認められる場合に限るとされたのは、平成24年8月30日の通達改正によってです。この改正については、その契機となる裁判例がありました（東京高判平23.8.4、Z264-11728、東京地判平23.2.4・Z888-1592）。

　LPS等の有限責任組合員である納税者（個人）が、平成15年分から平成17年分までの各所得税について、その出資先であるLPS等から生じた利益又は損失の額を純額法により納付すべき税額等を計算して確定申告書を提出したところ、原処分庁より、総額法により納付すべき税額等を計算すべきであるとして更正処分等を受けたことから、争いとなりました。

　地裁、高裁のいずれの判決においても、LPS等に係る損益及び同組合員に係る所得の各計算が国税庁通達によって取り扱われていることについては、租税法律主義の見地から問題とされました。

　しかし、少なくとも通達上は継続的に中間法や純額法により計算している場合には、その計算を認めるものとすると明示的に定めており、中間法や純額法について、納税者の租税負担が軽減されることがないなど、課税上の公平を害さない限度においてのみ認められるとは読み取れないことから、これらの各組合員の利益の額又は損失の額の計算方法につき、中間法又は純額法によるためには、中間法又は純額法を継続適用していれば足りるとして、納税者の主張を支持しています。

　このLPSの営む事業では、配当所得、投資関連債券利息、貸付債権利息、源泉分離配当金である受益証券分配金、預金利息、有価証券利息、申告分離の株式等の譲渡に係る雑所得に該当する有価証券売却損（上場分、未公開分）が生じていました。

　純額法による計算では、各組合員にあん分される利益の額又は損失の額は、

その組合事業の主たる事業の内容に従い、不動産所得、事業所得、山林所得又は雑所得のいずれか一の所得に係る収入金額又は必要経費とするとされています。

したがって、純額法を採用することにより、本来は、申告分離課税の株式等の譲渡に係る雑所得（未公開分）として区分されるべき組合損益が、総合課税の雑所得として計算される結果、総合課税の配当所得等と損益通算がされたことと同様の結果となっていました。

国側敗訴となったこの高裁判決を受けて行われた通達改正により、総額方式以外の方式を適用するための要件として「総額方式により計算することが困難と認められる場合」であることが加えられたわけですが、この困難と認められる場合については、通達の注書きにおいて、「組合事業について計算される利益の額又は損失の額のその者への報告等の状況、その者の組合事業への関与の状況その他の状況からみて、その者において組合事業に係る収入金額、支出金額、資産、負債等を明らかにできない場合」としています。

なお、改正通達は、その発遣日（平成24年8月30日）前に締結された組合契約により成立する任意組合等の組合事業に係る利益等の額の計算については適用しないとしており、すでに継続適用により総額方式以外の方式により計算していた納税者については、この改正による制限は受けません。

○総額方式、中間方式及び純額方式の適用関係 （所基通達36・37共-20）

┌[原則]────────┐

【総額方式】

○組合事業に係る収入金額、支出金額、資産、負債等を組合契約に定める損益の分配割合に応じて各組合員のこれらの金額として、各種所得の金額を計算する方法

「総額方式により計算することが困難」と認められる場合に適用可 →

┌[例外]──────────────────────────┐

【中間方式】

○組合事業に係る収入金額、その収入金額に係る原価の額及び費用の額並びに損失の額を組合契約に定める損益の分配割合に応じて各組合員のこれらの金額として、各種所得の金額を計算する方法
→引当金、準備金等に関する規定の適用はない

選択可（ただし継続適用要件あり）

【純額方式】

○組合事業について計算される利益の額又は損失の額、各種所得の金額を計算する方法
→組合事業に係る取引等について、非課税所得、引当金、準備金、配当控除、確定申告による源泉徴収税額の控除等に関する規定の適用なし
→組合事業の主たる事業の内容に従い、不動産所得、事業所得、山林所得又は雑所得のいずれか一の所得に区分

（国税速報「新法令解釈通達解説所得税基本通達36・37共-20《任意組合等の組合員の組合事業に係る利益等の額の計算等》の一部改正について」森谷義光、中野智之著）

(2)　経営対策スキーム

①　貸付金精算スキーム

Q

　同族会社の社長である私には、会社に対する個人的な債務があります。会社では新製品の開発に成功し、新たな販路が開けてきましたが、役員貸付金がネックとなり資金調達に苦戦しています。貸付金精算スキームを使えば、役員貸付金を解消できると聞きました。どのようなものでしょうか。

A

　基本的に会社資産を担保にして、役員個人が金融機関から借入れを起こし、会社に対する債務を返済するものです。

解説

1.　役員貸付金の精算

　会社が銀行融資を受けようとする際、役員貸付金の存在が問題視され、審査が通らないことがあります。役員貸付金解消のためには、まず役員給与の中から分割返済するしかないのですが、手早く解消するためには、役員個人が何らかの方法で資金調達し、会社に対する債務を弁済することになります。しかし、そもそも「何らかの方法」が見当たらないため、会社から借り入れている場合が多く、役員貸付金の解消はなかなかうまくはいかないようです。

2.　貸付金精算スキーム

　役員貸付金について、会社が連帯保証をすることにより、その貸し手を会社から金融機関に変更することも行われているようです。

通常次のようなステップにより行われます。

①役員が会社の連帯保証により金融機関より借入をする。

②役員は借り入れた金銭により会社に対する債務を弁済する。

③会社は返済をうけた金銭により担保対象物(注)を購入するなどして、金融機関に対する連帯保証の担保に提供する。

(注) 有価証券や不動産等を担保提供することにより貸金業法の総量規制の対象外としています（貸金業法13の2②・貸金業法規則10の23①一）。

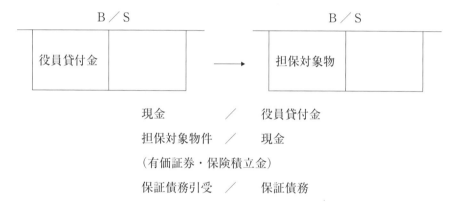

役員は会社に対する債務を一時に解消する代償として、金融機関に対する手数料等を負担することになります。

3. 貸付金精算スキームの税務

貸付金精算スキームでは、役員個人の借入金に会社が連帯保証をするということで、会社法上の問題や、役員が返済不能となり、会社が保証債務を実行した場合の求償権の問題があります。しかし、役員が順調に返済できている場合には、税務上の問題は生じないのでしょうか。

会社が銀行借入を起こす場合、信用保証協会の保証を要するため、保証料

を支払うケースが多くみられます。そして、上記スキームのケースとは逆に、金融機関からの借り入れの際、役員がその借り入れについて連帯保証人となったときに、会社から役員に支払われた年利2％の信用保証料が役員給与にあたるかどうかが争われた裁判例があります（宮崎地判　平12.11.27・Z249-8779）。この事案は消費者金融業を営む同族会社が、信用保証協会の信用保証の対象外となっているため、代表者である役員がその借入れについて連帯保証を行ったことについて、法人から代表者に信用保証料を支払ったものです。判決では、支払われた信用保証料のうち、信用保証協会の保証率である年利1％を超える部分について、役員報酬に該当するとされました。

　これに対し、会社が役員の債務の連帯保証を行った場合、会社は信用保証協会と異なり営利の為に行うとされます。上記判決での原告側の主張では、民間の保証会社の借入金の使途を限定しない一般のフリーローン、カードローンの保証料率は2.5～5.0％、都銀が消費者金融を行う場合のコストのうち保証料が2％としており、役員債務の連帯保証の場合の適正利率は2％程度が適正と判断できそうです。

　つまり、役員は、このスキーム実行により、保証料相当額の利益を受けており、その額は、上記適正利率による保証料相当額であると考えられます。

(3)　生前贈与と名義預金

①　夫の資金を原資とする金融資産の運用

Q

　父が亡くなり相続財産を確認している際に、専業主婦である母名義の預金口座にけっこうな残高があることに気がつきました。母はこれを自分の裁量で貯めたヘソクリであり、自分の財産であると主張しています。私も、現時点で、これを母の財産とすることには、全く異議はないのですが、税務的には、これは父から母が過去に贈与されたものと考えていいのでしょうか。

A

　へそくりについては、夫の財産を妻が管理運用していただけとする考え方もあります。

解説

1. へそくりを相続財産と判断する裁決例

　へそくりを相続財産と認めた裁決例として、裁決事例集74集、平成19年10月4日の裁決例があります。被相続人の妻名義の預貯金について、原処分庁が相続財産と認定したのですが、審査請求人である相続人らは、「被相続人の妻は、婚姻前から預貯金を所有し、婚姻後は、被相続人了解のもと生活費をやりくりして自らの能力で貯めたヘソクリと一緒に預貯金運用等を行った。……妻名義の預貯金通帳及び証書は、妻の寝室にあるたんすの中で妻が管理していた。」ことから、妻の固有財産であると主張しました。それに対して審判所は、妻には婚姻時に持参金がなかったとした上、「夫婦間において、

家庭生活を妻に委任し、その費用を妻に渡すことや一定の預貯金の管理運用を妻に任せることはあり得ることであり、その事実をもって任された妻の財産になるわけでもない。本件預貯金等の原資は被相続人が稼得した所得から賄われていたものであることや、その管理運用の状況等を併せ考えると、本件預貯金等の帰属は、被相続人にあったということができ、他に請求人らの主張を裏付ける証拠はないから請求人らの主張は採用できない。」としました。

この裁決例のポイントは、妻が自身で預貯金を管理運用していたとしても、それだけでは、その預貯金が妻の財産となるわけではないとしているところです。

相続財産となる名義預金かどうかを判断する際、預金名義人自身がその預金を開設し、自身で管理しているかということをチェックするかと思います。しかし、特に夫婦間では、それだけでは判断できないということを、この裁決例は示しています。

2. 金融資産の管理・運用と所得の帰属を巡る裁判例

金融資産を管理運用していたことについて、それが財産を管理運用しているのか、委託を受けて管理運用しているのか、どこに判断基準があるかが、ここでの問題です。

そこで一旦資産税を離れて、所得税法、つまり所得の帰属の観点から考えてみようと思います。

やや古典的な裁判例ですが、納税者側が、有価証券の継続的売買により得た所得のうち2分の1相当額は妻に帰属すると主張したことについて、実際に各証券会社との有価証券取引の個別的、具体的な取引行為自体は妻が担当したものであることは認めるものの、これらはいずれも夫の包括的な委任に

基づくものであり、その取引による所得はすべて夫に帰属するとしたものがあります（熊本地判昭67.12.15・Z128-5110（棄却）、福岡高判昭59.5.30・Z136-5355（棄却）、最判昭62.5.8・Z158-5922（棄却、但し最判は重加算税に関するもの））。

　この事例における事実認定はつぎのようなものです。

　納税者は、妻が昭和37年頃癌の手術をして自宅療養をしていた際、当時事業の経営に多忙を来たしていたこともあって、この頃持っていた証券関係の書類や印鑑等を一切妻に預けたこと、妻に任せた際、額面は約2億円にも昇っていたこと、なお納税者の意思としては、妻に右証券を贈与した訳ではなく、多忙のため配当金を受け取ったり投資信託を切り替えることなどを妻に任せたにすぎないこと、従って、納税者は証券会社の担当者と電話中の妻に対して、その株は売るなとか買うなとかという指示をすることもたびたびあったこと、また昭和41、2年頃、妻が癌の再治療を受けていた間は、再び納税者が妻に代って、株式取引をしていたこと、昭和46年頃において妻が野村、大和、新日本の各証券会社に預けていた証券の価額は、それぞれ数千万円または1億円を超えるものであったこと、野村証券熊本支店営業課長であったOが妻から預った株券を無断使用した件について、その発覚前は妻に対してOに売買報告書や預り証を持って来るよう何回も要求させ、その弁償方について野村証券側と交渉した際も、殆ど納税者が中心となってこれにあたり、昭和47年7月18日頃納税者にとって有利な条件で話をまとめたこと、更に本件につき熊本国税局の調査が始まった昭和49年2月頃、納税者は野村証券熊本支店の総務課長や営業課長に対して、自分は取引内容は知らないから一切話したり、取引内容に関する書類は出さないでくれ、と数回頼んでいること。

　これらのことから、有価証券の継続的売買はいずれも夫の包括的な委任に

基づくものであり、その取引による所得はすべて夫に帰属すると結論づけられたわけですが、身近な実務では、これほどの極端な事実が認められることは、あまりなさそうです。

　つまり、預貯金の管理運用程度ではなく、有価証券の管理運用について、包括委任と自主管理との違いはどこにあるか、さらに考えてみたいと思います。

3.　管理運用についての裁判例

　被相続人の妻名義の預金等が相続財産であるかどうかが争われた裁判例において、原処分庁の、妻が行った本件妻名義預金等に係る取引は、いずれも被相続人の指示によるものであるとする主張が、排斥された裁判例があります（東京地判平20.10.17・Z258-11053、東京高判平21.4.16・Z259-11182（棄却・確定））。もっともこの裁判例では、財産の管理運用を誰が行っていたかと、その資産の帰属の関係について判断し、納税者の主張を棄却したものです。

　まず、妻名義預金等に関する取引が、被相続人の指示によるものであるとする主張が排斥された理由は次の通りです。

　①証券会社の担当者による説明の際における被相続人の様子からすると、妻名義での金融取引に際し、その内容について被相続人が妻に対して逐一指示をしていたとは考え難いこと、②脳こうそくで入院中の被相続人と妻との間に、何ら緊急性のうかがわれない妻名義の証券取引等について指示等のやり取りがされることは考え難いこと、③自身が証券取引口座を開設したのは、納税者夫婦と被相続人夫婦の関係が悪かったため、妻の老後の生活を心配した被相続人から指示を受けたからである旨の妻の供述の内容が、自ら証券取引を全くしていなかった被相続人が妻に対して証券取引口座の開設を指示す

るというのは合理的な行動とは言い難いことから信用できないこと

　納税者側としては、これらの立証ができた時点で、妻名義預金等は妻固有財産といえると思うかも知れません。

　しかし、判決は、「一般に、財産の帰属の判定において、財産の管理及び運用をだれがしていたかということは重要な一要素となり得るものではあるけれども、夫婦間においては、妻が夫の財産について管理及び運用をすることがさほど不自然であるということはできないから、これを殊更重視することはできず、丁（妻）が、丙（夫）名義で丙（夫）に帰属する有価証券及び預金の管理及び運用もしていたことを併せ考慮すると、丁（妻）が本件丁（妻）名義預金等の管理及び運用をしていたということが、本件丁（妻）名義預金等が丙（夫）ではなく丁（妻）に帰属するものであったことを示す決定的な要素であるということはできない。」としています。

　さらに、「被相続人が、自分の死んだ後に妻が金銭的な面で不自由をしないように、本件遺言書の作成とは別に、自己に帰属する財産を妻名義にしておこうと考えたとしても、あながち不自然ではなく、被相続人が、実際に生前贈与をした土地建物の持分については贈与契約書を作成し、妻が課税庁に対し贈与税の申告書を提出していたのと異なり、妻名義預金等についてはそのような手続を何ら採っていないことも考慮すると、被相続人がその原資に係る財産を妻に対して生前贈与したものと認めることはできない」としているのです。これでは、少なくとも贈与契約書がないものについては、妻側の生前贈与の主張は認められがたいものとなります。

4.　再び証券口座と名義財産について

　最近の裁決例では、夫の預金より自己の証券口座に入金された資金でファンドや株式で運用し、さらに税務申告をしていたものについて、逆にその入

金された資金をみなし贈与と原処分庁が認定した事案で、納税者の主張通り、その資金は夫の財産で有り、みなし贈与に該当しないとしたものがあります（令3.7.12裁決・東裁（諸）令3-3・裁事124・J124-2-06）。

　妻である納税者の証券取引の状況はとおりです。

　①妻は、自己が開設したJ証券口座に夫名義の普通預金から入金された金員により、J○○ファンドを購入した後換金し、L社及びM社の各株式の購入に充てた。

　②妻は、同様に入金された金員により、J○○ファンドを購入した後換金し、N社、P社及びQ社の各株式並びにJ外貨○○ファンドの購入、J投資信託の購入に充てた。

　③妻は、同様に納税者名義の普通預金に入金された金員を自己のJ証券口座に振り替え、その全額をK投資信託の購入に充てた。

　④妻は、同年分の所得税について、上場株式等の配当等に係る配当所得の源泉徴収税額の還付を求めて、確定申告をした。

　その後、夫が死亡し、妻らはその相続税の申告をしましたが、上記の各入金（本件入金）を原資とする財産は、課税価格に算入していません。しかし、この相続税の申告に関し、税務調査があったことから、妻は本件入金を原資とするJ納税者名義口座及びK納税者名義投資信託口座の有価証券等の価額等が申告漏れであったとして、相続税の修正申告をしています。つまり、この事例では、納税者側が納税者名義口座を相続財産であると認めたものです。

　これに対し原処分庁は、納税者に対して、本件入金について、対価を支払わないで利益を受けたと認められるため、相続税法9条の規定により、妻が夫より入金された金員は夫から贈与により取得したものとみなされるとして、課税処分としたため、納税者はこれを不服として審査請求に及びました。

　原処分庁は、納税者の夫名義の預金口座からの金員が入金された納税者名

義のＪ証券口座について、①納税者自身の判断で取引を行っていたこと、②Ｊ証券口座の投資信託の分配金が納税者名義の普通預金口座に入金されていたこと、③その分配金等が納税者の所得として確定申告がされていたことから、本件入金は、相続税法９条に規定する対価を支払わないで利益を受けた場合に該当する旨主張しました。

　審判所は、①納税者は、本件入金の前後を通じて夫の財産の管理を主体的に行っており、その管理に係る全部の財産について納税者に帰属していたものと認めることはできないから、本件口座において納税者自身の判断で取引を行った事実をもって利益を受けたと認めることはできない上、②分配金等の入金があっても、納税者が私的に費消した事実が認められない本件においては、これを管理・運用していたとの評価の範疇を超えるものとはいえず、③確定申告をしたことは、申告をすれば税金が還付されるとの銀行員の教示に従い深く考えずに行ったものとの納税者の主張が不自然とまではいえず、殊更重要視すべきものとは認められないことなどの各事情を考慮すれば、本件入金によっても、夫の財産は、本件口座においてそのまま管理されていたものと評価するのが相当であるため、本件入金は、納税者に贈与と同様の経済的利益の移転があったものと認めることはできず、相続税法９条に規定する対価を支払わないで利益を受けた場合に該当しないとしました。

　この裁決例は、夫婦間においては、管理運用の事実だけでは、その財産の帰属は判断できないという考え方をさらに裏付けたものですが、もし、納税者がその財産を私的に費消した事実があるならば、みなし贈与の認定も可能と言うことも示唆しています。

　つまり、ヘソクリが相続財産かどうかとの判断では、管理運用の側面よりも、実際に利益を受けているかから判断すべきと考えられます。

　なお、本件に直接は関係ありませんが、現在法制審議会において家族法制

の見直しが審議されており、民法754条（夫婦間の契約の取消権）を削除する方向とされています。今後の民法改正が税務実務へ与える影響について、注意すべきと思われます。

IV 不動産及び動産を介する取引

1 不動産及び動産の付合

(1)　民法上の付合と課税

①　親の家への子による増改築

　　父母も退職して、息子である自分の家族と一緒に住まないかと提案されました。二世帯住宅にして、台所も分けてくれるのならと、妻も同意してくれています。そこで、父親所有の土地付自宅を、このたび増改築する予定ですが、資金は自分が全部出す予定です。何か課税上の問題が生じるのでしょうか。

A

　　増改築部分の所有権が民法上の付合によって、あなたから家屋所有者たる父への移転することになるため、これによって取得する償金請求権を行使しない限り、父にはみなし贈与による課税関係が生じることになります。

解説

1.　付合制度

　　民法242条以下では、付合制度について規定があります。たとえば、妹のテーブルに自分のペンキを塗ったとすると、もはやペンキをテーブルから取り出すことはできません。この場合、塗られたペンキの所有権をどう扱うかについて規定したのが付合の規定です。

　　同様に、借家人が借家に対して造作などの資本的支出を行っていたとすると、借家と造作とが一体化してしまっていることから、もはや事実上造作を

取り出せません。そこで、この資本的支出部分の所有権は不動産所有者のものとして取り扱うこととされます。

　ただし、所有権を失った者については、その受けた損失につき、償金請求権が与えられることとされています（民248）。

　本事案のように、息子が父親の家に対して増改築を行えば、その部分の所有権は父に帰属することになりますが、この時点で、償金請求権が息子に発生することとなります。

　問題は、この償金請求権が行使されるかどうかです。

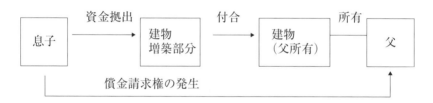

【父】

建物　　100　／　債務　100
（増改築部分）

【子】

債権　　100　／　現金　100
（償金請求権）

2. みなし贈与課税

　償金請求権が発生する以上、当事者間での精算が行われなければ、相続税法9条により、みなし贈与課税が行われることになります。

【父】

債務　　100　／　債務　100
　　　　　　　　　免除益

【子】

債権　　100　／　債権　100
　　　　　　　　放棄損失

　最高裁昭和53年2月16日判決は、夫が妻名義の建物につき増改築費用を出捐し増改築工事をなさしめた場合には、当該増改築後の建物全部の所有権を

妻に帰属せしめる合意又は増改築部分の附合により生ずべき費用償還義務の免除があつたものと認められ、相続税法9条に基づきその経済的利益の贈与があつたものとみなされるとされたものです（Z097-4130）。

この下級審判決では次のような判断がされています。

①無職の妻が夫の収入で生活していることから、夫が今更償金請求権を行使するとは社会通念上認められないとして、法律上の償金請求権成立を、対価を支払った場合とは同視できない（東京地判昭51.2.17・Z087-3718）。

②共有登記をせずに単独所有のまま増改築変更登記したことは、予め増改築後の建物の全部の所有権を帰属させる合意をしたか、もしくは付合で生じる償金義務を明示又は黙示に免除したと解される（東京高判昭52.7.27・Z095-4034）。

なお、直近の裁決例としては、納税者の母が工事費用を負担した納税者所有の居宅の改修工事費用（合計2,700万円）について、納税者がその改修工事部分の所有権を付合により取得したものとして、その経済的利益を母から贈与（相法9）により取得したものとみなされ、また、贈与とみなされる部分は納税者の「生活費」（相法21の3①二）に充てるためになされた贈与と解することはできないとされた事例があり、このような課税処分が今もされていることがわかります（平29.5.24裁決・名裁(諸)平28-30・F0-3-533）。

子の家に同居している親が、自分のためのリフォーム費用を出すのは、親子の心情から言えば当然とも言えますが、相続税調査などでは預金出金記録などを確認しておくべき事項です。実務的には、相続税申告書で立替金として表現しておくなどの対応が検討されることになるでしょう。

3.　実務的対応

(1)　償金請求権の精算有無

　本問の場合、償金請求権について、資産所有者である親に対する貸付金として整理し、契約書作成の上、社会通念に従って、対価・利息の収受を適正に行なっていれば、課税上の問題は生じません。

　しかし、ある時払いの催促なしになったり、100年後一括返済のように、契約書が社会通念に沿わないものであったりすれば、みなし贈与課税が行われることになります。

　さらに、親子関係にもいろいろなケースがあり、親に潤沢な資金がある場合であっても、償金請求権の行使について、合意が困難な場合もあります。そのようなときでも、償還請求権を放棄していない旨を証明できるよう、個々に証拠づくりをする必要があります。

(2)　等価にするための持分移転

　これを回避するために、資金拠出と持分拠出が等価になるように、子への持分移転登記を行うことが対策として言われることがあります。しかし、この場合、親から子への持分移転部分建物について、父親に譲渡所得課税が生じることになります。従って、実務的にはこの方法は取りにくいと考えられます。

(3)　区分所有登記による対応

　付合が生じないように、一階二階を区分所有登記で別々にしてしまうという対応は考えられます。

　しかし、平成25年度税制改正によって、区分所有登記が行われた場合には、基本的に、被相続人の配偶者及び被相続人と生計を一にする親族による取得部分のみが小規模宅地特例の対象とされました。したがって、被相続人と生計を別にする息子が相続によって取得する部分は、特例による軽減を受けることができなくなります（措法69の4①・③二イ、措令40の2④⑩）。

　逆に、おそらく低額であろう父親の建物を子供が買い取るか、贈与を受けることも、対策としてはあるのかもしれません。評価額の安い父親の建物を買取るのですから、父親には譲渡益課税が生じるにせよ、それほど大きな額にならない可能性があります。また、贈与による場合も、低額であれば税負担は小さくて済むとの期待ができます。しかし、子が親と同居するために親名義の家屋の増改築費用を負担したようなケースでは、相続の際、他の相続人に不公平感を与え、揉めごとの原因となるかもしれません。

（参考）「平成25年度税制改正のすべて」大蔵財務協会589頁注意書き

　建物の区分所有等に関する法律第1条の規定に該当する建物」とは、建物の独立した部分ごとに所有権の目的とすることができる建物を指します。ただし、構造上区分所有しうる建物が当然に区分所有建物に該当するわけではなく、区分所有の意思を表示する必要があると解されていることから、通常は区分所有建物である旨の登記がされている建物となります。また、単なる共有の登記がされている建物はこれに含まれません。

❷ 共有物の分割（株式・不動産）

(1)　共有株式の分割

①　相続財産の大半を同族株式が占める場合

Q

　　社長である父が亡くなって、相続人が複数います。相続財産の大半は、父が100％保有していた会社株式であり、その他に会社に貸していた駐車場用地もあります。遺産分割協議は不調であり、このまま相続税の申告期限を迎えそうです。未分割のままでもいいのではないかとの意見もあるのですが、どのような弊害があるのでしょうか。

A

　　未分割財産については物納はできず、税制の軽減特例も使えない上に、会社株式の議決権行使でも問題が生じ、身動きがとれなくなります。

解説

1.　共有についての法制上の理解

　共有とは、共同所有の一形態で、民法249条以下に規定があります。

　まず、使用についてです。共有の場合、各共有者は、共有物の全部について、その持分に応じた使用をすることができるとされています。つまり、3分の1しか持っていないから、3分の1しか利用できないのではなく、全体を利用できる、ただし、たとえば時間的には3分の1にする等の制約を受ける、ということです。

　共有物に変更を加える場合には、他の共有者の同意が必要であり、いずれ

かの共有者が単独で行うことはできません（民251）。この変更には、処分行為が含まれると解されています。売買によって処分する場合、共有者が単独では行えないわけです。

　そして、共有物の管理に関する事項は、各共有者の持分の価格の過半数で決めることとされています（民252本文）。ただし、修理などの保存行為は、それぞれの共有者が単独でも可能とされています（同但書）。

2. 準共有株式の議決権行使における問題点

　賃借権など所有権以外の権利についての共有を準共有と言います。被相続人が所有していた株式は、遺産分割が終わるまで、各相続人の相続分に従って当然に分割されることにならず、各相続人の相続分割合での準共有状態になると解されています

　遺産分割協議成立後は、株式を具体的に承継した相続人が、会社に請求して名義書換を行い、単独で議決権を行使することになります。

　では、遺産分割が完了する前、準共有状況では、株式の議決権は、どのように行使するのか、との問題が生じます。この点、会社法では、106条で規定しています。株式が2以上の者の共有に属するときは、共有者は、その株式についての権利を行使する者一人を選定して、会社に対しその者の氏名又は名称を通知しなければ、権利行使できません。株式の場合の準共有とは、株式一つ一つ、つまり、各議決権1個ごとに共有になるという意味だからです。

　仮に、相続人全員が同一の権利行使者を選定しない場合、民法の規定により、共有物の管理は持分の過半数によって決まることから、持分の過半数を有する相続人が推す人間を権利行使者とすることになります。

　また、会社が権利行使に同意した場合は、この限りでないものとしていま

す。会社が個別に同意すれば、指定や通知がない場合でも、準共有状態にあるいずれかの相続人による権利行使が可能となります。これは、この権利行使者の指定・通知の仕組みは、あくまでも会社の便宜を考慮して定められたものだからです。それによって生じる問題に関するリスクは会社自身が負うことになります。

　実務的には、形式だけ揃えて、協議をせずに権利行使者を指定している例も少なくないと思われます。そのような事態に警鐘を鳴らすのが、下記裁判例です。共同相続人の一人が協議を全くせずに権利行使していた場合、権利の濫用として許されないものとしました。

　「株式会社の株式の所有者が死亡し複数の相続人がこれを承継した場合、その株式は、共同相続人の準共有となる（民898）ところ、共同相続人が共有株式の権利を行使するについては、共有者の中から権利行使者を指定しその旨会社に通知しなければならない（会法106）。この場合、仮に準共有者の全員が一致しなければ権利行使者を指定することができないとすると、準共有者の一人でも反対すれば全員の社員権の行使が不可能になるのみならず、ひいては会社の運営に支障を来すおそれがあるので、こうした事態を避けるため、同株式の権利行使者を指定するに当たっては、準共有持分に従いその過半数をもってこれを決することができるとされている（最判平9.1.28、最判平11.12.14参照）。もっとも、一方で、こうした共同相続人による株式の準共有状態は、共同相続人間において遺産分割協議や家庭裁判所での調停が成立するまでの、あるいはこれが成立しない場合でも早晩なされる遺産分割審判が確定するまでの、一時的ないし暫定的状態にすぎないのであるから、その間における権利行使者の指定及びこれに基づく議決権の行使には、会社の事務処理の便宜を考慮して設けられた制度の趣旨を濫用あるいは悪用するものであってはならないというべきである。

　そうとすれば、共同相続人間の権利行使者の指定は、最終的には準共有持分に従ってその過半数で決するとしても、上記のとおり準共有が暫定的状態であることにかんがみ、またその間における議決権行使の性質上、共同相続人間で事前に議案内容の重要度に応じしかるべき協議をすることが必要であって、この協議を全く行わずに権利行使者を指定するなど、共同相続人が権利行使の手続の過程でその権利を濫用した場合には、当該権利行使者の指定ないし議決権の行使は権利の濫用として許されないものと解するのが相当である。」（大阪高判平20.11.28・Z999-6057）。

　権利濫用で無効とされれば、過去の議決が全て引っ繰り返ることになりかねません。実務的には、重要性があれば、他の共同相続人への議案の事前案内を行い、協議を行うことが必要であることが明確化されたものと言えます。

　なお、最高裁平成27年2月19日判決（民集69巻1号25頁）では、会社法106条（共有者による権利の行使）について重要な解釈が示されました。会社法106条本文は、そもそも民法252条（共有物の管理）本文である管理行為規定の特則規定です。そこで、106条本文の要件を満たさない場合に、何の制約もなく106条但書が適用できるわけではないとの解釈が示されました。

　要は、106条本文の定め通りに共有者が会社に権利行使者1名を定めて一定の通知を行わない場合、106条但し書きを根拠に、会社が権利行使に同意すれば済むわけではなく、民法252条に戻り、持分過半数決議が必要であるのです。

　相談もなく勝手に議決権行使を行うと、後で株主総会決議無効とされるリスクがあることが明確化されたことになると理解できます。

3. 税法における理解

(1) 共有物の分割に関する税法上の理解

　共有物の分割は、共有者相互間において、共有物の各部分につき、その有する持分の交換又は売買が行われることであるとされています（最判昭42.8.25・民集21巻7号1729頁）。そこで、所得税法においても、原則として譲渡所得課税が行われます。共有物が株式であれば、株式譲渡所得課税として分離課税が行われることになります。

　しかしながら、分割によって常に課税関係を認識することは、当事者意思にそぐわないことも多いのが実情です。あくまでも現物が分割されただけで、自分の資産が他者に移転したとの認識はないはずです。また、持分割合の移転を伴わない限り、課税上の弊害もないと考えられます。そこで、通達によって、共有物の分割が、その持分に応じて現物分割として行われる場合には、その譲渡はなかったものとして取り扱うこととしています（所基通33-1の6）。この通達は、共有地の分割ですが、株式の分割についても、同じ考え方と解されます。

(2) 未分割で生じる税法上の弊害

　共有物が未分割であることで生じる税法上の弊害も幾つかあります。

　まず、相続税申告そのものが、未分割であることから、一旦期限内に法定相続分での申告を行い、その後に更正の請求等を行うことになります（相法55）。

　ただ、実務的には、必ずしも規定通りに未分割での申告でなく、分割されたものとして申告を行なっている例もあります。結果的に、相続税の総額が変わらない場合には、問題とされないのですが、小規模宅地特例（措法69条の4）・配偶者税額軽減特例（相法19の2）・物納（相法41）など、分割の完了が前提の規定などは当然に使えません。

　また、本問では、株主総会で決議すべき者も決まりませんから、会社の決算承認が得られず、法人税申告書も提出できません。つまり、会社で決めるべきことが何も決められなくなります。端的に言えば、経営もできないし、相続手続きも決まらないことになります。

　このように、会社株式の未分割は、厄介な問題を生むことになります。できるだけ早い段階での対策が必要です。事業承継者が決まっていれば、遺言で事業用財産の帰属指定を行っておくことは極めて重要ですが、自社株式については、このような理由でとりわけ重要と言えるでしょう。

(3) 自社株式信託による指図権集約

　株式未分割の問題に対応するための1つの手法として、株式を信託することで、指図権を集約するという手法があります。株主間の関係が悪化してからでは使えませんので、未分割になる前、あるいは、関係が良好な間に行う手法です。

　委託者兼受益者を株主として、受託者として信託銀行あるいは自分たちが設立した一般社団法人とする信託を設定します。その際に、株式の議決権行使に関する指図権行使者を決めておいて、統一的な議決権行使が可能になるようにするわけです。

　遺言代用信託として、生前は経営者が受益者でありながら従来通り議決権行使して、相続が生じると、相続人が受益者となりつつも、議決権行使は事業の後継者が統一的に行えるようにする手法が代表的です。

　現在のところ、指図権は税務上評価すべきものとされていないため、通常の受益者等課税信託としての課税関係を考慮すればよいだけになります。複数の相続人に自社株式を取得させることが避けがたい場合には、一考に値する手法だといえるでしょう。

(2)　共有土地の分割

①　相続財産である不動産をとりあえず共有とした場合

　　夫が死んで、遺産分割協議を行った。亡き夫の財産については、空き地と私が住んでいる自宅家屋及びその敷地など、全て法定相続分での共有としました。その後、空き地には、長男が工場を建てて事業を展開しています。この度、次男が借金の始末で、自分の持分の不動産を売却したいと言い出しました。持分割合に合わないと課税が生じると言うので、面積比で按分して分割した上で、売却しようと思いますが、大丈夫でしょうか。

A

　　面積比按分での共有物分割は、原則に戻り、譲渡所得が生じるものと取り扱われます。

解説

1.　法制上における共有物の譲渡と共有物の分割の理解と実務

　遺産分割協議の争いが嫌だから、はたまた失念していたなどの理由で、遺産分割協議を行わないまま放置されている土地は、少なくありません。これらの土地については、共有状態にあることから、さまざまな制約が生じます。中でも一番困るのは、処分を行う場合に、全員の合意がないと処分が行えないということです。折角、高値で売却可能だという話が来ても、共有者全員の合意がなければ、売却できません。

　ただし、法制上は、共有物であっても、そのまま、持分を譲渡することは可能です。しかし、共有物は共有者全員での利用が可能であり、たとえば自

宅の全てを共有者全員が使えるわけです。他人に勝手に自分の家に自由に入られることなど誰も望みません。最近、共有物買取の専門業者も増えてきましたが、他の共有者に転売することで利益を見込んでおり、そのまま保有したり、共有者以外の者に売却することを目的としているわけではありません。

　結局、共有物は分割しなければ、自分の持分を共有者以外の者へ譲渡できないというのが実務上の取り扱いとなります。その場合、共有物の分割は共有者全員の同意が必要になります。

2.　共有土地の分割

　共有物の分割が譲渡とされる以上、所得税法では、譲渡所得課税が行われるのが原則です。土地が対象ですから、分離課税としての短期あるいは長期譲渡所得とされます。

　しかしながら、分割によって常に課税関係を認識することは、当事者意思にそぐわないことも多いのが実情です。そこで、通達によって、共有物の分割が、その持分に応じて現物分割として行われる場合には、その譲渡はなかったものとして取り扱うこととしています（所得税基本通達33-1の6）。ここでは、分割されたそれぞれの土地の面積の比と共有持分の割合とが異なる場合でも、分割後のそれぞれの土地の価額の比が共有持分の割合におおむね等しいときは、その分割は共有持分に応ずる現物分割に相当するとしています（同注2）。

　この通達については、逐条解説に、「共有関係にある一の試算を現物で分割するということは、その資産の全体に及んでいた共有持分権が、その資産の一部に集約されただけにすぎず、資産の譲渡による収入の実現があったといえるだけの経済的実態は備わっていない」という考え方に基づき、「持分の譲渡（交換）がなかったものとして譲渡所得の課税関係を生じさせないこ

ととして取り扱うことを明らかにしている。」（樫田明他編著「令和３年版所得税基本通達逐条解説」189頁　大蔵財務協会）という説明があります。

　実際、共有物分割だが、持分価格を超える調整部分の清算なので、譲渡所得課税の対象となるとされた非公開裁決例があります。

　「請求人は、本件分割は共有物の分割であるが、共有物の分割には、不動産の共有持分の譲渡、取得という概念を入れる余地はなく、本件分割に伴い受領した本件清算金に課税することは違法である旨主張する。

　しかしながら、本件調停調書によれば、本件分割は共有物の分割であって、本件調停委員は、請求人の受ける経済的損失を金銭的に調整補償することを目的として、諸般の事情を総合的に考慮した上で、持分の価格以上の現物を取得する他の共有者に当該超過分の対価を本件清算金として請求人に対して支払わせ、過不足の調整をしたものと認められ、本件清算金は、共有物の分割の性質及び譲渡所得の課税の趣旨からすれば、本件分割により、請求人の所有に帰属する部分は他の共有者から譲り受け、また、他の共有者に帰属する部分は請求人の持分を譲り渡した結果、請求人が取得した持分の価格よりも請求人が譲り渡した持分の価格が不均衡となったための価格調整金であるから、請求人が譲り渡した持分の一部についての譲渡の対価であると認めるのが相当である。

　したがって、本件清算金は、譲渡所得の課税の対象となるから、請求人の主張には理由がない。」（平19. 6.21 東裁(所)平18-326 F0-1-779）。

　このように、共有物の分割で課税された例が実際に存在しています。たまたま面積比でも価値見合いになるという場合もあり得るでしょうが、一般論で言えば、面積比による分割では、価値見合いにならないことが多いでしょう。利用状況が異なることとなることを前提で、分割後の土地評価を行い、共有割合に応じた価値での分割になるよう調整を行うのが実務ということに

なります。

3. 一括分割の場合の対応

　共有土地の分割については、一筆の共有土地の分割の他に、二筆以上の共有土地を分割する場合もあります。これを一括分割といいます。

　例えば、土地が二筆あり、時価が同じとして、それぞれ甲と乙が1/2ずつ持分を所有している場合に、Ａ土地を甲、Ｂ土地を乙が取得するようなケースです。前述の通達では、「その共有に係る一の土地」とあるので、一括分割の場合は適用がありません。しかし、要件を満たせば、所得税法58条の交換特例が適用されることになります。

　このことについては、国税庁のホームページにも次の照会事例が掲載されています。

共有物の分割

【照会要旨】

　8年ほど前に父から相続した財産のうち、Ａ不動産（家屋とその敷地）については甲1/2・乙1/2の持分で、Ｂ土地（台帳地目農地・現況宅地）については甲3/5・乙2/5の持分で取得し、遺産分割による共有登記がしてあります。今回、この共有物件を分割することとなり、Ａ不動産は乙がその全部を取得し、Ｂ土地は甲が取得することとなりました。

　この共有物の分割については課税関係は生じないと考えてよろしいですか。

　なお、Ａ不動産のうち家屋は、50年ほど前に建築されたもので、その時価は零に近く、この共有物の分割に当たっては、時価の鑑定を受けており、等価分割です。

【回答要旨】

　照会の共有物の分割は、一の土地についてその持分に応ずる現物分割が行

われたものではありませんから、Ａ不動産の甲の持分1/2とＢ土地の乙の持分2/5の交換として課税関係が生じます。

　なお、固定資産の交換の特例（所法58）の適用要件を満たしている場合には、この特例の適用があります。

　この照会事例は、一括分割の場合、交換特例の適用があることを示すものです。

4. 共有土地分割と不動産取得税

　共有土地については、不動産取得税でも規定が設けられています。共有土地の分割は、形式的な所有権の移転等であるとして、不動産取得税は非課税とされています（地法73の7二の三）。そこでは、共有物の分割による不動産の取得を非課税としながら、「当該不動産の取得者の分割前の当該共有物に係る持分の割合を超える部分の取得を除く」としています。

　ところで、共有土地分割では、面積費ではなく価格比であると述べましたが、不動産取得税では必ずしもそうとはいえません。地積比に従ってあん分されていない部分について、不動産取得税が課された事例があります。最高裁令和2年3月19日判決です（最（小一）判令2.3.19・Z999-8418）。

　その事例の土地は駐車場として利用されていたものです。納税者は財産評価基本通達に従って、分筆後の土地の評価が同じとなるように、分筆して共有物の分割をしました。ところが、分筆後も分筆前と変わらず、土地を利用しており、区切りのフェンス等も設けていなかったことから、最高裁は、評価の均衡上、これらの土地は一画地として画地計算法を適用すると述べ、単位地積当たりの評点に地積を乗ずるべきであるとして、面積按分による課税処分を認め、納税者の主張を認めなかったというものです。

　つまり、分筆をする際は、譲渡所得課税と不動産取得税課税の両方を考慮

に入れて検討する必要があるということになります。

　さらに、不動産取得税については、一筆の土地を分割した場合だけでなく、一括分割についても注意が必要です。実は一括分割の場合は、地方税73条の7第二号の三の対象外とされ、実務の現場では、地方税取扱通知（総務省通知、道府県税関係）第5章第15の2(2)を根拠に、課税が行われてきたのですが、訴訟となり、最高裁判決において、一括分割は非課税の対象外と結論づけられました（最（小三）判令4.3.22・Z999-8444）。

　事案は、納税者らが相続により相続財産である各土地（30筆）と建物（3戸）を共有取得したが、遺留分減殺請求及びその後の共有物分割の判決により、数筆の土地を一括して分割の対象とする共有物分割を受けたものです。その結果、納税者は、従前は各土地の持分10分の1を有していたが、3筆の土地を単独所有とされ、その余を他の共有者らの各単独所有とされました。そして、東京都は、納税者がこれら3筆の土地を取得したことに対し、それぞれの土地の10分の9の持分について不動産取得税の賦課処分をしたため、納税者はその取消を求めたものです。

　最高裁では、「不動産取得税に関する地方税法の規定（地方税法73条の13（不動産取得税の課税標準）第1項、73条の21（不動産の価格の決定等）第1項本文、341条（固定資産税に関する用語の意義）10号・12号、73条の15の2（不動産取得税の免税点）第1項・2項）の内容等に照らせば、同税は、個々の不動産の取得ごとに課されるものであるということができる」（条文の内容説明は筆者補足）ことから、「共有物の分割による不動産の取得に係る持分超過部分の有無及び額については、複数の不動産を一括して分割の対象とする場合であっても、その対象とされた個々の不動産ごとに判断すべきものと解するのが、不動産取得税の課税の仕組みと整合的であるというべきであり、また、地方税法73条の7第2号の3括弧書きの「分割前の当該共有

物に係る持分の割合」という文言にも沿う解釈ということができる。」ものであり、したがって、「複数の不動産を一括して分割の対象とする共有物の分割により不動産を取得した場合における持分超過部分の有無及び額については、分割の対象とされた個々の不動産ごとに、分割前の持分の割合に相当する価格と分割後に所有することとなった不動産の価格とを比較して判断すべきものと解するのが相当である。」としました。

つまり、「個々の不動産ごと」＝「登記単位ごと」ということですが、民法で一括分割を認めているにもかかわらず、不動産取得税ではあくまでも登記単位ごとというのは、整合性がとれていないという印象です。とはいえ、現状では、このような最高裁判決がでていることから、こちらも気をつけなければならないところでしょう。

② 共有物分割請求

私は私も株主となっている同族会社と共有の土地を、その会社に相当の地代で賃貸しています。ところが、会社が私に対し共有物分割訴訟を起こし、私は裁判所により、共有土地の持分を会社に対し、裁判所が決定した価額で売却するよう命じられました。

私はこの売却価額が、この土地の相続税評価額に比し、著しく低い価額であるように思いますが、課税関係はどのようになるのでしょうか。

A

共有物分割訴訟により裁判所が決定した売却価額は、通常の取引市場における価額となり、低額譲渡としての課税関係は発生しません。

解説

1．共有物分割訴訟

　不動産の共有状態の解消方法として、共有物分割請求というものがあります（民258）。共有状態の解消を求める人がいればその人の意思を尊重して強制的に共有状態を解消しなければならないものとされています。共有物分割請求では、共有者の誰かが持分を買い取るか、共有物全体を売却して代金を分けるかのいずれかの方法で共有状態が解消されます。共有物分割請求によって共有状態が強制的に解消できることから、共有不動産の時価売却、

　他の共有者の共有持分の強制買取も可能となります。共有物分割請求によって共有状態を解消する方法としては、現物分割、代償分割、そして、換価分割があります。

　なお、令和5年4月1日施行の改正民法（共有物の使用・管理に関する令和3年改正民法）により、相続開始の時から10年を経過したときは、相続財産に属する共有物の持分について、裁判所に共有物の分割を請求することができ、その場合は法定相続分等（民900～902）により分割されることとなりました（民258・258の2②③・898）。

2．共有物分割における価額決めの問題

　1で示した共有物分割の方法のうち、代償分割を行う場合の問題は、金額をどのように決めるかです。まずは、当事者の間の話し合いで決定しますが、そこで決まらない場合は、裁判所が選任する不動産鑑定士の鑑定価格で決まることとなります。ここで、問題となるのが、税務上の評価額と適正な取引価額に大幅な差異がある場合です。例えば次のようなケースがあります。

　同族会社の代表者が、その所有する土地を、その同族会社に対し、工場等を建てるために貸し付けていた場合に、借地権利金の認定課税を受けない

めに、会社は法人税法施行令137条の相当の地代の支払いをしていました。その後、その代表者に相続が発生し、その土地は、代表者の2人の娘が共有にて相続しましたが、会社が相当の地代の支払いを継続していました。その後、2人の娘のうち、姉に相続が発生し、土地の持分は姉の配偶者であり、同族会社の現代表者である者が相続しました。現代表者はその持分を同族会社に売却し、同族会社は、妹に共有物分割請求をしました。この場合において、裁判所が提示した買取価額は、底地価額としての世間相場を基準としたものとなります。

3.　身内間取引と他人間取引

　2の例で、妹について、もし相続が発生した場合のその土地の評価額は、更地価額の80％となります。相当の地代にせよ、無償返還届にせよ、身内間での取引を前提とした税法上の取扱いなので、それが、他人間取引に変わったとたん、社会通念との乖離が表面化することとなります。

　なお、無償返還届が出ている土地の賃貸料については、税務訴訟ではありませんが、身内間取引から他人間取引のようなものに変容したことにより生じた問題からくる争いについての裁判例があります（東京高判平12.7.18・Z999-5359）。

　同族会社の社長個人所有の土地上に、複数の共同住宅が建っており、建物の所有者は、同族会社、社長、その妻でした。そして、これらの建物は社長が一括管理していました。同族会社と社長は、借地権利金の認定課税を避けるため、所轄税務署長に対し、土地の無償返還に関する届出書を提出していました。その届出書に記載された地代は低廉なものでしたが、実際には、同族会社は社長に対し、地代の支払いをしていません。

　社長の妻及び社長が相次いで死亡し、遺産分割協議の調停や遺留分減殺請

求を経て、社長及びその妻所有の建物と同族会社の株式は二女が、土地は長男が取得しました。さらに、長男らには、この土地上の建物が存続する限り明け渡し請求をしないこと、土地の使用に伴う権利関係、地代等の利用条件を定めるものとすることを内容とする和解が成立しました。しかし、この利用条件を定める協議が成立しないため、長男は、二女及び同族会社に対し、地代の支払を求める訴えを提起したものです。争点はその地代の金額です。

　高裁では、相続承継した賃貸借契約は、賃貸人と賃借人とが実質上同一人であるという特別の条件のもとで成立したものであり、そのような特別の条件が存在しなくなったときには、他人同士の賃貸借として、賃貸条件を改定することを承諾して、賃貸借契約を結んでいたものと認められるとしました。そして、賃貸人である長男と賃借人である二女及び同族会社との間で厳しい対立があり、賃貸借関係において、もはや特別扱いを求めることはできないとし、二女及び同族会社は他人同士の関係である場合に準じて、賃貸条件の改定を受け入れなければならないが、適正地代の額は、長男が主張する相当の地代相当額でなく、建物の賃貸による収益の額を、建物及び賃貸営業の対する投下資本の配分割合と、土地の投下資本の配分割合とで按分して求めた金額により求めるべきとしました。

　このような事例を見ても、身内間取引が他人間取引に変わったことにより、裁判所の認定価格で取引したとしても、利益移転課税が問題となることは考えられないということになります。

③　ジョイント・テナンシー

　　私たち夫婦は、アメリカに赴任中、現地で不動産を購入して居住用
として利用していました。この不動産は、日本に戻っても、そのまま
保有しておきたいと思います。何か気をつけることはあるのでしょう
か。

　　それがジョイント・テナンシーとして購入したものであり、共有者
の１人がいわゆる専業主婦（主夫）であった場合、相続税・贈与税の
課税関係が生ずる可能性があります。

解説

1. エステートプランニング

　海外赴任者が現地でエステートプランニングを策定し、その後日本に帰任
した際に、その有効性が問題となることがあります。エステートプランニン
グとは、生前相続対策、自らの資産の移転・承継の総合計画とでもいうよう
なもので、争族対策という側面もありますが、面倒な米国における検認裁判
（プロベイド）回避手段として策定されることも多いようです。計画は、一
般に、投資会社とともに、個人個人にあったものを策定する訳ですが、大き
な柱として、撤回不能信託とジョイント・テナンシーを利用することがあり
ます。

　信託（トラスト）を利用すると、検認裁判不要で相続人に財産を移すこと
ができること、財産を承継させたい人に確実に財産を遺せることなどから、
エステートプランニングでは、トラスト利用が必須とされているようです。

そして、撤回不能信託とした場合、残任していた国や州により、その財産は遺産から外すことができるため、現地では有効な相続対策になるのですが、日本では撤回可能信託か撤回不能信託かによる税制上の区別はなく、委託者と受益者が異なることとなったときに課税関係が発生するため、現地で策定したプランについては、見直す必要がでてくることがあります。

　ジョイント・テナンシーの方は、不動産等を所有する場合によく使われる形態で、各所有者はそれぞれ所有権を等分に持つというものですが、いわゆる共有不動産と異なるものです。権利書に、各共有者の持ち分（所有割合）が記載されていない場合は、ジョイント・テナンシーであるという識別方法もあるようです。

2. ジョイント・テナンシー

　ジョイント・テナンシー（Joint Tenancy、合有財産権）とは共同所有の一形態なのですが、不動産でよく使われることから、ジョイント・テナンシーで所有する不動産自体を指して使用することもあります。

　合有財産権は次の４つの unity（同一性の要件）を備えた財産権と説明されています。

(1)　同一の不動産に関する同一の譲渡行為によって（unity of title)、

(2)　２名以上の者が同一の時に始期を有する（unity of time)

(3)　同一の権利（unity ofinterest）を

(4)　共同所有する（unity of possession)

この含有財産権の最大の特徴は、合有権者の１人が死亡した場合、その有した権利が相続の対象とならずに、自動的に生存する他の合有権者に帰属することにあり、そういったことを含め、日本での課税関係が問題となることがあります。

3.　合有不動産権と懸念される課税関係

　設例のような場合、日本の課税関係としては、次のようなことが問題となります。

(1)　合有財産権による不動産購入時の課税関係

　ジョイント・テナンツのいずれか一方のみが資金を拠出した場合の課税関係で、相続税法9条のみなし贈与の問題です。

(2)　合有権者（ジョイント・テナンツ）の一方に相続が発生した場合の課
　　税関係

　日本帰国後に、ジョイント・テナンツの一方が死亡した場合の、その保有するジョイント・テナント（共有権）の相続財産該当性ですので、基本的に、死因贈与の話となります。

　つまり、(1)は入口課税、(2)は出口課税の問題です。

4.　合有不動産権と入口課税

　合有不動産権について、入口課税が問題となったものに、名古屋地裁平成29年10月19日判決（棄却・確定 Z888-2182）があります。

　納税者は、夫とともにジョイント・テナンツとして登記されたアメリカ合衆国カリフォルニア州所在の不動産につき、原処分庁より、その不動産の購入資金を支払うことなくその権利の2分の1に相当する利益を受けたとして、相続税法9条等に基づき更正処分等されたため、その取消しを求め訴訟となりました。

　納税者は、カリフォルニア州家族法760条により、名義のいかんを問わず、婚姻中に得られた財産は共有財産として扱われるため、既婚者が不動産を取得する際には、対外的に表示される持分を夫婦で等しくしなければならない、すなわちジョイント・テナンシーの形式で所有権を取得しなければならな

かったとして、ジョイント・テナンシーの形式にすることは法令上やむを得
ない理由に基づくものであるなどと主張し、いわゆる名義変更通達（「名義
変更等が行われた後にその取消し等があった場合の贈与税の取扱いについ
て」昭39.5.23 直審(資)22、直資68(本件通達)）の 6 の適用を主張等しまし
たが、判決では、カリフォルニア州家族法1500条は、夫婦間で制定法と異な
る合意をする余地を認めているのであるから、同法760条はいわゆる任意規
定というべきであり、この規定によって、特定の共同所有形態が強制されて
いると解することはできない等として、納税者の主張を認めませんでした。

　そして、納税者及び夫は、ジョイント・テナンシーの要件を満たす方法に
より本件不動産を購入し、本件不動産のジョイント・テナンツとして登記さ
れたものであって、それぞれ 2 分の 1 の持分を有しているところ、本件不動
産の取得に際し、その購入代金の全額を夫が負担していることからすれば、
納税者は、対価を支払うことなく本件不動産の 2 分の 1 相当の経済的利益を
得たというべきであるから、贈与税の課税の基礎となるみなし贈与があった
と認められるとして、納税者の訴えを退けました。

　このように、含有不動産権の設定に際して、自己の持分に相当する資金拠
出がない場合は、相続税法 9 条のみなし贈与の対象となることが確認されま
す。したがって、単に検認裁判回避のためにジョイント・テナンシーの利用
を考えるのならば、トランスファーオンデス（transfar on death）と呼ばれ
る登記方法を利用することも考えられます。これは、登記の際、通常の売り
手と買い手の権利書とは別に用意された権利書で、同時に登記するもので、
将来自分が死亡があった場合に、名義が誰に移行するか指定するものです
（https://www.sec.gov/fast-answers/answerstodreghtm.html 2018.11.21最
終訪問）。つまり、死因贈与契約のようなものとなり、生前に共有となるこ
とはないことから、入口課税を避ける方法として利用できることになります。

5.　合有不動産権と出口課税

　国税庁のホームページに「ハワイ州に所在するコンドミニアムの合有不動産権を相続税の課税対象とすることの可否」という質疑応答事例が公開されています。

【照会要旨】

　被相続人は、米国ハワイ州に所在するコンドミニアムを相続人（長男）と合有の形態（ジョイント・テナンシー）で所有していました。ハワイ州の法律によると、この所有形態では、合有不動産権者のいずれかに相続が開始した場合には、生存合有不動産権者がその相続人であるか否かにかかわらず、また、生存合有不動産権者がその相続人であったとしてもその相続分に関係なく、被相続人の合有不動産権が生存合有不動産権者（本件の場合には長男）に移転することとされています。

　この場合、被相続人の合有不動産権については、相続税の課税対象となりますか。

【回答要旨】

　被相続人の合有不動産権が移転したことによる生存合有不動産権者の権利の増加は、対価を支払わないで利益を受けた場合に該当するため、生存合有不動産権者が移転を受けた被相続人の合有不動産権の価額に相当する金額については、被相続人から贈与により取得したものとみなされることになります（相法9）。

　したがって、生存合有不動産権者が被相続人から相続又は遺贈により財産を取得している場合には、被相続人から贈与により取得したものとみなされた合有不動産権の価額に相当する金額は、相続税の課税価格に加算され（相法19①）、相続税の課税対象となります。

　この回答要旨では、死因贈与でなく、みなし贈与として説明しています。

つまり、その部分は後述のⅣ-2（3）①の通り、相続人の本来の財産となるからです。しかし、なお書きでは、「合有不動産権は、ある不動産を取得する際に、当事者間で合有不動産権を創設しようとする契約上の合意により創設されるものであり、その合意は、お互いに「自分が死んだら、生存合有不動産権者に合有不動産の権利を無償で移転する」という契約、すなわち実質的な死因贈与契約であるとみることもできます。よって、合有不動産権者の相続開始による生存合有不動産権者への合有不動産権の移転は、死因贈与契約によるものであるといえるため、被相続人から死因贈与（遺贈）により取得したものとして相続税の課税対象としても差し支えありません。」としています。

つまり、含有財産権は、将来被相続人と相続人との関係となる者で設定されるとは限らないため、実質判断から死因贈与として相続税の課税対象としても差し支えないとして、救済が図られているのです。

この出口課税に関しては、被相続人が米国f州にジョイント・テナンシーの形態で所有していた不動産について、生存合有者（ジョイント・テナンツ）が取得した被相続人の持分は、みなし贈与財産に該当し、相続税の課税価格に加算されるとした、次に記載する公開裁決例があります（平27.8.4裁決・裁事100・平27.8.4 東裁(諸)平27-21）。

被相続人及び納税者は、米国のf州i市に所在する本件不動産を、ジョイント・テナンシーの形態により所有していました。らは被相続人の相続税の申告の際、本件不動産を相続税の課税価格に算入していなかった等のため、原処分庁は、本件不動産に係る鑑定評価書に記載された鑑定評価額を円換算した評価額に、本件被相続人の持分に相当する割合2分の1を乗じて計算した価額を本件相続税の相続人である納税者の課税価格に加算する等の課税処分を行いました。納税者らは、これらを不服として審査請求に及びました。

　審判所は、①被相続人及び納税者がジョイント・テナンシーの形態で所有している本件不動産については、ジョイント・テナンツの一人である被相続人が死亡したことにより、その権利は、相続されることなく、生存者への権利の帰属（サバイバー・シップ）の原則に基づいて、残りのジョイント・テナンツである納税者の権利に吸収されたものと認められること、②サバイバー・シップの原則により納税者の権利が増加した時に対価の授受があった事実は認められないことにより、生存者である納税者は相続税法９条に規定する「対価を支払わないで利益を受けた場合」に該当すると認められるとしました。さらに、この権利の増加につき、納税者には、相続税法19条《相続開始前３年以内に贈与があった場合の相続税額》１項が適用されることとなるため、被相続人がジョイント・テナンシーの形態で所有する本件不動産の持分については、納税者が被相続人から贈与により取得したものとみなされ、本件不動産の価額の２分の１に相当する部分の金額については、相続税の課税価格に加算すべきものと認められるとして納税者の主張を斥けました。

　この裁決例で、納税者は、本件ｆ不動産の購入代金は全て納税者が支払ったものであり、本件ｆ不動産に係る修繕費等が納税者に請求されていたことから、本件ｆ不動産は、納税者の財産であり、被相続人の財産ではない旨主張しています。しかし審判所は、「仮に、本件ｆ不動産の購入代金等の全てを納税者が支払ったとしても」、「本件相続開始日の直前において、本件ｆ不動産は、本件被相続人と納税者がジョイント・テナンツとして、ジョイント・テナンシーの形態により所有していたものと認められ、納税者が単独で所有していたものとは認められない」としています。つまり、合有財産権についての法律関係は明白であり、その設定されている不動産について、実質判断とか名義財産とかいう考え方はありません。

　ところで、財産を合有で取得する際に、合有者の一人が死亡したときには、

生き残ったあなたのものにしていいですよという合意が当事者間に成立しているという前提があり、共有の場合もそれに近い感覚があると考えられます。そこで、民法255条では、「共有者の1人が、その持分を放棄したとき、又は死亡して相続人がないときは、その持分は、他の共有者に帰属する。」としており、相続税法基本通達9-12においても「共有に属する財産の共有者の1人が、その持分を放棄（相続の放棄を除く。）したとき、又は死亡した場合においてその者の相続人がないときは、その者に係る持分は、他の共有者がその持分に応じ贈与又は遺贈により取得したものとして取り扱うものとする。」という規定があることにも留意する必要があります。

　なお、国税庁の質疑応答事例で「民法第255条の規定により共有持分を取得した場合の相続税の課税関係」があり、相続財産の評価時点と相続税の申告期限起算点との間にズレがあることを注意喚起しています。

6.　合有不動産権を巡る課税関係の整理

　以上により、合有不動産権についての課税関係は次のようになります。

・取得時点（入口課税）……　合有財産権の創設時において自己の持分に応じた資金を拠出していない者に対しては、自己の持分に応じた以上の資金を拠出した者からの贈与として、相続税法9条により贈与税を課税。ただし、トランスファー・オン・デスの利用による回避手段あり。

・合有権者の死亡時点（出口課税）……　合有権者の死亡による生存合有権者への財産権の承継についても、相続税法9条を適用。ただし、相続税法19条の対象とならない者について、実質的に遺贈として贈与税ではなく相続税の対象とすることも認められる。

④ 遺産分割前の法定果実の取扱い

亡母の遺産分割がまとまり母の所有していた賃貸マンションは、相続発生直後からその管理をしていた私が取得することとなりました。その賃貸収入も私が管理していたことから、私自身の不動産所得として申告するつもりです。

しかし妹が遺産分割前の賃料収入を自分にも分けるべきだと言い出しました。これは分ける必要があるのでしょうか。分けることにより私又は妹に新たな課税関係が生じることはないのでしょうか。

未分割状態の法定果実は、各共同相続人にその相続分に応じて帰属するものとされますので、本来、遺産分割前の賃料収入についても妹にその相続分に応じて分ける必要があり、また、所得税の申告も、その相続分に応じて行う必要がありました。

解説

1. 法定果実の分割と民事上の取扱い

相続開始により、相続人は被相続人の財産に属した一切の権利義務を承継し、各共同相続人は、その相続分に応じて被相続人の権利義務を承継することから、相続財産に係る法定果実についても、各共同相続人は、原則として法定相続分に応じて取得することになります（民896・899）。

　　←被相続人の所得→｜→各共同相続人が相続分に応じて取得
　　─────────────────────────────→
　　　　　　　　　▲相続開始

　そして、遺産分割により、共同相続の対象となった相続財産を相続分に応じて分割し、各相続人の単独財産に決定することから、法定果実についても、その法定果実に係る相続財産を取得した相続人が取得することとなります。ところで、民法909条は、「遺産の分割は、相続開始の時にさかのぼってその効力を生ずる。」とあります。となると、遺産分割未了時に、各共同相続人が法定相続分に応じて取得した法定果実についても、遡って、その法定果実に係る相続財産を取得した相続人が取得することとなるのかどうか、疑問が生じます。

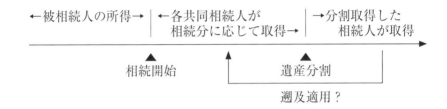

　例えば、相続財産に賃貸不動産があるときに、その賃貸不動産から生ずる家賃収入の帰属を考えた場合、実務的には、遺産分割によりその賃貸不動産を取得した者が、その家賃収入を取得することが多いと思います。また、遺産分割について争いがあり、調停や審判などを経た場合には、家賃収入の帰属を含めて全員で合意することとなるため、問題は生じません。しかし、そのような合意がない場合、民法では、相続開始から遺産分割までの間に遺産である賃貸不動産から生ずる賃料債権は、各共同相続人がその相続分に応じて分割単独債権として確定的に取得するものされ、後にされた遺産分割の影響を受けないとされています。この考え方の根拠となるのが平成17年９月８日の最高裁判決です（最（一小）判平17.9.8・最高裁判所民事判例集59巻７号1931頁）。そこでは次のように判示されています。

　「遺産は、相続人が数人あるときは、相続開始から遺産分割までの間、共同相続人の共有に属するものであるから、この間に遺産である賃貸不動産を使用管理した結果生ずる金銭債権たる賃料債権は、遺産とは別個の財産というべきであって、各共同相続人がその相続分に応じて分割単独債権として確定的に取得するものと解するのが相当である。遺産分割は、相続開始の時にさかのぼってその効力を生ずるものであるが、各共同相続人がその相続分に応じて分割単独債権として確定的に取得した上記賃料債権の帰属は、後にされた遺産分割の影響を受けないものというべきである。

　したがって、相続開始から本件遺産分割決定が確定するまでの間に本件各不動産から生じた賃料債権は、被上告人及び上告人らがその相続分に応じて分割単独債権として取得したものであり、本件口座の残金は、これを前提として清算されるべきである。」

　つまり、法的果実である賃料債権は、遺産とは別個の財産であって、遺産分割が遡及適用されるとしても、法定果実はその影響を受けないとされます。

2.　未分割財産である賃貸不動産と家賃についての所得税の申告

　相続財産について遺産分割が確定していない場合のその相続財産から生じる所得の取扱いについて、国税庁ホームページタックスアンサー（No. 1376「不動産所得の収入計上時期」）には、次のようにあります。

　「相続財産について遺産分割が確定していない場合、その相続財産は各共同相続人の共有に属するものとされ、その相続財産から生ずる所得は、各共同相続人にその相続分に応じて帰属するものとなります。したがって、遺産分割協議が整わないため、共同相続人のうちの特定の人がその収益を管理しているような場合であっても、遺産分割が確定するまでは、共同相続人がその法定相続分に応じて申告することとなります。なお、遺産分割協議が整い、

分割が確定した場合であっても、その効果は未分割期間中の所得の帰属に影響を及ぼすものではありませんので、分割の確定を理由とする更正の請求又は修正申告を行うことはできません。」

つまり次のことに留意する必要があります。

①　相続財産から生ずる所得は、未分割期間中は共同相続人がその法定相続分に応じて申告すること

②　未分割期間中の所得を法定相続分に応じて申告した後は、遺産分割が成立しても、遡って申告内容の修正はできないこと

③　未分割期間中の収益を実際は誰が管理したかと所得税の申告は別であること。

設例の場合、本来、未分割状態の期間に対応する賃料収入については、共同相続人で法定相続分に応じて申告すべきでした。逆に言うと、最終的にその賃貸不動産を取得しない相続人について、共有状態にあったときの家賃の配分を受けないとしても、所得税の申告納付義務だけ生じることとなります。

なお、現時点でも、相続人代表によるまとめ申告が税務署レベルでは容認されているとみられる場合があります。無申告ではないこと、事務負担が増えることなどによる現場判断と思われますが、上述の法制上の取扱いには反することとなります。

未分割時の家賃の帰属関係は、先の最高裁判決で明白ですので、家賃の配分をしないということは、贈与税の課税関係が生じる可能性もあります。実際に課税処分を受けるかどうか、その金額にも依ることとなりますが、基本的な課税関係を理解した上で、今後の対応を決めることとなります。

(3)　共有預金口座

① ジョイント・アカウント

　　私は外国金融機関で妻や子と共同名義の口座を開設し、そこに預金をしています。この預金口座について、相続税や贈与税の課税関係を教えてください。

A

　　国によっては「Joint account（ジョイント・アカウント）」などと呼称される口座制度があり、外国の営業所等で受入れられたものであるため国外財産に含まれますが、その評価方法等については、明確には定められていません。

解説

1. 共同名義口座とその利用実態

　　共同名義口座というと海外金融機関というふうに思われがちですが、日本においても、共同名義口座を開設できる金融機関があります。例えば、夫婦で共有の収益不動産を所有している場合に、その管理用口座として利用するときなどでは、一部金融機関において、その開設を認めています。

　　海外で共同名義口座であるジョイント・アカウントを開設する場合も、上記のような共有不動産管理用口座として利用する他、例えば専業主婦等との共有名義にすることにより、主婦が自分名義で小切手（チェック）を切ることができるようになることから、家計管理の便宜を図るためという理由によることがあります。

2. 共同名義海外ジョイント口座と民法上の相続財産性

　共同名義口座の名義人に相続が発生した場合、それが我が国の共同名義口座であるならば、民法255条に該当するときを除き、被相続人の持ち分相当額は民法上の相続財産を構成することになると思われます。しかし、それがジョイント・アカウントである場合に、我が国ではどのように取り扱われるかは、疑問です。ジョイント・アカウントはジョイント・テナンシー（合有財産権）を預金口座に設定したものですので、Ⅳ-2 (2)で述べたように、合有権者の1人が死亡した場合、検認裁判（プロベイド）を経ることなく、その有した権利が生存する他の合有権者に帰属することとなるからです。

　このようなジョイント口座に関し、米国ハワイ州の金融機関において、2人の共同名義人のうちの一人が原資を出捐して開設したジョイントアカウントに係る預金債権について、その残高は民法上の相続財産を構成しない、つまり遺産として共同相続人の分割の対象となるものではないとする裁判所の判断が示されています（東京地判平26.7.8・Z999-5322）。

　事案は、被相続人が金融資産等について、子である原告に10分の6、妻である被告に10分の4を相続させる旨の遺言をしていたため、ジョイント・アカウントであるバンク・オブ・ハワイの預金について、相続財産を構成する財産に当たるか否かが主たる争点となったものです。つまり、子は母にないし、ジョイント口座である預金についても10分の6渡すよう求めて訴えを起こしたのです。

　裁判所は、日本では同様な権利が存在しないので、本件預金が相続の客体となり得るか否かを判断するについては、ハワイ州法において，ジョイント・アカウントをどのような制度としてハワイ州法の法秩序全体が構成されているかに配慮しつつ検討すべきであるとしました。そして、ジョイント・アカウントを含め、ジョイント・テナンシーにより財産を保有する場合に、

単に二人以上の名前で保有することで足り、共同名義人の資格や親族関係等の要件を必要としていないこと、共同名義人の一人の死亡により、生存名義人が自動的に死亡名義人の財産を所有するとされ、死亡名義人の遺産を構成しないことが明示されている上、遺言によって生存者権を変更することができないとされていることから、ジョイント・アカウントの死亡名義人の財産は、少なくとも死亡時においては、制度として定められた生存名義人が所有するという以外の財産の移転を予定していないものといえるとしました。したがって、ジョイント・アカウントは、個別準拠法上、相続の客体とならないものとして、法秩序に組み込まれた制度であるというべきであり、本件預金は相続の客体とはなり得ないから、被相続人の相続財産を構成しないものと解されると結論づけ、子の訴えを退けました。

　東京地裁のこの判断は、客観説に依っていると評価されています。つまり、自らの出捐によって、自己の預金とする意思で、預金契約をした者が預金債権者であるとするものです。これに対し、預け入れ行為者を預金債権者とするものを主観説といい、その考え方では、原資の出捐は、出捐者と預金者の内部関係に過ぎないとするものです。

　東京地裁の判断に基づくと、ある者が単独で原資を拠出することにより形成されたジョイントアカウントに係る預金口座は、その単独で原資を拠出した者に帰属することになります

3.　ジョイント・アカウントと相続税・贈与税の取扱い

　民法上の取扱いを基礎として、税法上、ジョイント・アカウントを巡りどのような課税関係が生じるか確認していきます。

　例えば、名義人が2名のジョイント・アカウントを考えてみますと、そのうち1人が単独で資金拠出することにより形成されたものであれば、客観説

より、その預金はその資金拠出した者に帰属することとなります。つまり、資金拠出をしなかった者には帰属しないのであるから、いわゆる入口課税、つまり、相続税法9条の対象となることはないといえます。

しかしながら、上記のジョイント・アカウントについて、それが、資金拠出をしていない共同名義人にその口座の預金を自由に使わせるために開設されたものであると認定されれば、それは、贈与の合意のもと口座を開設したのに等しいともいえ、入口で本来の贈与税の課税関係が生じます。

次に、ジョイント・アカウントの共同名義人であり、実際に資金拠出した者について、相続が発生した場合の課税関係、すなわち出口課税について考えます。

含有財産権であるジョイント・アカウントについては、上述のように、共同名義人の一人の死亡により、生存名義人が自動的に死亡名義人の財産を所有するとされます。つまり、生存名義人が取得した預金口座の、死亡名義人が資金拠出した部分に対応金額については、相続税法9条の課税関係が生ずることとなり、相続税が課されるか、あるいは、相続時に財産を取得しなければ、贈与税の課税関係が生じます。

しかし、IV-2(2)②で述べた理屈からは、ジョイント・アカウントについても、実質判断から死因贈与として相続税の課税対象としても差し支えないと考えられます。

4. ジョイント・アカウントを巡る課税関係の整理

以上により、含有不動産権についての課税関係は次のようになります。

・取得時点（入口課税）…… 共同名義口座開設時は、その共同名義人のなかに資金拠出をしていない者がいたとしても、原則として課税関係は生じない。ただし、口座開設時に、贈与契約が締結されていたと認定し得る

場合には、贈与税の課税関係が生じる。

・共同名義人の死亡時点（出口課税）……　共同名義人の死亡による生存
名義人への財産権の承継についても、相続税法9条を適用。ただし、相続
税法19条の対象とならない者について、実質的に遺贈として贈与税ではな
く相続税の対象とすることも認められる。

②　代償分割と相続税・譲渡所得税の調整計算

Q

　私は、母（被相続人）の遺産のうち不動産と預金の一部を、姉はそ
れ以外の預金と投資信託を取得することで遺産分割がまとまりかけま
したが、姉が投資信託を取得するより、現金が欲しいと言い出しまし
た。投資信託を解約することも考えたのですが、私はこの投資信託を
運用したいと思い、これを取得する代わりに、この投資信託の現在価
値相当額の現金を代償財産として姉に支払うことで、遺産分割協議を
まとめました。

　翌年、私は相続取得した不動産の一部を売却し、相続税額の取得費
加算を適用し、譲渡所得の申告しましたが、税務署より、租税特別措
置法通達39-7の調整計算がされてないとして、指導を受けました。私
は、この指導に従う必要はあるのでしょうか。

A

　遺産分割協議書の内容等で代償財産とその対象資産との紐付き関係
が明確であり、譲渡した土地とは関係ないことが証明できるのであれ
ば、調整計算は必要ないものと考えます。

解説

1.　代償分割と相続税の課税価格

　「代償分割」とは、共同相続人又は包括受遺者のうち1人又は数人が相続又は包括遺贈により取得した財産の現物を取得し、その現物を取得した者が他の共同相続人又は包括受遺者に対して債務を負担する分割の方法をいいます。代償分割の方法により遺産分割が行われ、代償財産の交付をしている場合の当該代償財産の交付をした者に係る相続税の課税価格の計算については、相続税法基本通達11の2-9代償分割が行われた場合の課税価格の計算により、「相続又は遺贈により取得した現物の財産の価額から交付をした代償財産の価額を控除した金額」とされています。

2.　現物財産の価額に加算又は控除する代償財産の価額

　現物財産の価額に加算又は控除する代償財産の価額については、相続税法基本通達11の2-10より、次の3パターンが認められています。

（1）　代償財産の相続開始の時における金額

（2）　共同相続人及び包括受遺者の全員の協議に基づいて代償財産の額を次の(3)に掲げる算式に準じて又は合理的と認められる方法によって計算して申告した場合のその申告した金額

（3）　(2)以外の場合で、代償債務の額が、代償分割の対象となった財産が特定され、かつ、当該財産の代償分割の時における通常の取引価額を基として決定されているとき

　　次の算式により計算した金額

　　　$A \times C / B$

（注）　算式中の符号は、次のとおりである。

　　Aは、代償債務の額

　　　Bは、代償債務の額の決定の基となった代償分割の対象となった財産の代償分割の時における価額（時価）

　　　Cは、代償分割の対象となった財産の相続開始の時における価額（評価基本通達の定めにより評価した価額＝相続税評価額）

　設例の場合、代償分割の対象となった財産は投資信託となります。そして、投資信託の現在価値相当額の現金を代償財産として姉に支払ったのですから、代償債務の額と代償債務の額の決定の基となった代償分割の対象となった財産の代償分割の時における価額が等しくなり、結局、代償分割の対象となった財産である投資信託の相続開始の時における価額が、現物財産の価額に加算又は控除する代償財産の価額となります。

3. 代償金を支払って取得した相続財産を譲渡した場合の取得費加算額の計算

　相続等により取得した土地、建物、株式などの財産を、一定期間内に譲渡したときは、相続税額のうち一定金額を譲渡資産の取得費に加算することができます（措法39）。

　取得費に加算する相続税額は、次の算式で計算した金額となります（措令25の16）。

＜算式＞

$$\text{その者の相続税額} \times \frac{\text{その者の相続税の課税価格の計算の}}{\text{その者の相続税の課税価格（債務控除前）}} = \text{取得費に加算する相続税額}$$

（注）　上記で算出した金額がこの特例を適用しないで計算した譲渡益（土地、建物、株式などを売った金額から取得費、譲渡費用を差し引いて計算します。）の金額を超える場合は、取得費に加算する相続税額は、その譲渡益相当額と

なります。

なお、この計算は財産ごとに行います。

ところが、相続財産を譲渡した者が、遺産分割において代償金を支払っていた場合は、上記算式に代えて、次の算式により計算した金額が、取得費に加算する相続税額となります（措通39-7）。

＜算式＞

$$
確定相続税額 \times \frac{譲渡した資産の相続税評価額（B）- 支払代償金（C）\times \dfrac{B}{A+C}}{その者の相続税の課税価格（債務控除前）（A）}
$$

（注）

1　「確定相続税額」とは、措置法令25条の16第1項1号に掲げる相続税額をいい、同条2項に規定する場合にあっては同項の規定による相続税額をいいます。

2　支払代償金については、相続税法基本通達11の2-10《代償財産の価額》に定める金額によります。

　もっとも、この通達は「代償金を支払って取得した相続財産を譲渡した場合における措置法第39条の規定により譲渡資産の取得費に加算する相続税額」について定めたものです。特定の現物財産と代償財産とがひも付きになっておらず、相続財産全体に対して代償分割が行われた場合には、それぞれの相続財産に対し代償財産の価額が均等に混入している混入していると考えられることから、この計算は譲渡した財産がどれであっても適用されます（参考：資産課税課情報第14号　令2.7.7　国税庁資産課税課「非上場株式等についての贈与税・相続税の納税猶予及び免除の特例措置等に関する質疑応答事例について（情報）」問4-7　代償分割があった場合）。しかし、設問のように、代償分割の対象となっていない土地を譲渡した場合には、措置法通達39-7の調整計算は必要とせず、措置法令25条の16で示す算式をそのま

ま適用することとなります。

　設例の場合、譲渡した不動産は代償分割の対象ではありません。したがっ
て、取得費加算の計算において、措置法通達39-7の調整計算は必要ありま
せん。もっとも、税務署等にその旨を疎明するために、遺産分割協議書等に
おいて、代償金の支払いの対象となる財産は何かを明記し、紐付き関係を明
確にする必要があります。

3　借地権

(1)　態様別課税関係の整理

①　民法上の借地権と税法上の借地権

Q

　　当社の所在する地域では、建物を建てるために土地を借りるとして
も、権利金を支払う慣行があるとはあまり聞きません。権利金の認定
課税の問題は、関係ないと思っていいでしょうか。

A

　　権利金の収受慣行の有無だけで、その地域において借地権が認識さ
れていないと判断することは危険です。

解説

1. 民法上の借地権と税法上の借地権

　　民法の特例法である借地借家法では、借地権とは、「建物の所有を目的と
する地上権」又は「土地の賃借権」をいうと定めています（借地借家法2）。
このうち地上権は、「他人の土地において工作物又は竹木を所有するために、
その土地を使用する権利」（民法265）であり、賃借権は、当事者の一方があ
る物の使用及び収益を相手方にさせることを約し、相手方がこれに対してそ
の賃料を支払うことを約することによって」（民法601）、効力が生じる権利
となります。

　　一方、相続税法においては、借地権について特に定義は設けられておらず、
借地借家法上の借地権と同じと考えられます。法人税法においては、単に
「地上権又は土地の賃借権」（法令137括弧書き）とされ、また所得税法にお

いては、「建物若しくは構築物の所有を目的とする地上権若しくは賃借権」
（所令79）とされています。

　借地借家法に基づく普通借地権は、借地期間の満了時において建物が存続
している場合には、原則としてその借地契約は更新され、更新後の期間は最
低でも10年（最初の更新に限り20年）の借地権の存続が可能です（同法4、
5）。また、借地権の登記がなくても、土地の上に借地権者が登記されてい
る建物を所有しているときは、これをもって第三者に対抗できるだけでなく、
建物の滅失があっても、借地権者が、その建物を特定するために必要な事項
等をその土地上の見やすい場所に掲示することにより、第三者に対抗できま
す（同法10）。さらに、借地期間の満了時において、契約の更新をしないと
きは、借地権者は地主に対して建物の買取請求権の行使が可能です（同法
13）。

　税法上の借地権は、借地権がこのように非常に強い権利であることを前提
として、その課税関係を定めているようです。

民法上の借地権	税法上の借地権	
「建物の所有を目的とする地上権」 又は 「土地の賃借権」 ・建物が存続している場合には、原則として更新される。 ・登記不要 ・借地権上の建物の登記により、一定の要件のもと、建物滅失後も第三者対抗要件有り、また、契約更新しない場合は、建物地主に対し買取請求権の行使可能	相続税法	借地借家法上の借地権と同じ
	法人税法	「地上権又は土地の賃借権」 ・建物所有目的との要件なし
	所得税法	「建物若しくは構築物の所有を目的とする地上権若しくは賃借権」

　なお、借地法（大正10年法律第49号、平成4年8月1日廃止前のもの。）

に基づき発生した借地権については、借地権の存続期間満了前にその所有を
目的とする建物が朽廃したときは消滅しますが、建物が滅失したこと、つま
り取壊し等をしたことのみをもっては消滅しないこと（借地法2①但書き）、
借地権の法定存続期間経過時も、土地所有者が遅滞なく異議を述べないとき
は、前契約と同一の条件をもって、更に借地権を設定したものとみなされる
ことより（同6①、借地借家法附則4・6）、単にその土地上に建物がない
ことのみをもって、借地権が存在しないとはいえないため注意が必要です
（平26.5.9裁決参照・裁事95・TAINS J95-4-12）。

2.　権利金等を収受する取引上の慣行とは

　借地権の取扱いにおいて、キーワードとなるのが「権利金等を収受する取
引上の慣行」です。借地権の存続期間、効力等並びに建物の賃貸借の契約の
更新、効力等については、借地借家法において定めていますが、借地権自体
は目で見ることができない物権です。民法上の裏付けがあるにせよ、それが
財産権としての実質が認識されているか、言い換えれば、税法上価値のある
権利の取引となるかどうかは別の話です。

　そこで、借地権の設定において、「権利金」を収受する取引上の慣行があ
るのであれば、その地域においては、借地権は財産権として価値のあるもの
と捉えることができます。さらに、権利金を収受するということは、財産権
としての価値が認められていることを示す証拠の一つにすぎないともいえ、
借地権の財産性が認識されているといえる他の証拠が示されるならば、やは
り借地権の財産権としての価値の認識が推定できます。

　広島地裁昭和53年5月25日判決では、「本件土地附近では借地権者が借地
上の建物を譲渡する場合には、借地権をも併せて譲渡し、譲渡価額は建物の
価額と借地権の価額とを合算して決められるのが一般的であり、借地権が経

済的価値を有していて、その移転に伴い対価を収受する慣行が存在していた。」と原処分庁が主張しており、鑑定評価人の裏付けにより借地権の取引慣行が認められています（Z101-4194）。また、平成16年9月10日裁決では、「借地権の目的となっている土地を売却する際、借地人に対して底地価額相当額で宅地を売却している事例や賃貸人が借地権消滅の対価を支払っている事例のほか、借地権の設定時に権利金の授受が行なわれている例も見受けられ、借地権の価額が反映されている取引が存することは明らかであり、借地権の取引慣行があると認められる。」と結論づけています（熊裁（諸）平16-5）。つまり、権利金の収受がないことだけをもって、その地域では借地権を財産権として認識しないと判断することは、短絡的であるといえます。

　実務では、このように、その地域の慣行やその土地の状況等を個別に判断することが望ましいのですが、形式基準として、国税庁が提供している路線価図において、借地権割合が30％以上の地域は、権利金を収受する等の取引上の慣行が存在すると、判断することも行われています（大澤幸宏編著『法人税基本通達逐条解説』（税務研究会出版局）七訂版・1192頁。なお、平成28年7月1日発行八訂版（小原一博編著）で以後は、この記述は消えています）。

3. 環境や時の経過により生ずる借地権

　借地権の設定当時は、権利金を収受する等の取引上の慣行がない地域であっても、都市化の進行や人々の意識の変化により、借地権に財産権としての価値が生じてくることがあります。これを自然発生借地権といい、後述の相当の地代固定方式を取った場合に地価の高騰により生ずるものもこれに該当します。自然発生借地権は、その発生時期を特定することが困難であるため、発生時課税はありません。しかし、権利の移転があったことには間違い

ないため、再移転時には財産権としての認識が必要となります。

●税務上の借地権の区分分類図（笹岡宏保氏の分類による）

原始発生借地権	B／S等記載借地権	①権利金支払型 ②借地権認定課税型
	簿外借地権	
自然発生借地権	簿外借地権	①相当の地代固定型支払による差額地代型 ②通常の地代支払による環境変化型

② 借地権取引における登場人物の態様別分類と関係通達

　　私は父の土地の上の作業所で、個人で事業を営んでいましたが、このたび法人成りを致しました。土地の固定資産税だけ、今後は会社で負担すればよいと考えていますが、いかがでしょうか。

　　会社が借地権利金の認定課税を受けるおそれがあります。

解説

1. 借地権取引の登場人物

　借地権に係る課税関係が複雑なのは、民法上の借地権と税務上の借地権が必ずしも一致しないことを背景に、貸主、借主について、法人である場合と個人である場合が存在し、それぞれに考え方が異なること、関係者間取引の場合は特別な取扱いがされることに起因しています。

　地主が個人の場合、親子や夫婦間などで、無償に近いかたちで、土地の賃借が行われることがよくあります。設問のように、事業に使用する場合もあ

りますが、親の土地の上に子が住居を建てることもよく見受けられるところです。また、借地人が同族会社となるケースもあります。地主が法人の場合、その一角に役員の居住用建物を建設するケース、子会社の工場を建設するケースなどがあります。

　このような関係者間の取引では、借地権を介して、どのような経済的利益の移転が行われたかを考えることにより、課税関係を整理することができます。

2.　借地権設定時の対価の授受方法と関係通達

　民法上は使用貸借契約（民593）を締結する場合を除き、地主以外の者がその土地の上に建物を建てることを目的として土地を賃借することにより借地権が設定されることとなります。ここで借主が借用物件である土地の公租公課を負担する程度のものは、使用貸借であると解されています。一方、税法においては、原則として財産権として実態のあるものの移転があった場合は課税の対象となりますが、その権利の持ち主が法人であるか、個人であるかにより、課税関係が異なってきます。さらに、その移転が実質的なものか形式的なものかによっても、課税関係が異なります。

　法人が絡む借地権を巡る取引における課税上の取扱いでは、法人は利益追求団体であるということが、考え方の基礎にあります。地主、借地人のいずれか一方又は双方が法人である場合、原則として財産権上の価値のある借地権の設定には、権利金等の対価の支払を要することとなります。これは必ずしも一時払いの権利金でなければならないわけではなく、借地権使用の対価を地代に上乗せさせて支払う方法もあります。これが、後述する相当の地代であり、法人税法施行令137条で言及され、その詳細については、いわゆる相当の地代通達（法基通13-1-1～13-1-16）において定められています。

　ところで、法人が絡む取引であっても、地主と借地人とが同族関係者にある場合は、借地権を設定したと意識することなく、建物の所有を目的として土地を賃借させることがあります。一方、権利金の授受あるいは認定は避けたいが、個人財産は分散したいという要請から、当事者間においても使用貸借契約とも賃貸借契約とも判然としないまま、土地の貸し借りがなされている場合もあります。そこで、借地権の設定等に係る契約書において将来借地人等がその土地を無償で返還することが定められており、かつ、その旨を借地人等との連名の書面により遅滞なくその法人の納税地の所轄税務署長に届け出たときには、民法上の借地権は借地人に移動したとしても、将来無償で地主に戻ってくるとして、権利金の認定課税までは行わないこととしています（法基通13-1-7）。法人が絡む取引の場合、無償返還届出書を提出しなければ、地代の収受がなかったとしても、民法上の使用貸借契約とは認められず、権利金の認定課税が行われることとなります。

　個人・個人間の借地権の取引では、特に税務署に届けることなく使用貸借契約が認められます。個人は常識的な行動をとったとしても、必ずしも利益追求を目的としていないため、所得税法36条では、その年分の収入金額を、別段の定めがあるものを除き、その年において収入すべき金額としており、法人税法22条2項のように、無償による資産の譲受けを収益の額とする規定は所得税法上には基本的にありません。そして、このような個人間の土地の使用貸借契約がある場合の、相続税及び贈与税の取扱いを定めたのが使用貸借通達（直資2-189他・昭48.11.1）です。

　なお、個人・個人間の借地権取引であっても賃貸借契約に基づくものであれば、民法上の借地権は借地人に移動することから、権利金の収受がなければ、借地権相当額の贈与の認定が行われることになります。

3. 税法上の借地権の設定時の処理方法のまとめ

　民法上の借地権の設定に伴う税法上の処理方法についてまとめたのが次の表です。個人・個人間の取引では、無償返還届出書の提出が認められていないため注意が必要です。

地主	契約	借地人 法人	個人
法人	賃貸借	権利金支払 （権利金収入・借地権認定） 相当の地代	権利金支払 （権利金収入・借地権認定） 相当の地代
		無償返還届	無償返還届
	使用貸借	無償返還届	無償返還届
個人	賃貸借	権利金支払 （借地権認定） 相当の地代	権利金支払 （借地権認定） 相当の地代
		無償返還届	———
	使用貸借	無償返還届	（届出不要）

(2)　権利金の支払がある場合の借地権の移転

①　権利金等を収受して借地権を設定する場合の課税関係

Q

　　当社の工場は相談役の土地の上にあり、当社は近隣相場相当の地代を支払っています。当社の貸借対照表や資産台帳には借地権の記載はありませんが、この土地の借地権は当社に移っているのでしょうか。

A

　　貴社は相談役と建物の所有を目的とした賃貸借契約を結んでいると思われますので、借地権は貴社に帰属しています。

解説

1.　借地権の設定により対価を受け取った場合の地主の課税関係

　建物の所有を目的として土地の賃貸借契約を結んだ場合、借地借家法を根拠とする強い権利が地主から借地人に移転することになります。したがって、地主はその対価として権利金その他の一時金の支払を受けることになります。

(1)　個人地主の課税関係

　個人地主の場合、借地権の設定行為は、一定のものを除き、譲渡所得の対象となる資産の譲渡には該当せず、その設定による所得は不動産所得に該当します（所法26、33）。また、その権利金の授受が臨時所得に該当するならば、所得税額の計算において平均課税の適用を受けることができます（所法90、所令8二）。

　借地権の設定行為が譲渡所得の対象となるのは、借地権の設定により受ける権利金等の額が、その設定時の土地の価額の2分の1を超える場合です（所令79①）。しかし、支払を受ける権利金等の額が、その貸地の年額地代の

20倍に相当する金額以下である場合には、譲渡所得には該当しません（所令79③）。借地権又は地役権の設定に伴い、通常の場合の金銭の貸付けの条件に比し、特に有利な条件による金銭の貸付けその他特別の経済的な利益を受けた場合は、その特別の経済的な利益の額を権利金等に加算して、譲渡所得となるかどうかを判定しますが、その結果、譲渡所得とならない場合は、これらの特別の経済的な利益の額は不動産所得の収入金額（僅少な場合は課税しない）となります（所令80）。

　なお、個人の場合は収受する権利金等の額が時価よりも低い場合であっても、原則として、実際に収受した金額をもって収入金額とすることとなります（所法36①）。

(2)　法人地主の課税関係

　法人地主の場合、借地権の設定においてその収受すべき権利金等の額は所得計算上益金となります。したがって、収受すべき権利金等の額の全部又は一部を収受しないときは、収受すべき権利金等と実際の収受額との差額は借地人に贈与したものとして、寄附金課税の対象となります（法法37①⑦⑧）。具体的には次の算式で求めた金額から実際に収受している権利金の額及び特別の経済的な利益の額を控除した金額が借地人等に対して贈与等したものとして取り扱われます（法基通13-1-3）。

$$\text{土地の更地価額} \times \left(1 - \frac{\text{実際に収受している地代の年額}}{\text{相当の地代の年額}}\right)$$

　この特別な利益の額とは、借地権又は地役権の設定により地価が50％以上減少する場合において、その設定に伴い、通常の場合の金銭の貸付けの条件に比し特に有利な条件による金銭の貸付けその他特別の経済的な利益を受けるときの、その特別の経済的な利益の額をいい、この特別の経済的な利益の額をその設定の対価の額に加算した金額が、借地権又は地役権の設定の対価

として支払を受ける金額となります（法令138②③）。

　上述のように法人が借地権の設定等により他人に土地を使用させた場合において、その土地の価額が50％以上減少するときは、その土地等の一部が譲渡されたものとして、次の算式により計算される金額が損金の額に算入されることとなります（法令138①）。

$$\text{設定の直前におけるその土地（借地権）の帳簿価額} \times \frac{\text{借地権（注）又は地役権の価額}}{\text{設定の直前におけるその土地（借地権）の価額}}$$

（注）　他人に借地権に係る土地を使用させる場合にあっては、当該使用に係る権利

　また、地価の下落が50％未満の場合であっても、土地の賃貸により権利金等を収受し、それにより土地の時価が帳簿価額を下回ることとなったときは、その下回る額を損金経理により損金の額に算入させることができます（法基通9-1-18）。

2. 借地権の設定により対価を支払った場合の借地人の課税関係

　借地権を取得した借地人の課税関係は次のようになります。

(1)　個人借地人の課税関係

　借地権は土地の上に存する権利であるため、非償却の固定資産に該当します（所法2十八、所令5一）。また、譲渡所得の計算における借地権の取得費は、借地契約をするに際して借地権の対価として土地所有者又は借地権者に支払った金額のほか、次に掲げる金額を含むものとしています（所基通38-12）。

①土地の上に存する建物等を取得した場合におけるその建物等の購入代価のうち借地権の対価と認められる部分の金額（建物等の購入代価のおおむね10％以下の金額であるときは、建物等の取得費に含めることができます。）

②賃借した土地の改良のためにした土盛り、地ならし、埋立て等の整地に要
　した費用の額

③借地契約に当たり支出した手数料その他の費用の額

④建物等を増改築するに当たりその土地の所有者又は借地権者に対して支出
　した費用の額

　また、個人借地人が法人地主に支払う権利金等の額が、時価より低い場合
は、時価との差額は一時所得（その個人がその法人の役員等であるときは給
与所得）として課税されることとなります。

(2)　法人借地人の課税関係

　借地権は貸借対照表上、無形固定資産に表示される非償却資産です。その
取得価額は、支払金額に取得のための要した費用を加算した金額となります
が、通常収受すべき金額よりも低い価額で取得した場合、その取得価額は通
常収受すべき金額となります。この場合、実際の支払金額との差額について
は、受贈益として益金に算入することとなります。さらに、同族会社である
法人借地人に対し借地権の贈与又は低廉譲渡があったことにより、その株式
の価額が増加したのであれば、みなし贈与の適用があることになります（相
基通9－2(1)(4)）。

3. 借地権の対価の支払いがなかった場合

　借地権の対価の支払いがなかったとしても、通常権利金を収受する取引上
の慣行がある地域で建物の所有を目的とした賃貸借契約を結び土地を賃借し
ている場合には、借地権を有することとなります。したがって、法人税申告
書上は別表4により借地権の受贈益を、別表5により借地権を計上すべきこ
ととなります。しかし、そのような申告調整がなされないまま除斥期間を経
過した場合、借地人は帳簿価額零の借地権を有していることとなります。

(3) 相当の地代による借地権の移転

① 相当の地代と権利金の補完関係

当社では本社事務所を賃借していますが、手狭になったので、役員の提供する土地の上に本社ビルを建設しようと思っています。借地権の対価として権利金の支払が必要な地域ですが、建設費もかかるため、一時の出費はなるべく押さえたいと思っています。どのようにすればいいでしょうか。

権利金を分割払いする方法もありますが、権利金の支払に代え相当の地代を支払う方法もあります。

解説

1. 権利金収受方式の問題点と相当の地代収受方式

借地権の設定の対価として権利金を支払った場合、借地人にとっては非償却資産となり、その金額を損金又は経費計上することができません。また、権利金を受け取った地主についても、借地権の設定によりその土地の価額が50％以上減少すると譲渡所得課税がされることとなります。これらにより、関係者間で借地権の設定により土地の賃貸借を行う場合、権利金収受方式に代え、法人税法施行令137条に規定する相当の地代収受方式を選択することも多くみられます。

民法上の借地権には財産権である物権としての性格だけでなく、賃借権としての債権としての性格があります。そして、借地権が借地人にあるという前提で考えると、通常支払う地代は、底地部分の使用料ということになりま

す。

　しかし、税法においては、取引価額の適正性に重点が置かれますので、民法上はともかく税法的な考え方では、借地権部分の価値（財産権）も地主に残っていると考えて、更地全体の使用料を支払うことにより、一応の取引の適正性を確保できるともいえます。この更地全体の使用料となるのが、相当の地代です。

　したがって、その更地価格の上昇に従って、相当の地代を改定していった場合には、税法上は借地部分の価値は依然地主に残ることとなります（「相当の地代を支払っている場合等の借地権等についての相続税及び贈与税の取扱いについて１」参照（平17.5.31付課資２－４））。

　しかし、実際はこの土地は貸宅地として使用を制限されているとの実状を踏まえて、この場合の土地の相続税評価額は、自用地としての価額の100分の80に相当する金額とされています（上記個別通達６）。

権利金収受方式の場合

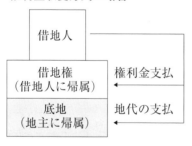

相当の地代支払方式の場合

2.　相当の地代の額の計算

　相当の地代の額は、原則として次の算式により計算した額のうち法人が選択した額となります（法令137、法基通13-1-2、平元.3.30付直法2-2通達）。

① （土地の更地価額－（収受した権利金の額＋特別の経済的な利益の額））

　×6％

② （その土地につきその近傍類地の公示価格等から合理的に算定した価額

　　－（収受した権利金の額＋特別の経済的な利益の額）× 算定した価額

　　÷その土地の更地価額）×6％

③ （財産評価基本通達第2章の例により計算した価額

　　－（収受した権利金の額＋特別の経済的な利益の額）× 相続税評価額

　　÷その土地の更地価額）×6％

④その土地について③により計算した価額の過去3ヶ年の平均値

　ただし、法人である地主が、もともと代表者が使用するための土地をほとんど借入金により購入し、その借入金について利子を支払う一方において、その土地を相続税評価額の年6％程度の地代で代表者に賃貸したというような場合には、明らかに課税上弊害のある場合に該当しますので、このような場合は①の方法による計算（つまり取得価額を基礎として計算した金額）のみ選択可能ということになります（松尾公二著『十一訂版　法人税基本通達逐条解説』（税務研究会出版局）1442-1443頁）。

3.　相当の地代の額と一時金で支払う権利金との代替関係

　相当の地代とは、借地の使用の対価の支払い方法の1つという性格ですから、相当の地代の額と一時金で支払う権利金とは代替関係にあります。つまり、権利金により借地人に移動した借地権の価値に対応する更地の部分については、相当の地代の対象とならず、逆に相当の地代として支払っている地代がカバーしきれない借地権部分については、権利金の支払を受けるべきこととなります。

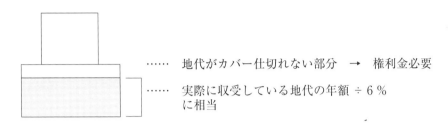

…… 地代がカバー仕切れない部分　→　権利金必要

…… 実際に収受している地代の年額 ÷ 6 ％
　　に相当

　相当の地代に満たない地代を収受している場合に、収受すべき権利金との差額は、次のように計算されることとなります（法基通13-1-3）。

（算式）

土地の更地価額

×（1 −実際に収受している地代の年額÷上記 2 に定める相当の地代の年額＊）− 特別の経済的な利益の額

＊実際に収受している権利金の額又は特別の経済的な利益の額がある場合であっても、これらの金額がないものとして計算した金額によります。

　この金額が一時金として収受している金額を超える場合は、その金額は借地人等に対して贈与（当該借地人等が当該法人の役員又は使用人である場合には、給与）したものと扱われることとなります。

②　なぜ自然発生借地権が移転するのか

Q

　相当の地代の支払いでは、税法上の借地権の価値は借地人に移転しないということですが、自然発生借地権というものが借地人に移転すると聞きました。これはどういうことでしょうか。

A

自然発生借地権は、借地契約当時は民法上あるいは税法上認識され
なかった借地権が、その後の社会情勢の変化や地価の上昇により、認
識されるようになったものです。

解説

1. 相当の地代の改訂

　相当の地代は、民法上はともかく税法上は借地権部分の価値（財産権）は
地主に残っていると考えて、更地全体の使用料を支払うものです。したがっ
て、理論的には、その対象となる土地の価額の変動に応じて随時改訂される
べきものとなります。しかし、もともと相当の地代は、利害関係が対立する
ことの少ない関係者間の取引実態に即して、その経済活動を阻害しないよう、
最低限の地代の収受により取引の一応の公正性を担保させるために導入され
た側面が強いことから、必ずしも地代改訂を必要としないという制度設計が
されています。

　したがって、相当の地代の設定には、次の2種類の方法が認められていま
す（法基通13-1-8）。

(1)　その借地権の設定等に係る土地の価額の上昇に応じて順次その収受す
　　る地代の額を相当の地代の額に改訂する方法

(2)　(1) 以外の方法（相当の地代固定方式）

　そして、法人地主が (1) の方法を採る場合は、その借地権の設定等に係
る契約書においてその後当該土地を使用させている期間内に収受する地代の
額の改訂方法につき、順次改訂する旨を定めるとともに、その旨を借地人等
との連名の書面により遅滞なくその法人の納税地の所轄税務署長に届け出る
必要があります。また、その改訂は、おおむね3年以下の期間ごとに行う必

要があります（法基通13-1-7（注）1）。

　なお、個人が地主である場合については、最高裁判例により、相当の地代を収受している場合には、その土地の利用の取引は正常な取引条件でなされたものとして扱うとされています（最判昭63.3.10・Z163-6071）。

2.　相当の地代固定方式を採った場合の地主から借地人への利益の移転

　地価上昇局面において、相当の地代固定方式を採った場合、借地人から地主に支払われる地代の額は、地価の上昇に伴い更地全体をカバーする賃借料とは言えなくなります。つまり、更地のうち賃借料でカバーしきれない部分については、財産権としての借地権の価値が借地人に移動していることになります。具体的な移動金額は次の算式により計算されます。

　借地人に移動した借地の価額
　　　＝法人税基本通達13-1-3の権利金の認定額
　　　＝土地の更地価額×（1－実際収受地代の年額÷相当の地代の年額）
　　　＝土地の更地価額－土地の更地価額×実際収受地代の年額
　　　　÷（土地の更地価額×6％）
　　　＝（土地の更地価額×6％－実際に収受している地代の年額）÷6％
　　　＝（現地点の相当の地代の年額－実際収受地代の年額）÷6％（＊）
　（＊）6％とは、資本還元利率を意味します。

3.　自然発生借地権の税務上の取扱い

　自然発生借地権は、民法上の借地権を設定する時に、財産権としての価値を認識しなかったが、事後的な要因により、財産権としての価値が借地人に生じたものです。例えば、借地権設定時には、通常権利金等を収受する取引上の慣行がその地域においてなかったため、借地権を収受しなかったが、そ

の後における都市化に伴って取引上の慣行が発生していったような場合がこれに該当します。

　そして上記2で挙げた借地人に移動した借地権の価値についても、その設定時には、借地人に借地権の財産権上の価値が移動しないものとして設計したにもかかわらず、地価の上昇により発生したものですので、これも自然発生借地権となります。自然発生借地権については、どちらもその発生の認識が難しく、人為的にその価値を移転させたものでないこといこと、加えて、地価上昇により発生したものについては、通達において権利金の認定を見合わせる地代の収受方法と認めていることにより、発生時にその経済的利益の移転を捉えて課税が発生するものではありません。

4．相当の地代固定方式において相当の地代を改定した場合

　相当の地代固定方式を選択している借地権について、地価の上昇に合致するよう相当の地代の額を改訂した場合は、いったん地主に借地権を返還して、また新たな借地契約をしたものとして取り扱われることとなり、借地権返還による課税関係が発生することになります。

　また、相当の理由なく相当の地代の額を引き下げた場合については、次の算式により計算して金額を借地人等に贈与したと考えることになります（法基通13-1-4、前問2参照）。

　土地の更地価額×（1－実際に収受している地代の年額
　　　　　　　　÷相当の地代の年額）－特別の経済的な利益の額

　一時的でない地価の下落により固定型の相当の地代の額が適当でないときは、更地部分の賃借料の支払いという相当の地代の額の理屈から考えても、収受する地代の額を引き下げても問題ないと考えることができます。

(4)　無償返還届出書の提出と使用貸借

①　無償返還届出書の本当の意味

Q

　　当社では代表取締役の土地を無償で借り、倉庫を建てて使っています。単なる使用貸借ですので、何の課税関係も生じないと思っていますが、問題ないでしょうか。

A

　　法人が絡む借地権の取引では、税務上、何の手続もせずに使用貸借を主張することはできないこととなっています。

解説

1.　使用貸借契約と借地借家法

　使用貸借は当事者の一方が無償で使用及び収益をした後に返還をすることを約して相手方からある物を受け取ることによって、その効力を生じます（民593）。そして、借主は、次の時期にその借用物を返還しなければならないこととされています（民597）。

(1)　契約に定めた時期

(2)　返還の時期を定めなかったときは、契約に定めた目的に従い使用及び収益を終わった時。ただし、使用及び収益を終わる前であっても、使用及び収益をするのに足りる期間を経過したときは、貸主は、直ちに返還を請求することができます。

(3)　返還の時期並びに使用及び収益の目的を定めなかったときは、貸主は、いつでも返還を請求することができます。

　一方、平成3年公布の借地借家法は、借地人の保護を目的にその強い権利

を守るものとなっており、借地期間の満了時において、建物が存続している場合には、原則としてその借地契約は更新され、更新後の期間は最低でも10年（最初の更新に限り20年）の借地権の存続が可能となっています（同法4、5）。借地借家法は民法の特別法の位置づけですので、借地権については、使用貸借契約を主張し、任意に土地の返還請求をすることは違法であるということになります。そして、利益追求団体である法人が絡む取引において、法人が借地権の設定行為を行った場合、正当な対価の収受がされるべきと考えられます。

　しかし、契約の当事者がその契約の実効性を違法であると主張しないならば、その契約は当事者間では有効となります。つまり、利益の対立することの少ない関係者においては、借地権の使用貸借が現実に行われ、問題なく履行されています。身近な例としては、同族会社の役員所有の土地の上にその同族会社の事務所や工場などを建設し、使用しているような場合です。

　そのような場合は、公正性の担保が確保できるならば、税務上も認めようというのが、土地の無償返還に関する届出方式です。

2. 土地の無償返還に関する届出書の本当の意味

　法人が借地権の設定等により他人に土地を使用させた場合に、権利金の収受が行われず、かつ、収受する地代の額が相当の地代の額に満たないときであっても、次の要件を満たす場合は、権利金の認定が見合わされます（法基通13-1-7前段）。

(1)　借地権の設定等に係る契約書において将来借地人等がその土地を無償で返還することが定められていること

(2)　その旨を借地人等との連名の書面により遅滞なく法人の納税地の所轄税務署長（または所轄国税局長）に届け出ていること

　相当の地代方式の趣旨によれば、更地全体の賃借料をカバーしきれていない地代の収受では、そのカバーしきれなかった部分の借地権の価値に対応する権利金の収受が必要となります。しかし、使用貸借契約ということを尊重するならば、権利金の収受は要しません。一方、借地権の使用貸借契約は、借地人の地位を守ろうという借地借家法の趣旨に照らせば不当な契約ですが、不当であると主張しない限り、当事者間では有効な取引といえます。そこで、当事者間でその契約を遵守することを宣言し、第三者機関である税務署に届け出たものが、無償返還に関する届出書ということになります。

3. 無償返還届出書の無効は主張できるか

　このような無償返還届出書の意味を象徴的に示す裁判例があります（大阪地判平11.1.29・Z240-8330）。

　納税者の母は、S社（管理会社）に賃借している土地を夫の死亡により相続し、その後も引き続き賃借していました。母はその土地についてS社と連名で、無償返還届出書を所轄税務署に提出しました。

　母の死亡後、その相続に係る遺産分割協議により、納税者である相続人がその土地を相続し、上記の事実関係に基づいて相続税の申告をしました。

　納税者はS社に対し、その土地の明渡しを求める訴えを大阪地方裁判所に提起し、その後、納税者とS社との間に訴訟上の和解が成立しました。その和解において、納税者とS社は、父とS社が締結した土地賃貸借契約により、現在に至るまでその土地上に建物の所有を目的とする借地権を有していること、その借地権は旧借地法の適用を受けるものものであること、S社が合意解除等自らの債務不履行以外の事由により納税者からの借地契約解除要請に応ずる場合は、S社は納税者に対し、時価相当の借地権価額を立退料として請求し得ること、無償返還届出書は、この合意解除等の場合においてまで一

切無償でその土地を返還することを約したものではないこと、当初賃貸借契約において支払済みの保証金2000万円は、実質的にはS社から納税者に授与されるべきであった借地権設定の対価としての権利金に振り替わっていたものであり、S社は納税者に対して保証金の返還請求権を有するものでないこと等を確認しました。

納税者は相続税額の納付のため、借地権を控除した評価額によりその土地を物納する一方、この和解は、相続税の申告に係る課税標準等又は税額等の計算の基礎となつた事実に関する訴えについての判決と同一の効力を有する和解に該当するとして、所轄税務署長に対し更正の請求をしましたが認められなかったため、審査請求を経て裁判となりました。

判決では、和解の効果は将来に向かって生じるため、無償返還届出書は相続税の申告時において有効であることから更正すべき理由がないとした原処分庁の処分を認め、一方、物納収納価額については、和解により、収納の時までに当該財産の状況に著しい変化を生じたときは、収納の時の現況により当該財産の収納価額を定めることができることから、借地権価額を控除した価額にしたことに誤りがないとしました。

この事例は、納税者にとっては、まさに踏んだり蹴ったりともいえるものです。無償返還届出書の意味を正しく理解し、このような轍を踏まないようにしたいものです。

4. 相当の地代の額から実際に収受している地代の額を控除した金額の取扱い

無償返還届出書において、無償を宣言しているのは、その土地の借地権分の財産権です。つまり、更地全体の賃借権については、対価の支払い（賃料）が必要となります。そして、相当の地代に満たない地代の収受しかない

場合は、借地人はその差額に相当する賃借権の使用料分の利益を受けていることとなります。したがって、相当の地代の額から実際に収受している地代の額を控除した金額に相当する金額が、借地人等に対して贈与（一定の場合は給与）したものとして取り扱われることとなるのです（法基通13-1-7後段）。

② 無償返還届出書の提出が取引相場のない株式の評価に反映される理由

私は父が100％所有するA社の株式の50％を贈与されました。A社の所有する本社ビルは父の土地の上にあり、また同じく倉庫は叔父の所有する土地の上にあります。そして、これらの土地の賃借については、無償返還届出書が提出されています。贈与税の申告において、何か注意する点はありますか。

本社ビルの敷地となっている土地と倉庫の敷地となっている土地とは、A社株式の評価上取扱いが異なることとなります。

解説

1. 相当地代に係る貸宅地通達

無償返還届出書が提出されている土地については、相当の地代の対象となっている土地と同様に、その借地権に相当する価値は借地人に移動していないこととなります。しかし、現実にその上に借地人の建物が建ち、使用が制限されていることから、更地としての評価に対して一定の評価減を行うことが適当と考えられます。そこで、借地権が設定されている土地について、

無償返還届出書が提出されている場合のその土地に係る貸宅地の価額は、自用地としての価額の100分の80に相当する金額によって評価することとなります（「相当の地代を支払っている場合等の借地権等についての相続税及び贈与税の取扱いについて8」昭60直資2-58通達）。つまり、20％相当額がこの場合の借地権分の価値の移転額となるのではなくて、あくまでも評価減であるということに留意する必要があります。

これは相当の地代の対象となっている土地と同様です（「相当の地代を収受している貸宅地の評価について」43年直資3-22通達）

2.　無償返還届出書を提出した土地の借地人にとっての評価

相当の地代を収受している場合も、無償返還届出書を提出している場合も、相当の地代固定方式で自然発生借地権の移動があるときを除いて、借地人はその土地の財産権としての価値を有していないということでは同じです。しかし、被相続人が同族関係者となっている同族会社に対し土地を貸し付けている場合には、その会社の純資産価額の計算において、その土地の更地価額の20％相当額を算入するとされています（43年直資3-22通達なお書き、昭60直資2-58通達6（注））。

3.　無償返還届出書を提出した土地に係る法人借地人の株式の評価

この20％加算額の性格を巡って争いとなった裁決例があります（平15.06.30・熊裁（諸）平14-28・F0-3-149）。事案では法人借地人は、持分の定めのある社団たる医療法人に該当し、請求人Xらとの3人がこの医療法人の社員として医療法人を支配していました。また、医療法人はA及びB社から土地を借り、どちらに対しても相当の地代を支払っています。請求人XらはAからこの医療法人の出資の贈与を受けたことから、この出

資の評価額が主な争点となりました。

　裁決に係る判断では、「相当地代に係る貸宅地通達」の趣旨を次のように述べています。

　相当地代通達の収受がある場合には、土地の収益に対応する対価はすべて地代で清算されるものであることから、地代が低い水準に留まるということがなく、借地人に帰属する経済的な利益としての資産（経済価値としての借地権）は観念されないので、この場合における借地人の借地権の価額は、原則として零である。一方で、借地人の土地（貸宅地）の評価上は、同様の事情で借地権を無視する考え方もあるが、借地借家法の賃貸借契約に基づく利用の制約を勘案して、土地の自用地としての価額から、その価額の20％相当額を控除することとされている。

　ただし、例えば、同族法人である株式会社の代表者が、その代表者の所有に係る土地を、相当地代を収受して当該会社に賃貸している場合において、その代表者に相続が発生したときは、相続税課税上、当該賃貸に係る土地の価額から20％の借地権相当額が控除されるだけであるとするならば、代表者は会社に対して支配するという関係を有することを考慮すると、相当地代を収受して同族法人である株式会社の土地を賃貸する方法を採る場合とそうではない方法により同族法人に土地を使用させる場合とで課税の取扱い上、不公平を生ぜしめることになる。そこで、地主と借地人が上記のような関係にある場合には、20％の借地権相当額を、貸付けにかかる土地の評価額が株式の評価額を通じて100％顕現（地主の株式の所有割合などにより必ずしも100％顕現できるわけではないが）することができるよう、被相続人の所有に係る同族法人である株式会社の株式の評価上、同社の資産に計上することとされている。

　これらのことにより、この医療法人の出資の純資産価額の評価において、

Aから借り受けている土地についてはその更地価格の20％相当額を加算するが、B社から借り受けている土地については、何らの評価もする必要はないと結論づけています。

　相当の地代を収受して土地を貸している地主について、その土地の評価において更地価額から20％減額するのは、借地権分の減額でないと同様に、相当の地代を支払って土地を借り受けている法人借地人の株式の評価において、借り受けた土地の価格の20％を加算するのは、借地権の価値ではなく、評価の調整であるということになります。つまり、土地が制約を受けている事実については評価減を行うが、その制約を与えているのは、法人借地人であり、その意思を決定する者が地主と同一であるならば、評価減のみをすることは不合理という考え方なのです。したがって、地主の意思を反映しない法人借地人については、その株式の評価において20％の加算は行わないのです。この考え方は贈与により同族会社の株式を移動する場合も同様です（平27.3.25裁決・裁事98・J98-3-05）。
　相当の地代や無償返還届出書については、財産権としての価値が移動しているかどうか、そして、その使用上制約を受けているかどうか、その制約の原因となっていることについて、制約を受けている者の意思が絡んでいるかがポイントとなります。

（5）　借地権の無償設定と使用貸借通達

①　所得税法56条との関係

Q

　　私は、夫からアパート（建物）の贈与を受けることになりました。私には不動産収入が生じますので、夫に対し、地代を支払おうと思います。どのような課税関係になるのでしょうか。

A

　　あなたは、夫に底地の使用料を支払っていることになりますので、アパートだけでなく、借地権の贈与も受けたことになります。また、あなたが夫に対して支払う地代は、所得税法56条の適用を受けるため、不動産所得の必要経費に算入することはできません。

解説

1. 使用貸借契約により建物所有を目的として土地を借りた場合

　親族などの関係者相互間においては、親の土地に子が自宅を建てたり、妻の土地に夫が建物を建てることがよく見受けられます。そして、そのような関係では、権利金の収受はもちろんのこと、地代の収受も行われないことも、けっして珍しくありません。これには、地主においても、借地人においても、借地借家法の裏付けされた強い借地権が移転されたとの意識が希薄なことがその背景にあると思われます。

　このような取引実態に則して、税法においても、個人間での借地権の対象となる土地の使用貸借については、相当の地代の授受がないからと言って、権利金の認定取引を行うような定めを置いていません。また、無償返還届出書の制度はなく、シンプルに賃貸借契約であるか使用貸借契約を判断し、使

用貸借であれば権利金の認定課税は行わないこととしています。したがって、建物とその敷地を所有する親族等から、建物だけの贈与又は譲渡を受け、土地については使用貸借契約により借り受けることも可能です。

2.　使用貸借契約と賃貸借契約

　使用貸借は、当事者の一方が無償で使用及び収益をした後に返還をすることを約して相手方からある物を受け取ることによって、効力が生じます（民593）。そして、使用貸借契約では、借主は借用物の通常の必要費を負担するとされていますので（民595）、固定資産税相当額程度の支払であれば、税法においても使用貸借に含めることとされています（最判昭41.10.27・判時464-32・最集20-8-1649）。

　一方、賃貸借は、当事者の一方がある物の使用及び収益を相手方にさせることを約し、相手方がこれに対してその賃料を支払うことを約することによって、その効力を生ずることとなりますので（民601）、通常の費用弁済を超える支払いを行う場合、使用貸借契約でなく、賃貸借契約となります。

　実際の裁判例でも、義父より固定資産税相当額で借り受けた土地の上に自宅を建て居住していた納税者が、賃貸借契約に切り替え、近隣相場の8割弱の賃料を支払っていたことに対し、義父から借地権相当額の贈与があったと認定された事例があります（新潟地判平25.1.24・Z263-12137）。当事案は、義父の相続開始直前に賃貸借契約を結んだこと、義父の相続税の申告では本件土地について借地権を控除して評価したこと、義父の相続により本件土地を取得した相続人に対し、納税者は賃料を支払わずに再び無償使用していたことなどを勘案し、借地権利金の認定課税がされたものですが、関係個人間で賃貸借契約を締結した場合にも、権利金を授受しなければ、相続税法9条が適用されることがある旨を示したものです。

　賃貸借契約であるならば、更地全体をカバーする賃借料の支払い、つまり、相当の地代の支払いを行わない限り、権利金の認定課税の対象となります。個人地主、法人借地人の場合ならば、無償返還届出書の提出で、相当の地代に満たない地代の支払いでも権利金の認定課税の適用を受けませんが、個人間の取引では、無償返還届出書制度自体がないため、使用貸借か賃貸借かの２通りの扱いしか認められないことに留意する必要があります。

3．生計一親族に対する地代の支払い

　設例の場合は、配偶者である地主に地代の支払いをすることにより、権利金の認定課税を受けることになりますが、支払った地代についても、生計一親族に支払う対価の必要経費不算入規定（所法56）の適用を受けますので、妻の不動産所得の計算上、必要経費に算入されないこととなります。これは、相当の地代を支払う場合も同じです。生計一親族間では、相当の地代を支払う場合、地代相当額の移動を無視して課税関係を認識することから、所得課税については使用貸借契約のように取り扱われることとなります。

②　地代相当額の利益の収受に対する課税

Q

　私は、夫が所有している土地の上に賃貸マンションを建て、不動産収入を得ています。私は夫に対し、何の経費の支払いもしていません。どのような課税関係になるのでしょうか。

A
　あなたは夫から使用貸借契約により土地を賃借しているのですから、借地権の認定課税を受けることはありません。また、個人間の土地の貸し借りですので、相当の地代が認定され、夫に課税が生ずることはありません。しかし、あなたは夫の土地を無償で借り受けていることにより不動産収入を得ているわけですから、無償による利益の供与を受けていることになります。

解説

1. 使用貸借通達について

　法人が絡む借地権に係る取引については、借地権が非常に強い権利であることと法人が利益追求を目的とする団体であることの2つを前提に、その権利移動の実態に合わせて課税関係を考えていくことになります。

　一方、個人については必ずしも利益追求を目的として行動しないことから、個人間の取引については、その権利移動の実態を見ていく必要があります。そこで、個人間における建物又は構築物の所有を目的とする使用貸借に係る土地に関する相続税及び贈与税の取扱いについては、使用貸借通達（昭48.11.1 直資2-189）が設けられ整備されています。

　使用貸借通達においては、建物又は構築物の所有を目的として使用貸借による土地の借受けがあった場合においては、借地権の設定に際し、その設定の対価として通常権利金その他の一時金を支払う取引上の慣行がある地域においても、当該土地の使用貸借に係る使用権の価額は、零として取り扱うとしています（同通達1）。

2. 使用貸借による土地の借受けとみなし贈与規定の適用

　夫の土地を妻が無償で借り受け、賃貸用2階建て共同住宅（8戸1棟）を建築し、不動産所得を得ている場合において、妻が夫から経済的利益を受けているとして、贈与税の対象となるかが争点となった裁判例があります（大阪地判昭43.11.25・Z053-2382）。

　納税者は、この土地の使用関係は民法上の使用貸借であることから、何らの経済的利益を生じないと主張しました。これに対し、判決では要旨次のように述べています。

　税法上における経済的利益の有無は、その法律関係の形式と性質によつて決定されるものではなく、もつぱら経済的実質によつて決定されるものである。そして、本件土地の使用関係が使用貸借であることは、経済的利益の存在を認定する上においては何らの妨げとなるものではない。原告は本件土地を使用して共同住宅を建築し、これを他人に賃貸して賃料収入を挙げている事実が認められ、夫婦別産制をとるわが法制下においては、原告は、自己の営む事業によつて自己の所得をえているのであり、原告は税法上の見地においては、独立の経済主体として本件土地を夫から借用することによつて相当の経済的利益をうけているものというべく、右利益は、原告が夫から直接贈与をうけたものではないが、贈与をうけたのと同様の経済的効果を有するものであるから、対価を支払わないで利益をうけた場合に当り、相続税法第9条により、原告は夫から利益の価額に相当する金額を贈与により取得したものとみなされることとなる。

　このように判決では、使用貸借に関して、みなし贈与の適用を認めました。

3. 使用貸借により受ける利益の算定

　使用貸借契約はあくまでも使用貸借契約であるのですから、その土地の上

に建築した賃貸用共同住宅によって、いくら果実を得たとしても、権利金の
認定課税を受けることはありません。あくまでも、使用貸借により受ける利
益の額は、賃料相当額となりますので、相当の地代の年額となります。

　一般にはその額は贈与税の基礎控除以下となると思われますので、課税が
発生することは少ないようですが、所得分散などを目的として、配偶者に中
古アパートなどを数棟贈与して、敷地を使用貸借するような場合には、経済
的利益を移転させようとする積極的な意図も認められることから、相続税法
9条のみなし贈与の適用を受けるリスクがあることとなります。

③　土地の使用貸借と賃貸駐車場収入の帰属

　　貸駐車場のアスファルト舗装を子に贈与し、さらにその土地を子に
使用貸借して、駐車場賃料を子に移転しようと思います。親から使用
貸借している土地にアパートを建て、賃料収入を得ている例が身近に
もあることから問題ないと思いますが、いかがでしょうか？

　　アスファルト舗装の贈与スキームについては、否認された裁判例が
あります。

解説

1.　アスファルト舗装の贈与スキームについての税務訴訟

　設問のようなアスファルト舗装の贈与スキームについて、一連の税務訴訟
となった事例があります。

　多数の不動産を所有する納税者（当時82歳）は、税理士法人の企図した相

続対策のスキームに従って、その所有する駐車場の一部について、アスファルト舗装等の構築物を贈与する契約、その土地を使用貸借する契約を平成26年1月に子らと締結しました。そして、これらの駐車場収入について、平成26年2月以降は子らに帰属するとして、子の不動産収入として所得税の申告をしました。原処分庁は、この贈与契約及び使用貸借契約は有効に成立していないとして、これらの駐車場収入は平成26年2月以降も納税者に帰属するものとして更正処分をしたため、納税者はこれを不服として審査請求をしました。

　つまり、裁決段階での争点は使用貸借契約による利益の移転とかではなく、契約の有効性となります。

　審判所は、本件各使用貸借契約及び本件各贈与契約に係る各契約書（本件各契約書）には、納税者の意思に基づく署名・押印があるものの、①本件各使用貸借契約及び本件各贈与契約については、本件各土地の所有権を納税者に留保したまま、その使用収益権原のみを相応の対価を発生させることなく納税者の子らに移転する方法として採られたものと認められること、②納税者は、原処分調査において、本件各契約書については一貫して知らない旨申述しており、本件各契約書の作成事実を認識していなかったと認められること、③本件各土地を巡る一連の取引は、納税者の子から相続対策の相談を受けていた税理士法人が企図し、本件各契約書の書式も当該税理士法人が作成したものと認められること等からすると、納税者は、本件各契約書の内容を確認することがなかったため、その内容を全く認識していなかった可能性が高いとして、これらの契約は納税者の意図に基づいて成立したものとは認められず、したがって、本件各駐車場に係る所得は、その貸主名義にかかわらず、いずれも本件各土地の所有者である納税者に帰属するというべきであるとしました（平30.10.3 大裁(所)平30-22 J113-2-04）。つまり、そもそも駐

車場設備は子に移転していなかったとしたのです。

　ところが、この事例は地裁判決で、この部分について納税者の逆転勝訴となりました（大阪地判令3.4.22　Z888-2363）。つまり、使用貸借契約は有効に成立して、駐車場設備から生じる果実は子に帰属するとされたのです。判決では、使用貸借契約書の署名・押印に至る経緯、納税者の知識・経験等を総合すれば、納税者が使用貸借契約書の基本的な内容を認識した上で署名・押印した事実が認められるとしました。また、裁決理由の①についても、節税効果を発生させることを動機として使用貸借契約を締結することはあり得るものであるから、上記の目的がある場合であっても、処分証書の法理にいう「特段の事情」があるとすることはできないとしました。ここで、処分証書の法理とは、「処分証書は、『特段の事情』がない限り、一応その記載どおりの事実を認められるべきとする民事事実認定上の経験則」をいいます。そして、確かに、本件各取引によって、駐車場収入が子らに帰属することになるが、納税者と親子関係にあり、納税者が十分な収入を得ており、高齢でもあったことにも照らすと、駐車場収入が各土地の所有者ではない子らに帰属するからといって本件各取引が社会通念に照らして異常なものであるということはできないなどからも、特段の事情はないとしているのです。

　これに対し、高裁では、「本件各贈与契約のうち、アスファルト舗装は、土地の構成部分となり、独立の所有権が成立する余地はない」としています。しかし、「使用貸借により、付合した舗装部分をも含む本件各土地上で乙及び丙（筆者注：長男と長女）が駐車場賃貸事業を営むことは当事者双方が明確に認識していたのであるから、本件各使用貸借契約書の作成により、使用貸借契約が成立したと認定できるのであれば、その内容は舗装部分を含む本件各土地を使用貸借させるものであると解するのが合理的である。」としました。つまり、舗装部分の構築物のみでの使用貸借契約の成立は認めず、舗

装部分を含む土地全体の使用貸借契約成立を認めているのです（大阪高判令4.7.20 Z888-2426 確定）。

2. 使用貸借契約と実質所得者課税の原則

　大阪高裁は、本件各取引は、納税者の相続にかかる相続税対策を主たる目的として、納税者の存命中は、本件各土地の所有権はあくまでも納税者である父が保有することを前提に、本件各土地による納税者の所得を子らに形式上分散する目的で、同人らに対して使用貸借契約に基づく法定果実収取権を付与したものにすぎないものとしています。

　本件各土地の駐車場の収益が子らの口座に振り込まれていたとしても、納税者が所有権者として享受すべき収益を子らに自ら無償で処分している結果であると評価できるのであって、やはりその収益を支配していたのは納税者というべきであるから、平成26年2月以降の駐車場の収益については、子らは単なる名義人であって、その収益を享受せず、納税者がその収益を享受する場合に当たるというべきであると結論づけたものです。

　つまり、法定果実収取権の帰属とその所得の実質所得者とは同じではないとしているのです。

　なお、判決文では出てきませんが、子が名義人として収受した収入を基礎とした所得についての贈与税課税も気になるところです。

3. 子が駐車場設備を自己資金で設置した場合

　地裁判決が、駐車場収入はアスファルト舗装から生じるというものであるとしたら、釈然としないものがあります。アスファルト舗装だけ贈与するというのも違和感があります。しかし、舗装部分、つまり駐車場設備を子の資金で設置したら、その駐車場設備は子の所有物であって、違う課税関係にな

るのではないかという疑問が生じます。

　そこを高裁判決では付合という概念で説明しているのです。つまり、土地にアスファルト舗装をした場合、アスファルト舗装だけを取り出すことはできません。民法242条には、「不動産の所有者は、その不動産に従として付合した物の所有権を取得する。」とあります。アスファルト舗装は土地の所有者のものになるというわけです。もっとも、「親の家への子による増改築」の項で説明したように、アスファルト舗装者から土地所有者へ償金請求権は発生することとなります。

　これらのことから、民法の付合の概念と実質所得者課税の原則から、駐車場収入は土地所有者に帰属することが、一応は結論づけられたということになります。

(6)　借地権又は底地が相続・贈与・譲渡により移転する場合
①　借地権の使用貸借

Q

　私は地主に権利金を支払って土地を借り受け、自宅を建ててそこで生活をしていましたが、転勤により引っ越すことになり、自宅は弟に譲ることにしました。借地権についてはそのまま保有していくつもりですが、弟から使用料等を受け取るつもりはありません。どのような課税関係になるのでしょうか。

A

　借地権を使用貸借により転借したこととなりますので、弟はその土地について、何の権利も有さないこととなります。

解説

1. 使用貸借による借地権の転借があった場合

　借地権の慣行のある地域では、借地権は財産権上の価値を有することから、自分にとって必要でなくなった借地権を、親族等に使用貸借させることも見受けられるところです。例えば次のような場合が該当します。

　(1)　借地権の対象となる土地の上に存する建物を取り壊して借地権者以外の者が建物を建築する場合

　(2)　借地権の対象となる土地の上に存する建物を借地権者から買い取る場合

　(3)　借地権の対象となる土地の上に存する建物を借地権者から贈与される場合

　(4)　借地権の対象となる土地の上（一部）に更に借地権者以外の者が建物を建築する場合

　借地権の使用貸借であっても、その対象となる土地の借地権は、元々の借地権者にとどまったままですので、転借者の使用権には何ら財産権上の価値はないこととなります（使用貸借通達3）。この権利関係は、借地権の対象となる土地上の建物を自分で使用していようと、他に賃借していようと変わりません。

2. 使用貸借により借りた土地の上に建築した建物を贈与された場合

　一方、地主より使用貸借にて借り受けている土地の上の建てられた建物を、その土地の使用者から贈与された場合、使用貸借契約の使用者が変更されたことになります。そして、土地の財産権はすべて地主に留まったままですので、建物を使用者が使用している場合は、自用家屋としての価値、建物を賃借しているならば、貸家の価値を有することになります（同通達4）。

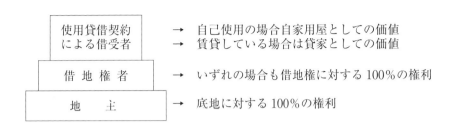

使用貸借契約 による借受者	→	自己使用の場合自家用屋としての価値
	→	賃貸している場合は貸家としての価値
借　地　権　者	→	いずれの場合も借地権に対する100%の権利
地　　　主	→	底地に対する100%の権利

3. 使用貸借の場合の権利関係の整理

　借地権の目的とされている土地上の建物が譲渡され、借地権が使用貸借により転借された場合と、借地権が賃貸借により転借された場合、借地権付建物が譲渡された場合とでは、外見上、その違いは分かりにくいこととなります。しかし、それぞれのケースにより、移動する権利が異なり、借受者から従前の借地権者に賃借料が支払われる場合は転借権が、地主に対して地代が支払われる場合は借地権が、借受者に移動されたこととなります。

　そこで、その貸借が使用貸借に該当するものであることについては、その使用貸借に係る借受者、借地権者及び土地の所有者の3者連名により「借地権の使用貸借に関する確認書」を税務署に提出し、財産権上の権利の移動がない旨を表明することとなります（使用貸借通達2注1）。

②　借地権者以外の者が底地を取得した場合

　　父は借地権を取得してそこに自宅を建てて住んでいます。先日、地主から高齢のため底地を買い取ってくれないかと打診がありました。そこで息子である私が、父の代わりに底地を買い取ろうと思っています。どのような課税関係になるのでしょうか。

A

　　あなたは父から地代を徴収しないこととなるのでしょうから、借地権の帰属に関して注意が必要です。

解説

1.　借地権の目的となっている土地を借地権者以外の者が取得する場合

　借地借家法の施行により、借地権者の権利が保護されることとなった反面、底地権者については、借地権を取り戻すことが難しくなったことなどにより、底地の収益性、流通性が損なわれ、その実質的価値が低下することとなりました。また、相続が発生した場合には、相続財産として課税されるにもかかわらず、物納困難財産として取り扱われていることから、地主の高齢化に伴い、安い価格でもよいから底地を処分したいということで、借地権者に対し、底地の買取りを求めることがよくあるようです。

　一方借地権者についても高齢化し、底地を買い取る経済的余裕がない場合、借地権者の子が借地権者に代わって、底地を買い取ることがあります。子としては、底地の買取りにより親は地代を払う必要がなくなり、親孝行ができるわけだし、もし親に相続が発生した場合には、借地権と底地が1セットとなって更地を取得することができるという、一石二鳥の効果を感じることが

できます。

2.　底地の買取りにより生ずる権利関係の変化

　ここで、底地の買取前と買取後の、それぞれの権利関係を整理してみます。底地買取前は父は賃貸借により土地を借りており、父には財産権としての借地権と賃借権としての借地権が帰属していました。しかし、子が底地を取得したことにより、父と地主（子）との関係が地代の収受を行わないもの、使用貸借に変わることとなります。使用貸借では、土地の使用者は土地に対して使用権以外を有さないこととなり、地主が更地の権利をすべて有することとなります。つまり、借地人（父）に帰属していた財産権としての借地権が失われ、子（地主）に無償で移転（返還）される、父から子への贈与が起きることになります。

3.　借地権者の地位に変更がない旨の届出書

　上記の取引において、子が親の借地権に係る底地を取得し、親から地代を収受しないこととしたのは、通常は単に底地に対する賃借料の免除をする意図から行ったのであって、何も借地権を取得しようとして行ったのではありません。そのことから、底地のみの使用貸借というようなものを認めてもいいという考え方もあります。しかし、それでは、借地権設定時に、底地のみの使用貸借を認めずに、権利金の認定課税が行われることと整合性がとれな

くなります。

　そこで、借地権の目的となっている土地を借地権者以外の者が取得し、その土地の取得者と借地権者との間にその土地の使用の対価としての地代の授受が行われないこととなった場合であっても、その理由が「更地の使用貸借に基づくものでない」としてその土地の取得者からその者の住所地の所轄税務署長に対し、借地権者との連署による「当該借地権者は従前の土地の所有者との間の土地の賃貸借契約に基づく借地権者としての地位を放棄していない」旨の申出書が提出されたときは、底地取得者に借地権が帰属するとして取り扱わないこととされています。

③　賃貸人への借地権付建物の譲渡

　　建設協力金方式で建築し、G社に貸していた建物について、G社が契約を解除したいという申出がありました。地主である私としては、G社に出て行かれたら、新たな借り手を探すのは難しいので、それは困ると言っていたら、ならば、借地権付建物としてG社が買い取ろうかという話が出てきました。何か税務上の注意点はありますか。

　　売買成立による収入の性質については、精査する必要があります。

解説

1.　建設協力金方式

　商業店舗への賃貸の契約形態の1つとして、かつてよく行われたものに、建設協力金方式があります。

　建設協力金方式とは、出店者（借主）が建築費（建築協力金）を貸主に支払い、貸主はこの資金で自己所有の建物を建て、建物完成後、この建設協力金を毎月の建物賃料と相殺し出店者（借主）に返済していく方式です。通常は、出店者と貸主の間に土地活用の事業パートナーである総合リース建築会社が入り、出店者から建設協力金を受け取り、それを土地所有者に差し入れ、貸主はその資金で総合リース建築会社との間で工事請負契約を締結して建物を建築することになります。建物の完成後は、出店者企業が建物を一括して借り上げ、建設協力金は保証金に転換して、多くは毎年償却されます。貸主は、銀行借入などを起こすことなく、建設資金を調達できるというメリットがあるのですが、そもそもこの保証金が借入金のようなものともいえます。もっとも、出店者が中途解約をした場合は、貸主側に保証金の返還義務がないなど、一定のリスクヘッジがされている場合もあります。

　また、出店者が建物建築前から決まっていることから、その建物はその出店者仕様のものとなっており、当初の出店者である借主に出て行かれると、次の借主が見つけにくいというデメリットもあります。

2. 建設協力金方式によるテナントの中途解約

　建設協力金方式で建築した建物には、ロードサイド・レストラン等として使用されているものも多いようです。このような店舗について、様々な要因により、賃貸契約の中途解約の申出がされているようです。

　中途解約においては、出店者は、残存期間の賃料相当額の解約金を支払うことになっている例が多いようです。もっとも出店者が、この建物を借地権付で買い取るというのでしたら、ディスカウントもあるかもしれません。そして、売買が成立すれば、貸主は以後、地代収入を受け取ることとなります。

3.　借主に借地権付建物として売却する場合

　借主に借地権付建物として、賃貸契約中の建物を売却する場合、その契約は、①賃貸借契約の合意解除、②借地権付建物の売買契約、③土地賃貸契約の３つの要素からなることになります。もちろん、②があるから①と③が生じたのであるから、一連の取引ではあるのですが、すべてまとめて譲渡所得となるわけではありません。

　平成21年10月23日裁決は、建物賃貸借契約の合意解約に伴う残存期間賃料は、中途解約に伴う賃料収入に対する補償であり、不動産所得の総収入金額に当たるとしたものです（裁事78-114）。この事例は、賃貸借契約の中途解約に伴い、建物の売買契約が生じた例ですが、結局は賃借人でなく別の者が買い取ることとなったものです。そこでは、上記①～③に分けた取引について、いずれも別個の契約であり、各契約を一個の契約であると認めるべき特段の事情があるとも認められないとしています。そして、残存期間賃料は、建物賃貸借期間を20年とし、賃貸借期間中は契約解除をなし得ない旨定めていた建物賃貸借契約につき、両当事者の合意により、賃貸借契約期間の満了を待たずして合意解約することに伴い、その合意解約の約定において確認された残存期間賃料に相当するものであるとしました。ということで、残存期間賃料の性質は、中途解約に伴う賃料収入に対する補償であり、不動産の貸付けにより生ずべき収入金額に代わる経済的利益と認められるから、不動産所得に該当するとしています。

　なお、残存期間賃料は、残存保証金や敷金と相殺されている可能性もあります。つまり、不動産収入の過少計上とならないよう留意してください。

4.　賃貸物件を借主以外の者に売却する場合

　賃貸人が転売することを前提に賃貸物件を買い取る場合に、賃貸人から受

け取った解約金の性質が問題となった裁決例があります（令3.10.8　名裁（所）令3-8　裁事125）。

　賃貸人Xは2階建て共同住宅と駐車場をK社に社宅として賃貸していました。その賃貸契約では、中途解約は賃借人側からすることはできず、また中途解約の際には賃借人は残賃貸借期間に応じた賃料相当額の解約金を支払うものとされていました。

　Xはその有する銀行債務を返済するため、賃貸している土地建物をP氏に売却することとし、K社とは、賃貸借契約を解除することで合意しました。そして、P氏との売買契約では、P氏が貸主としての地位、権利義務の一切を引き継ぐことを確認しました。なお、P氏はこの不動産を別の者に転売しました。

　Xは事前にK社から解約金相当額の振り込みを受けたのですが、P氏が貸主の地位を引き継いでいることから、売買契約書から考えても、Xはそれは売却代金の一部と解し、譲渡所得の収入金額に含めて申告しました。この解約金相当額の所得区分等について争いとなりました。

　審判所は、XとP氏は、売買された不動産と「賃貸人の地位」について、それぞれ別個の価格を認識し、それら2つの財産を売買契約の目的としたとみるのが相当であり、解約金相当額は、Xが「賃貸人の地位」の対価として受領した金額であると認められとしました。そして、解約金相当額が、賃貸借契約が合意解約されることを前提として「残賃貸借期間の賃料の補償」として支払われることが確定したものであり、賃貸借契約に基づく賃貸人の地位に包含されるものであることからすると、Xが受領した解約金相当額は、不動産の貸付けに起因して発生した所得であるといえるとし、不動産所得に該当するとしました。

　この事例では、賃貸人の地位が譲渡されたとしても、賃貸契約の解約金相

当額は売主が賃貸人であったときに発生したものであるから、売主が受け取るべきものとしたのです。そうであるから、売主の不動産所得となるのです。このような複数の契約により構成された契約により受け取った金員については、何により発生した収入であるのか、その根拠を契約書等を精査して判断しなければいけないということです。

(7) 借地権の無償返還

① 借地権の無償返還と利益の移転

　　当社は役員から土地を借りて建物を建て、社宅として使っていました。当社はこのたび系列企業の子会社となることとなり、親会社の近くに本店を移転することとなります。新本店所在地は、社宅から片道３時間かかることになりますので、社宅は閉鎖し、役員に建物をその時価で売却しようと思います。どのような課税関係になるのでしょうか。

　　建物の譲渡に伴い、借地権を無償で返還することとなりますので、贈与とされないか検討が必要です。

解説

1. 借地権の無償譲渡が贈与とされない事情

　借地権は財産権上の価値を有するものであることから、その返還には、原則として対価の収受を要することとなります。しかし、法人税基本通達13-1-14では、例外的に借地権の無償譲渡が贈与とされない事情として、3

つの場合を挙げています。

(1)　借地権の設定等に係る契約書において将来借地を無償で返還することが定められていること、又は、その土地の使用が使用貸借契約によるものであること（いずれも13-1-7に定めるところによりその旨が所轄税務署長に届け出られている場合に限る。）

(2)　土地の使用の目的が、単に物品置場、駐車場等として土地を更地のまま使用し、又は仮営業所、仮店舗等の簡易な建物の敷地として使用するものであること

(3)　借地上の建物が著しく老朽化したことその他これに類する事由により、借地権が消滅し、又はこれを存続させることが困難であると認められる事情が生じたこと

(1) は無償返還届提出方式であり、(2) は借地借家法上の借地権を保有していないと思われ、(3) は民法上の借地権が返還前に消滅等している場合です。

2. 借地権の無償返還と経済的合理性

　上記の法人税基本通達13-1-14の (3) は、借地上の建物老朽化以外にも、「その他これに類する事由により、借地権が消滅し、又はこれを存続させることが困難であると認められる事情が生じたこと。」を挙げています。松尾公二編著『十一訂版法人税基本通達逐条解説』1475頁では「例えば、経済環境の変化等により、従前の借地上の建物をそのまま利用することが経済的に困難となり、仮に他に転用するとすれば、相当の改造、改修その他の資本的支出をしなければならない状況において、このような再投資をしても、更に営業を継続することについて採算の見通しが全く立たないため、やむを得ず借地契約を解消するというような事例とか、従来、従業員宿舎用地等として

借地していた状況において、工場移転に伴って従業員宿舎が不要になったの
で、これを取り壊して土地を返還するといったような事例が、ここでいう借
地権を存続させることが困難であると認められる事情に当たると考えてよい
と思われる。」とあります。つまり、借地借家法上の借地権を有しているが、
保有者にとっての財産としての価値はなくなった場合においても、無償返還
が認められることとなります。では、この通達の例以外にどのような場合が
これに該当するのでしょうか。

　建設機械用部品の製造業を営む請求人が、借地権の設定されていた土地上
の建物を、その土地の賃貸借契約を合意解除後、建物価額の金額のみ授受し
て、地主である役員に譲渡したことについて、借地の無償返還が認められる
と判断した裁決例があります（平22.7.9・Ｆ0-2-370・大裁（法・諸）
平22-5）。

　この事案では、当時大幅な債務超過状態にあった請求人について、元請け
会社の全面支援のもとに策定実施された再建計画の一環として、借地権の無
償返還が行われたものです。判断ではこの建物を巡る次の事情を明らかにし
ています。

①遠方の新本社への移転という環境の変化により、従来会議室や子会社の幹
　部等の宿泊所等として使用してきた本件建物は、従来の利用方法には適さ
　ないものとなったこと
②新本社の周辺には社宅があり、本件建物を社宅等の転用して使用する必要
　性は低いこと
③建物の老朽化により、改造費、修繕費及び維持経費を必要とするため、第
　三者への賃貸により居住用建物等として利用する可能性も低いこと
④地主との賃貸借契約の存在を前提とすれば月額312,000円が必要であるが、
　近隣地域・同規模住宅の賃料から検討しても、地代と同額以上の賃料収入

の確保は困難であること

　そして、これらのことより、この建物を第三者に賃貸して、その居住用建物として使用に供することや、借地権付建物として第三者に売却処分して対価を得ることの実現可能性は低いとして、引渡しの時点においては、請求人が本件建物及び本件借地権を保有することについて、その必要性や経済性がなくなり、これを保有することも売却処分することも困難になっていたことが認められるとしています。

　つまり、民法上の借地権は依然として存在するが、借地人にとっての財産権としての価値が存在しなくなったことより、無償返還が認められるということになるのでしょう。

3. 借地権を無対価で取り戻した個人地主側の事情

　借地人にとっての財産権としての価値のない借地権であっても、地主にとっての価値の存否はまた別の判断です。そこで、さきほどの裁決を確認すると、地主である役員は、この建物処分のための覚書取り交わしの日から3日後に、代表取締役の地位を譲り、代表権のない取締役になったうえ、覚書等に役員あるいは株主としての権利を制限する事項が明確に盛り込まれるなど、事実上、請求人の経営方針等に関する決定権限を失ったものと認められるという状況が説明されています。これにより、その後になされた合意解除は、請求人において、本件建物が従来の使用目的を果たせなくなり、不必要な賃借料の削減というコスト面から、地主である役員に申し出て合意されたものとみることが相当であり、土地所有者の都合に配慮した解除とはいえないとしています。

　借地権の取引は、同族会社とその役員など、関係者間でなされることも多いため、関係者間で利益を与える取引となっていないかどうか、相続税法9

条のみなし贈与の適用についても検討する必要があります。

(8)　配偶者居住権・小規模宅地特例

①　配偶者居住権

　　鉄工所を経営していた父が亡くなり、担保に供されていたことも
あって、弟が工場と自宅を相続することで話がまとまりそうです。母
は現預金を相続するのですが、さほどの金額ではありません。私は特
に遺産を取得しませんが、弟は家族とローンで購入したマンションに
住んでいるので、自宅にはそのまま母に住みつづけることができるよ
う条件をつけたいと思います。何か方法はありますでしょうか。

　　2020年4月以降の相続であれば、配偶者居住権を設定する方法があ
ります。

解説

1. 使用貸借契約と問題点

　夫と共に夫所有の建物に居住している配偶者は、民法的には黙示的に締結
された使用貸借契約により他人名義の建物に居住していると解することが可
能です。

　使用貸借について民法では、「当事者の一方が無償で使用及び収益をした
後に返還をすることを約して相手方からある物を受け取ることによって、そ
の効力を生ずる。」と規定されています（民593）。使用貸借と賃貸借とで、
民法上の規定が大きく異なる点は、使用権限を除けば、借用物の費用の負担、

担保責任、借主の死亡による契約の終了の３点です。もっとも、民法規定は強行規定ではないため、当事者がこれとは異なる内容を合意できることになります。仮に借主の死亡で契約が終了しない場合、借主の相続人が借主の地位を承継します（民896）。

　ところで、使用貸借における借用物の返還時期は、当事者が返還の時期を定めなかったときは、借主は、契約に定めた目的に従い使用及び収益を終わった時に返還をしなければならないとされています（民597②前段）。これに関して、建物所有を目的とする土地の使用貸借について、通常の当事者の意思として地上建物の使用収益の必要がある限り存続するとしたものがあります（東京地判昭56.3.12）。この事案では、土地の所有者より、被告夫妻の父（妻の父）が、その土地を使用貸借契約により借り受けていました。父は建物の新築後９年の時点で亡くなっています。被告夫妻は、この土地を貸金債権の担保のため買戻特約付売買契約により取得した現所有者より、夫の死亡等により使用貸借契約は失効しているとして、土地の明渡請求をされたものです。

　土地上の建物には、父の死亡時には、被告の母及びその子５人が居住しており、子達は順次独立していったのですが、母は長い間病臥しており、この間被告夫婦がその面倒をみつつ本件建物に居住し、現在被告夫婦が二人の子と居住しています。つまり、使用貸借の土地上の建物の使用収益の必要がある状態であり、使用貸借の当事者の合意による終了の基準に至っておらず、契約は存続しているということで、判決では明渡請求を認めませんでした。同時に、原告から被告夫妻に対する賃料相当額の金員請求も認められていません。

　この事案は、建物収去土地明渡請求事件であり、使用貸借契約における借地権者の保護という側面も強く、また、第三者に対し、使用貸借契約の存続

を判断したものでした。つまり、設例のケースにおいて、母が建物の所有権
の一部又は全部を有するのであれば、母の居住権について、心配をする必要
はないということになります。

2. 家族として被相続人所有の建物に居住していた者の権利

　設問のケースにおいは、母が自宅建物の所有権を全く有していない場合の、
父亡き後の自宅居住権が問題となります。これに関して、被相続人所有の建
物に、被相続人の家族としてともに居住していた家族に対し、賃料相当額の
支払いを求めた土地建物共有物分割等請求事件があります（最判平8.12.17・
民集50巻10号2778頁）。

　この事案は、被相続人の死亡により、遺産である土地、建物（以下「本件
不動産」といいます。）について、相続人のうちＡら5名は持分合計12/16を
同Ｂら2名は持分合計3/16（相続人同士で贈与した分を含みます。）、包括遺
贈により取得したことに関するものです。Ｂらは被相続人の生前から、本件
不動産において被相続人と共にその家族として同居生活をしてきたもので、
相続開始後も本件不動産の全部を占有、使用しています。これに対して、Ｂ
らは持分の16分の3を有するにすぎないのに、全部を占有・使用し、Ａらに
対し、その持分に応じた賃料相当額の損害を生じさせているとして、Ａらは、
本件不動産の共有物分割を求めるとともに、Ｂらに対し、賃料相当損害金
（32万円／月）の支払を求めました。

　最高裁は、共同相続人の一人が相続開始前から被相続人の許諾を得て遺産
である建物において被相続人と同居してきたときは、特段の事情のない限り、
被相続人と右同居の相続人との間において、被相続人が死亡し相続が開始し
た後も、遺産分割により右建物の所有関係が最終的に確定するまでの間は、
引き続き右同居の相続人にこれを無償で使用させる旨の合意があったものと

推認されるのであって、被相続人が死亡した場合は、この時から少なくとも遺産分割終了までの間は、被相続人の地位を承継した他の相続人等が貸主となり、右同居の相続人を借主とする右建物の使用貸借契約関係が存続することになるものというべきであるとしました。

　そのうえで、Bらは、被相続人の相続人であり、本件不動産において被相続人の家族として同人と同居生活をしてきたというのであるから、特段の事情のない限り、被相続人とBらの間には本件建物について右の趣旨の使用貸借契約が成立していたものと推認するのが相当であり、Bらの本件建物の占有、使用が右使用貸借契約に基づくものであるならば、これによりBらが得る利益に法律上の原因がないということはできないから、Aらの不当利得返還請求は理由がないものというべきであるとして、使用貸借契約の成否等について更に審理を尽くさせるため、原審に差し戻す判断をしました。

　この判断によると、相続人が遺産である建物において被相続人と同居してきたときは、右両者間において、右建物について、相続開始時を始期とし、遺産分割時を終期とする使用貸借契約が成立していたものと推認されるということになり、設例のケースでは、少なくとも母は遺産分割時までは、他の共同相続人との間で、使用貸借契約が成立していたということになります。

3. 民法相続編改正による配偶者所有権

　設例のケースのように、夫と共に夫所有の建物に居住している配偶者について、夫の死亡後にその居住権が必ずしも尊重されていなかったという問題点がありました。そのため、今般の民法相続編の改正により、配偶者の居住権を保護するための方策がとられました。具体的には、遺産分割が終了するまでの間といった比較的短期間に限りこれを保護する方策である配偶者短期居住権（民1037-1041）と、配偶者がある程度長期間その居住建物を使用す

ることができるようにするための方策である配偶者居住権（民1028-1036）の創設とがあります。

(1)　配偶者短期居住権

　配偶者短期居住権は、2で取り扱ったように、従来の判例法理により、保障されているようにみえます。しかし、最高裁で原審に差し戻したのは、使用貸借契約の成否等を確認するためであり、被相続人が反対の意思を表示していた場合は使用貸借が推認されず、居住が保護されません。また、2では他の共同相続人との間での使用貸借契約を認めるものですので、第三者に居住建物が遺贈されてしまった場合には効力を発揮しません。更に、夫と同居していなかった配偶者については、判例法理による保護が生じません。

　そこで、配偶者が相続開始時に被相続人の建物（居住建物）に無償で住んでいた場合には、以下の期間，居住建物を無償で使用する権利（配偶者短期居住権）を取得することとなるとされました（民1037①）。

① 　居住建物について配偶者を含む共同相続人間で遺産の分割をすべき場合の規律

　配偶者は，相続開始の時に被相続人所有の建物に無償で居住していた場合には、遺産分割によりその建物の帰属が確定するまでの間又は相続開始の時から6か月を経過する日のいずれか遅い日までの間、引き続き無償でその建物を使用することができる。

② 　遺贈などにより配偶者以外の第三者が居住建物の所有権を取得した場合や、配偶者が相続放棄をした場合など①以外の場合

　配偶者は，相続開始の時に被相続人所有の建物に無償で居住していた場合には、居住建物の所有権を取得した者は、いつでも配偶者に対し配偶者短期居住権の消滅の申入れをすることができるが、配偶者はその申入れを受けた日から6か月を経過するまでの間，引き続き無償でその建物を使用すること

ができる。

　これにより、被相続人が居住建物を遺贈した場合や，反対の意思を表示した場合であっても，配偶者の居住を保護することができるほか、常に最低6か月間は配偶者の居住が保護されるということになります。

(2) 配偶者居住権

　配偶者短期居住権は、相続開始の時に被相続人所有の建物に無償で居住していた場合ならばどのようなケースでも最低6か月間は配偶者の居住が保護されるというものでしたが、他の共同相続人との権利関係の調整により、配偶者が亡くなるまではその居住権を認めるものが配偶者居住権です。これは、配偶者が被相続人とともに居住していた建物の所有権の一部又は全部を有している場合以外のケースに対応するものであり、被相続人の遺産として、自宅不動産くらいしか価値のある財産がないために、配偶者が居住していた建物のすべての権利を取得することができずに住み慣れた家を出て行かなくてはいけなくなったり、建物を取得できた場合でもその後の生活のための金融資産を相続できなかったりするといった問題点を解決するための方策として考えられたものです。

　配偶者居住権は、次のいずれかに該当するときに被相続人の配偶者に取得させることができます（民1028①）

① 遺産の分割によって配偶者居住権を取得するものとされたとき

② 配偶者居住権が遺贈の目的とされたとき

　配偶者居住権については、居住建物の所有者に対し、配偶者居住権を取得した配偶者に対して配偶者居住権の設定の登記を備えさせる義務を負います。設例のように、自宅が担保に供されていた場合、担保権者と配偶者居住権を取得した生存配偶者との間でどちらが優先するかは対抗問題（登記の先後）で解決することになります。

(3)　配偶者居住権と評価

　配偶者所有権を設定された居住建物及びその敷地の所有者は、その設定により自己の権利に制限が加えられることとなります。逆にいうと、この配偶者所有権は価値があるものとして、その評価が必要となります。

　配偶者居住権の評価については、法制審議会民法（相続関係）部会において、簡易な評価方法が示されています。

①　建物の評価方法

　長期居住権付所有権の価額＝固定資産税評価額×（（法定耐用年数−（経過年数＋存続年数(注２)）÷（法定耐用年数−経過年数））× ライプニッツ係数

　長期居住権の価額(注１)＝建物の価額(固定資産税評価額)−長期居住権付所有権の価額

（注１）　計算結果がマイナスとなる場合には０円とする。

（注２）　長期居住権の存続期間が終身である場合には，簡易生命表記載の平均余命の値を使用するものとする。

②　敷地利用権の評価方法（長期居住権の対象が一戸建ての場合）

　居住建物が一戸建てである場合には、配偶者は、長期居住権の存続期間中は居住建物の敷地を排他的に使用することとなるため、敷地利用権について借地権等と同様の評価をする必要があるものと考えられます。

ア　ライプニッツ係数を利用する方法

　長期居住権付敷地の価額＝敷地の固定資産税評価額〔÷0.7〕(※)×ライプニッツ係数

（※）　〔÷0.7〕は時価に割り戻して計算する方法である。

　長期居住権に基づく敷地利用権

　＝敷地の固定資産税評価額〔÷0.7〕−長期居住権付敷地の価額

　＝敷地の固定資産税評価額〔÷0.7〕×（１−ライプニッツ係数））

イ　敷地利用権割合を新たに策定する方法

長期居住権付敷地の価額

＝敷地の固定資産税評価額〔÷0.7〕×（1－敷地利用権割合(注)）

長期居住権に基づく敷地利用権の価額

＝敷地の固定資産税評価額〔÷0.7〕×敷地利用権割合

（注）　敷地利用権割合は，長期居住権の存続期間に応じ，以下のとおりとします。

存続期間5年以下	20%	25年超30年以下	70%
5年超10年以下	30%	30年超35年以下	80%
10年超15年以下	40%	35年超40年以下	90%
15年超20年以下	50%	40年超	95%
20年超25年以下	60%		

(4)　配偶者居住権の相続税評価額

平成31年度税制改正大綱では、税法上の配偶者居住権等の評価額について、下記とすることが示されました。

①　配偶者居住権

建物の時価－建物の時価×（残存耐用年数－存続年数）／残存耐用年数×存続年数に応じた民法の法定利率による複利現価率

ただし、残存耐用年数又は残存耐用年数から存続年数を控除した年数が零以下となる場合には、配偶者居住権の評価額は零とする。

②　配偶者居住権が設定された建物（以下「居住建物」という。）の所有権

建物の時価－配偶者居住権の価額

③　配偶者居住権に基づく居住建物の敷地の利用に関する権利

土地等の時価－土地等の時価×存続年数に応じた民法の法定利率に

よる複利現価率

④　居住建物の敷地の所有権等

　　土地等の時価－敷地の利用に関する権利の価額

（注1）　上記の「建物の時価」及び「土地等の時価」は、それぞれ配偶者居住権が設定されていない場合の建物の時価又は土地等の時価とする。

（注2）　上記の「残存耐用年数」とは、居住建物の所得税法に基づいて定められている耐用年数（住宅用）に1.5を乗じて計算した年数から居住建物の築後経過年数を控除した年数をいう。

（注3）　上記の「存続年数」とは、次に掲げる場合の区分に応じそれぞれ次に定める年数をいう。

　　　（a）　配偶者居住権の存続期間が配偶者の終身の間である場合配偶者の平均余命年数

　　　（b）　（a）以外の場合遺産分割協議等により定められた配偶者居住権の存続期間の年数（配偶者の平均余命年数を上限とする。）

②　小規模宅地等減額特例（家なき子特例）の課税強化

Q

　　私たち夫婦には2人の子がおり、すでに独立し、それぞれ別に自宅を購入して居住しています。長男家族は地方に住んでいますが、その子（孫）が東京の大学に進学することとなり、アパートを探していたところ、それを聞いた次男が、自分の所有するアパートに空室があるので、そこに住んだらと言ってきたそうです。孫は乗り気なのですが、贈与税などが問題となることはありますか。

A

　　援助方法次第では利益供与として贈与税の問題が生じますが、その他に、もし、あなたがその子に自宅を遺贈するのであれば、小規模宅地等の適用が制限される可能性があります。

解説

1. 従来の「家なき子」特例の取扱い

　被相続人の所有していた宅地等を相続又は遺贈により取得した相続人の生活又は事業を維持するために、小規模宅地等の特例は設けられています。個人が、相続又は遺贈により取得した財産のうち、被相続人が事業の用又は居住の用に供していた宅地等については、相続税の課税価格に算入すべき価額の計算上、330㎡（事業用は400㎡）を限度として最大80％の減額を受けることができます。

　平成25年度改正では、相続税の基礎控除の引き下げや税率構造の見直しとともに、小規模宅地等の特例について老人ホームへ入居する前に居住していた家屋を適用対象に加えるなどの改正が行われています。勤務の都合等により被相続人と同居できず、かつ、持ち家を持たない親族が被相続人の死亡後に被相続人が居住していた家屋に戻る場合も、小規模宅地等の特例を受けられるようになりました（旧措法69の4③二ロ）。いわゆる、「家なき子特例」と呼ばれる制度です。

　残された家族の生活の維持という制度の趣旨に合わせ、「家なき子特例」は法定相続人ばかりでなく、親族が取得する場合にも適用可能でした。このため、本設問のように高齢の被相続人の面倒を最後までみた、亡き息子の嫁に遺贈する場合にもこの特例を利用できたのです。

　しかし、この取扱いを悪用するために、①既に自分名義の家屋を持ってい

る相続人が、その家屋を譲渡や贈与により自己又はその配偶者以外の名義に変更し、居住関係は変わらないまま持ち家がない状況を作出したり、②家屋を所有しない孫に対して被相続人が居住の用に供していた宅地等を遺贈する事例が多くありました（平成30年度改正税法のすべて 641頁）。子が同族会社を経営する場合ならば、この同族会社に持ち家を譲渡して、自身が社宅として住み続ければ小規模宅地等の特例の適用を受けることで相続税の節税を図ることが出来ましたが、これが封じられました。

2. 平成30年度税制改正による家なき子特例に対する課税強化

　「家なき子特例」の弊害を防止するため、平成30年度税制改正では、適用対象となる家なき子の範囲から、①孫などの親族への遺贈等、及び、②親族等以外の者への形式的な移転が除外されました。

(1) 孫などの親族への遺贈等を除外

　相続開始前3年以内にその者の親族、親族の配偶者、親族の三親等内の親族、親族と特別の関係がある法人として以下に定める法人が所有する家屋に居住したことがないこととされました。ただし、相続開始の直前において被相続人の居住の用に供されていた家屋は認められます。

　特別の関係がある法人の範囲は、親族及び次の(一)〜(四)に掲げる者が法人の発行済株式又は出資の総数又は総額の10分の5を超える数又は金額の株式又は出資を有する場合におけるその法人となっています。

（一）　その者の親族等

イ　その親族の配偶者

ロ　その親族の三親等内の親族

ハ　その親族と婚姻の届出をしていないが事実上婚姻関係と同様の事情に
　　ある者

ニ　その親族の使用人

ホ　イ～ニまでに掲げる者以外の者でその親族から受けた金銭その他の資
　　産によって生計を維持している者

ヘ　ハ～ホまでに掲げる者と生計を一にするこれらの者の配偶者又は三親
　　等内の親族

（二）　その者の親族等と関係のある法人が過半数を出資する法人

　親族等及び上記イ～ヘと関係のある法人が他の法人の発行済株式総数等
の10分の5を超える数又は金額の株式又は出資を有する場合におけるその
他の法人

（三）　（一）及び（二）が過半数を出資する法人

　親族等及びこれと前2号の関係がある法人が他の法人の発行済株式総数
等の10分の5を超える数又は金額の株式又は出資を有する場合におけるそ
の他の法人

（四）　その者の親族等が理事等になっている一般社団法人等

　親族等が理事、監事、評議員その他これらの者に準ずるものとなってい
る持分の定めのない法人

（2）　親族等以外の者への形式的な移転を除外

　被相続人の相続開始時にその親族が居住している家屋を相続開始前のいず
れの時においても所有していたことがないことも要件となりました。

(3)　適用時期

　家なき子特例についての改正は、平成30年4月1日以後に相続等により取得する宅地等に係る相続税について適用されます（改正法附則118①）。

　ただし、改正前の「家なき子特例」の要件を満たした宅地等を、令和2年3月31日までに相続等により取得する場合は経過措置により小規模宅地等の特例を受けることが出来ます（旧措法69の4③ニロ、改正法附則118②）。また、令和2年4月1日以後についても、令和2年3月31日においてその宅地等の上に存する建物の工事が行われており、かつ、その工事の完了前に相続等があったときは相続等に係る相続税の申告期限までに、その宅地等を取得した個人がその建物を自己の居住の用に供することを条件に小規模宅地等の特例を受けることが出来ます（改正法附則118③）。

3.　事例について課税関係

　まず質問者が懸念する経済的利益について。もし孫がその叔父さんの自宅に居候するのであれば、確かに経済的利益は受けていますが、その価値を測ることは難しくまた社会通念上課税の対象とすることはそぐわないことから、その経済的利益についての課税はないものと思われます。

　次に、叔父のアパートに住む場合に、家賃を支払わないとき又は低額な家賃を支払うときは、通常の家賃との差額分の利益を受けているとして、その金額相当額の利益を受けているとして、相続税法9条の適用を受ける可能性はあります。ただし、家賃が高額な場合を除けば、実務上、これを問題とすることは、社会通念からも、あまり考えにくいのも事実です。

　いずれにせよ、もし、質問者が相続対策として、小規模宅地等の減額特例の適用をねらって孫に自宅を遺贈するのであれば、叔父の家に居候していた場合だけでなく、叔父に正規の家賃を支払ってそのアパートに住んでいた場

合でも、孫がその両親とともに自宅に居住していた場合と同様に、3年間は予期せぬ相続発生時に小規模宅地の特例が適用できなくなる可能性があります。

4.　小規模宅地等の特例に係るその他の租税回避行為についての対応

　平成31年度税制改正では、特定事業用宅地等に係る小規模宅地等特例に対して、いわゆる3年縛り制限が導入されました。

　具体的には、小規模宅地特例について、特定事業用宅地等の範囲から相続開始前3年以内に事業の用に供された宅地等が除外されます。もっとも、その宅地等の上で事業の用に供されている減価償却資産の価額が，その宅地等の相続時の価額の15％以上である場合は、適用対象とされます。つまり、相続開始が近くなって、形ばかり事業用資産としたものは、対象外とするということです。

　この改正は平成31年4月1日以後の相続等に適用されますが、同日前から事業の用に供されている宅地等には適用しません。

　この結果、特定居住用及び貸付事業用宅地等とともに、特定事業用宅地等についても、小規模宅地等特例を利用した駆け込みでの相続税節税スキームに一定の歯止めが掛けられることになります。

執筆者一覧

小林　磨寿美（こばやし　ますみ）

1958年生まれ。横浜国立大学経営学部卒業。

1996年　税理士登録。

2001年　小林磨寿美税理士事務所開設

●事務所　〒243-0018　神奈川県厚木市中町2-13-14　サンシャインビル2F

　　　　　URL：http://tax.tinyforest.jp/

　　　　　E-mail：tax@tinyforest.jp

濱田　康宏（はまだ　やすひろ）

1966年生まれ。

1993年　公認会計士登録。

1994年　税理士登録。

現在、濱田康宏公認会計士・税理士事務所　所長

●事務所　〒720-0034　広島県福山市若松町5-23　濱田会計ビル3F

　　　　　URL：http://www.hamadaac.jp/

　　　　　E-mail：hamadaac@tkcnf.or.jp　（代表）

佐藤　増彦（さとう　ますひこ）

1970年生まれ。福島大学経済学部卒業。

1997年　税理士登録。

現在、税理士法人 ザイム・ゼロ　代表社員税理士

●事務所　〒013-0061　秋田県横手市横手町字三ノ口18-1

　　　　　URL：https://zaim-zero.jp/

　　　　　E-mail：hikosato@zaim-zero.jp

大野　貴史（おおの　たかし）

1969年生まれ。

1998年　公認会計士登録。

2002年　税理士登録。

現在、大野公認会計士事務所　所長

●事務所　〒141-0031　東京都港区芝3-42-10　三田ＵＴビル6F

　　　　　URL：https://ohnocpa.jp/

　　　　　E-mail：ohno@ohnocpa.jp

改訂5版　個人間利益移転の税務

令和6年2月22日　初版印刷
令和6年3月14日　初版発行

著　者　小　林　磨寿美

　　　　濱　田　康　宏

　　　　佐　藤　増　彦

　　　　大　野　貴　史

一般財団法人大蔵財務協会　理事長

発行者　木　村　幸　俊

不　許
複　製

発行所　一　般　大　蔵　財　務　協　会
　　　　財団法人

〔郵便番号　130-8585〕

東京都墨田区東駒形1丁目14番1号

〔販　売　部〕TEL03(3829)4141・FAX03(3829)4001
〔編　集　部〕TEL03(3829)4144・FAX03(3829)4005
URL　https://www.zaikyo.or.jp

落丁・乱丁はお取替えいたします。　　　　　　　　印刷　星野精版印刷㈱
ISBN 978-4-7547-3196-0　C3033